한글2022 작품만들기

초판 발행일 | 2025년 3월 22일
지은이 | 창의콘텐츠연구소
발행인 | 최용섭
책임편집 | 이준우
기획진행 | 송지효

㈜해람북스   주소 | 서울시 용산구 한남대로 11길 12, 6층
문의전화 | 02-6337-5419
팩스 | 02-6337-5429
홈페이지 | https://class.edupartner.co.kr

발행처 | (주)미래엔에듀파트너
출판등록번호 | 제2020-000101호

ISBN 979-11-6571-232-7 (13000)

이 책은 저작권법에 따라 보호받는 저작물이므로 무단전재와 무단복제를 금지하며,
이 책 내용의 전부 또는 일부를 이용하려면 반드시 저작권자와 (주)미래엔에듀파트너의
서면동의를 받아야 합니다.

※ 잘못된 책은 바꾸어 드립니다.
※ 책 가격은 뒷면에 있습니다.

Contents

01 노랫말 꾸미기 — 006
- 스타일 추가하기
- 스타일 적용하기
- 찾아 바꾸기

02 나의 버킷 리스트 — 012
- 글맵시 추가하고 편집하기
- 그림 추가하고 편집하기
- 그리기마당 추가하고 편집하기

03 복불복 돌림판 — 018
- 도형을 삽입하고 그림으로 채우기
- 개체를 복사/회전하고, 정렬 기준 맞추기
- 글상자를 추가하여 글자 입력하기

04 단축키 암기장 — 024
- 문자 및 문자표 입력하기
- 단축키로 표 및 셀 편집하기
- 단축키로 표 및 셀 속성 변경하기

05 도깨비 가면 — 030
- 편집 용지를 변경하고 그리기 조각 삽입하기
- 개체를 풀고 다각형 편집하기
- 그리기 조각을 묶어 하나의 개체로 만들기

06 골고루 먹기 포스터 — 036
- 용지 방향과 여백 설정하고 배경에 그림 채우기
- 다각형으로 문자 그리고 꾸미기
- 그림 삽입하기

07 히어로 페이퍼 피규어 · 042
- 표를 이용하여 전개도 만들기
- 도형을 이용하여 이음 부분 만들기
- 셀에 그림 채우기

08 가로 세로 낱말 퍼즐 · 050
- 가로세로낱말퍼즐 풀어보기
- 표를 추가하고 셀 속성 변경하기
- 사전을 이용하여 낱말의 의미 작성하기

09 직접 만드는 선물 상자 · 056
- 도형을 추가하고 크기 정하기
- 도형을 복사하여 선물 상자 전개도 모양으로 배치하기
- 도형을 그림 및 무늬로 채우기

10 최고의 친구상 · 064
- 쪽 배경으로 상장 테두리 만들고 내용 입력하기
- 텍스트 꾸미기
- 글상자로 도장 만들기

11 올록볼록 점자책 · 070
- 원고지 설정하고 글 입력하기
- 점자로 변환하기
- 그림 삽입하기
- 바탕쪽 제거하고 배경 삽입하기

12 칭찬 스티커 · 076
- 쪽 배경으로 스티커 판 만들기
- 글맵시를 이용하여 글자 입력하기
- 그리기 조각을 편집하여 붙이는 부분 만들기

Contents

13 나만의 동물 사전 — 082
- 도형 안에 글자 넣기
- 문단 번호 넣기
- 연결선으로 연결하기

14 아름다운 한국의 5대 궁궐 — 090
- 셀의 배경을 그림으로 채우기
- 반투명 도형 삽입하기
- 책갈피를 만들어 하이퍼링크 연결하기

15 음표와 쉼표 — 098
- 그리기 조각 삽입하기
- 그리기 조각 수정하기
- 그리기 마당에 등록하기

16 알쏭달쏭 분수 퀴즈 — 104
- 파일 불러오기
- 수식 입력하기
- 셀 배경 채우기

17 나만의 봉투 꾸미기 — 110
- 다각형을 추가하고 편집하기
- 그림 삽입하기
- 누름틀로 주소 입력하기

18 알뜰살뜰 용돈기입장 — 116
- 글맵시 삽입하고 수정하기
- 표 합치기 및 셀 배경색 채우기
- 계산식을 이용해 계산하기

19 우리나라 시도별 인구 차트   118

- 입력된 데이터로 차트 삽입하기
- 차트 마법사로 차트 꾸미기
- 원형 차트 삽입하기

20 추억을 담는 종이 액자   130

- 편집 용지의 여백 설정하기
- 종이 액자 전개도 만들기
- 셀에 패턴 및 색 채우기

21 구구단을 외자!   138

- 쪽 테두리 및 배경 지정하기
- 자동 채우기로 데이터 입력하기
- 표에 그림 삽입하기

22 나라사랑 태극기   144

- 도형 편집하기
- 그림을 삽입하고 회전시키기
- 배경 삭제하기

23 폴리곤 아트   152

- 색 골라내어 면 색 채우기
- 개체를 선택하여 개체 묶기
- 개체를 연결하여 서명 넣기

24 작품 모음집   158

- 머리말 넣기
- 다단 설정하기
- 스크린 샷하기

노랫말 꾸미기

오늘의 미션
- 스타일 추가하기
- 스타일 적용하기
- 찾아 바꾸기

노랫말은 노래의 내용이 되는 글을 말하며 가사라고도 부릅니다. 오페라, 가곡, 대중가요 등 다양한 음악 장르에 사용되며, 그 중 동요의 노랫말은 쉽고 반복되는 내용이 많습니다.

작품 미리보기

예제파일 곰세마리.hwpx   **완성파일** 곰세마리(완성).hwpx

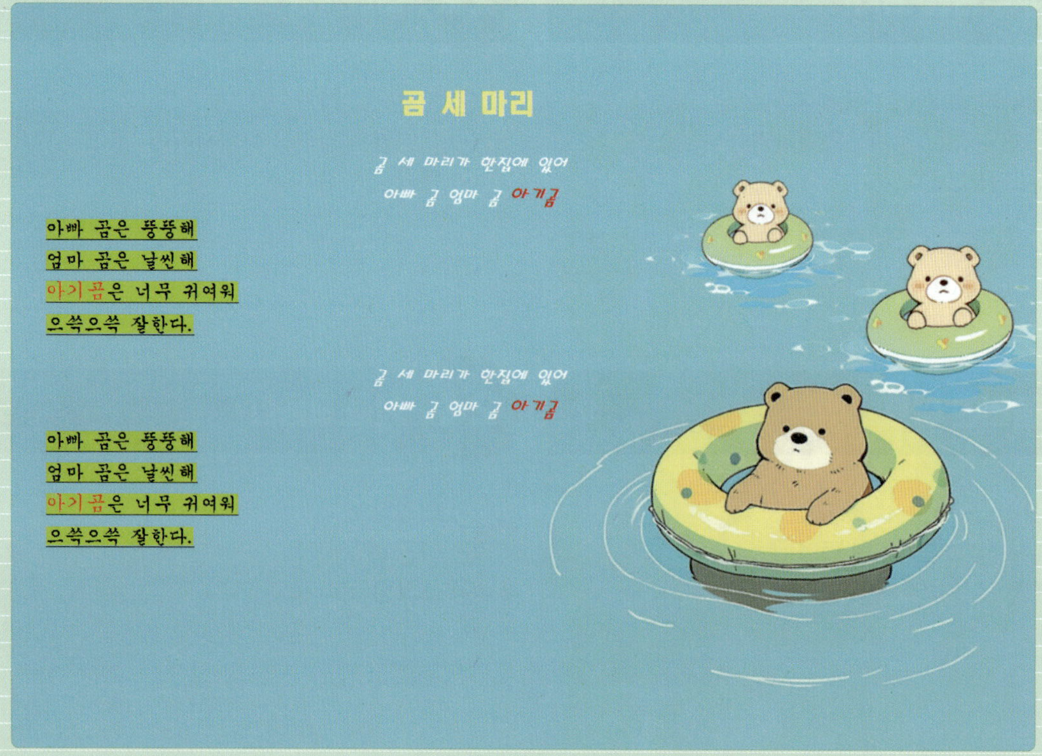

01 스타일 추가하기

자주 사용하는 글자 모양이나 문단 모양 등을 스타일로 지정합니다.

① 한글2022를 실행한 후 [내 컴퓨터에서 불러오기]를 클릭하고 '곰세마리.hwpx' 파일을 불러옵니다.

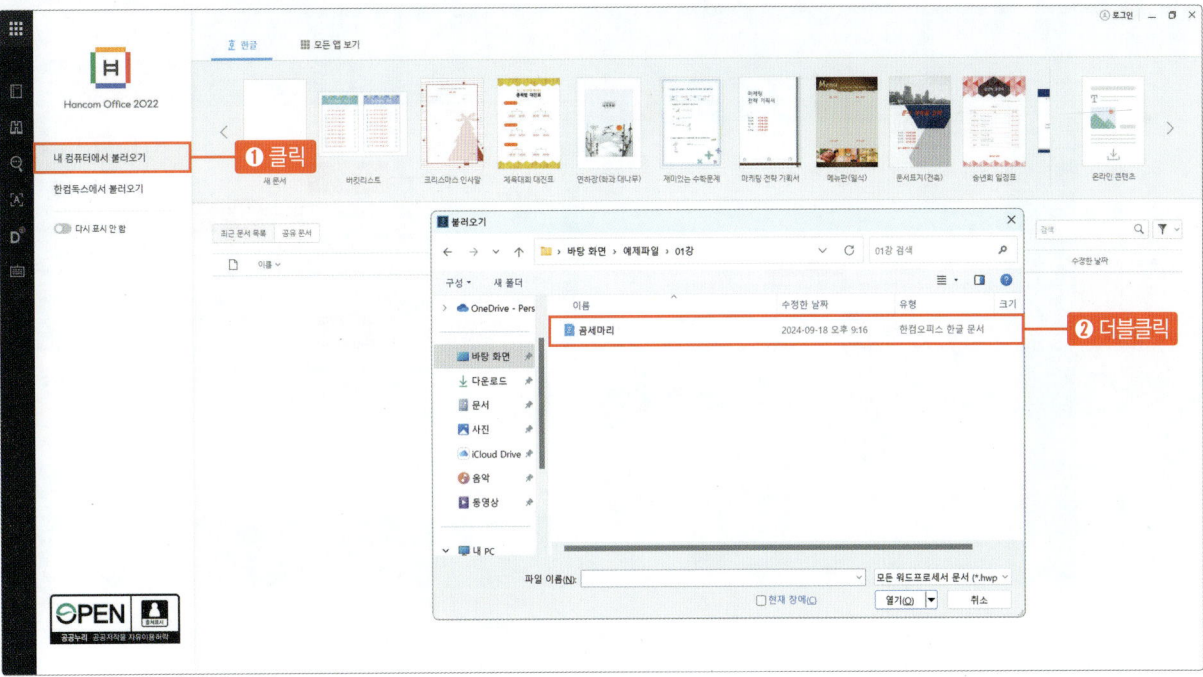

② [서식] 탭에서 [스타일 추가하기]를 클릭하여 [스타일 추가하기] 대화상자가 실행되면 '스타일 이름'을 '제목스타일'로 입력하고 [문단 모양]을 클릭하여 '정렬 방식'을 '가운데 정렬'로 지정하고 [설정]을 클릭합니다.

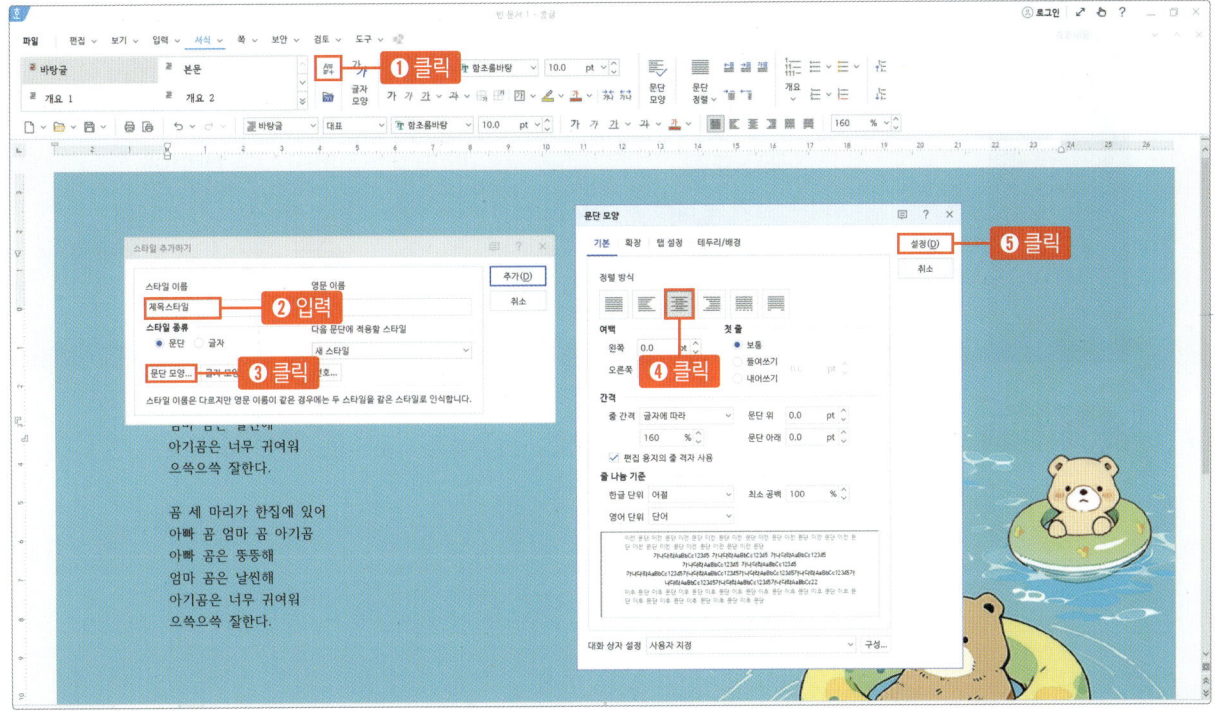

CHAPTER 01 - 노랫말 꾸미기 007

❸ 그 다음 [스타일 추가하기] 대화상자의 [글자 모양]을 클릭하여 [글자 모양] 대화상자가 실행되면 '기준 크기'를 '20pt', '글꼴'을 '휴먼둥근헤드라인', '글자 색'을 임의의 색으로 지정한 후 [설정]을 클릭하고, [스타일 추가하기] 대화상자에서 [추가]를 클릭합니다.

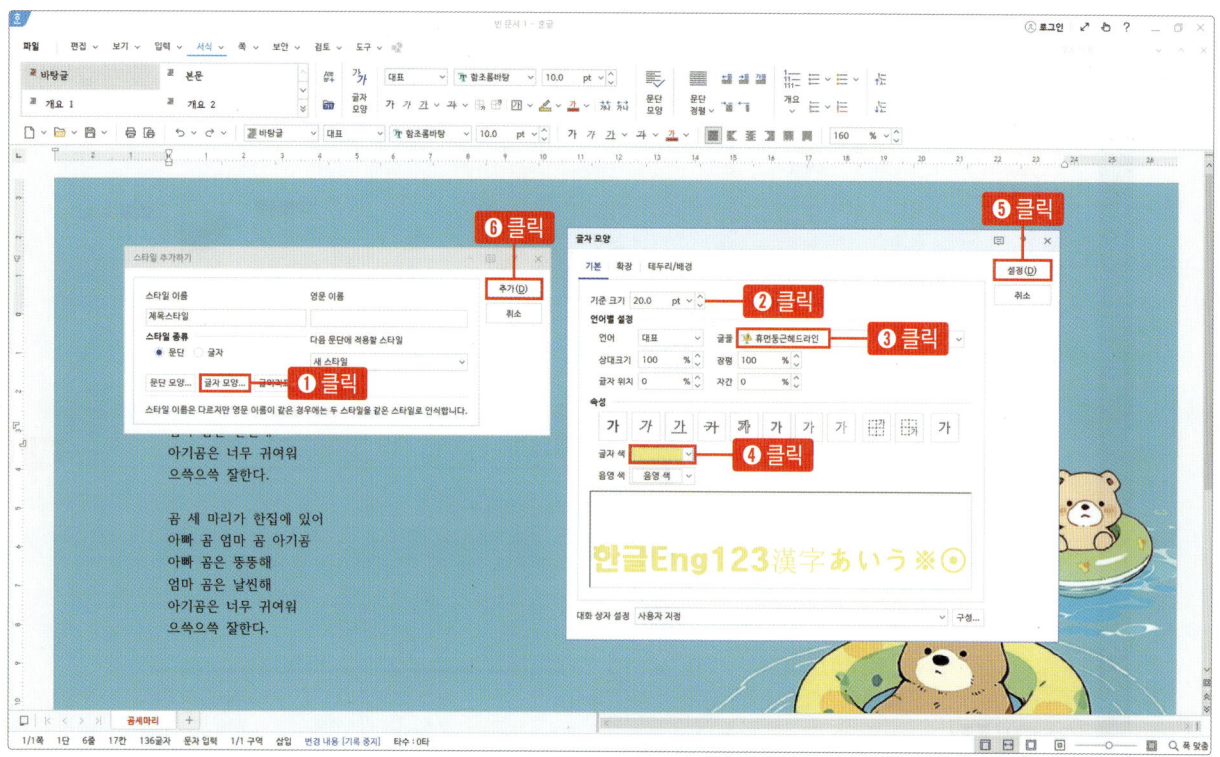

❹ ❷~❸과 같은 방법으로 '가사1'과 '가사2'의 스타일을 추가합니다.

적용 스타일	스타일 이름 : 가사1	스타일 이름 : 가사2
	문단 모양 정렬 방식 – 가운데 정렬	**문단 모양** 왼쪽 여백 – 20pt
	글자 모양 기준 크기 – 14pt, 글꼴 – 휴먼매직체, 속성 – 기울임, 글자 색 – 임의의 색	**글자 모양** 기준 크기 – 14pt, 글꼴 – 궁서, 속성 – 밑줄, 음영 색 – 임의의 색

TIP
F6 키를 누르면 스타일 추가하기 대화상자가 빠르게 실행돼요.

02 스타일 추가하기

지정한 영역을 추가한 스타일로 적용합니다.

1 첫 줄의 '곰 세 마리'를 드래그하여 선택한 후 서식 도구 상자 모음바에서 [스타일]의 목록 버튼을 클릭하고 '제목 스타일'을 클릭합니다.

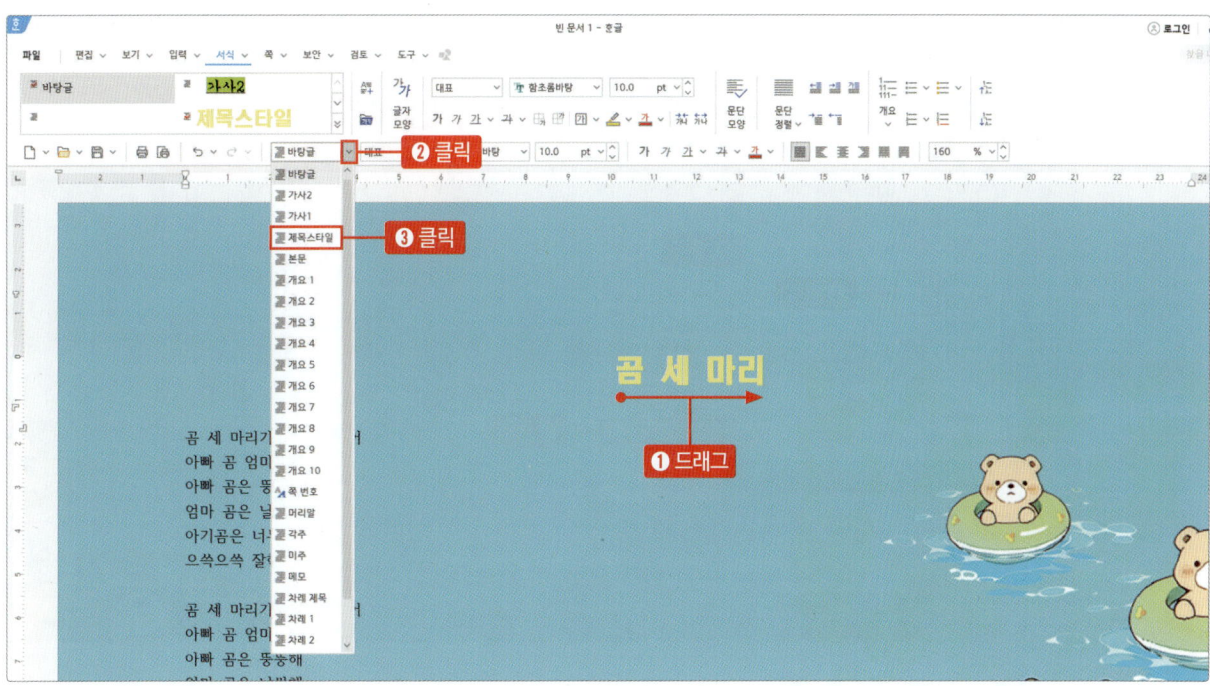

2 ❶과 같은 방법으로 '곰 세 마리가 ~ 아기곰'은 '가사1' 스타일을, '아빠 곰은 ~ 잘한다'는 '가사2' 스타일을 적용합니다. 반복되는 가사도 동일한 스타일을 적용합니다.

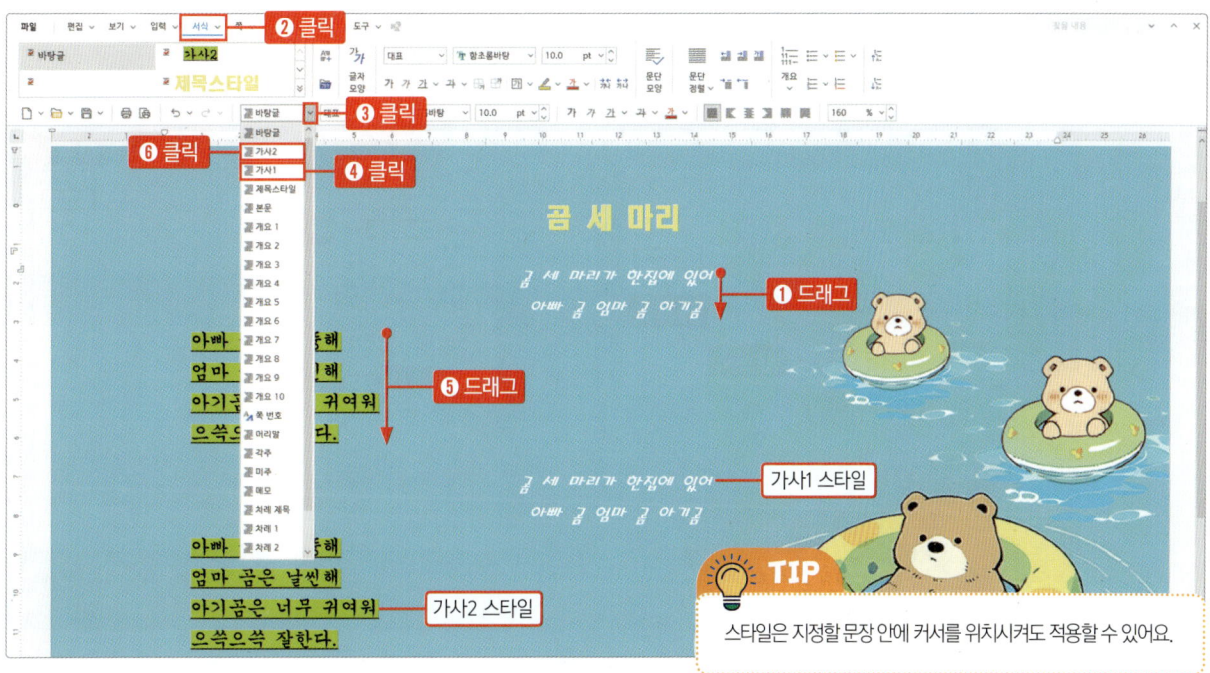

TIP
스타일은 지정할 문장 안에 커서를 위치시켜도 적용할 수 있어요.

CHAPTER 01 - 노랫말 꾸미기　009

찾아 바꾸기

특정한 단어를 찾고 다른 단어 및 글꼴 스타일 등으로 변경합니다.

① [편집] 탭에서 [찾기]-[찾아 바꾸기]를 클릭하여 [찾아 바꾸기] 대화상자가 실행되면 '찾을 내용'에 '아기곰'과 '바꿀 내용'에 '아기곰'을 입력한 후 바꿀 내용의 [서식 찾기]를 클릭하고 [바꿀 글자 모양]을 클릭합니다.

② [글자 모양] 대화상자가 실행되면 '기준 크기'를 '15pt'로, '글자 색'을 '빨강'으로 지정한 후 [설정]을 클릭합니다. 그리고 [찾아 바꾸기] 대화상자에서 '문서 전체'를 클릭한 후 [모두 바꾸기]를 클릭합니다.

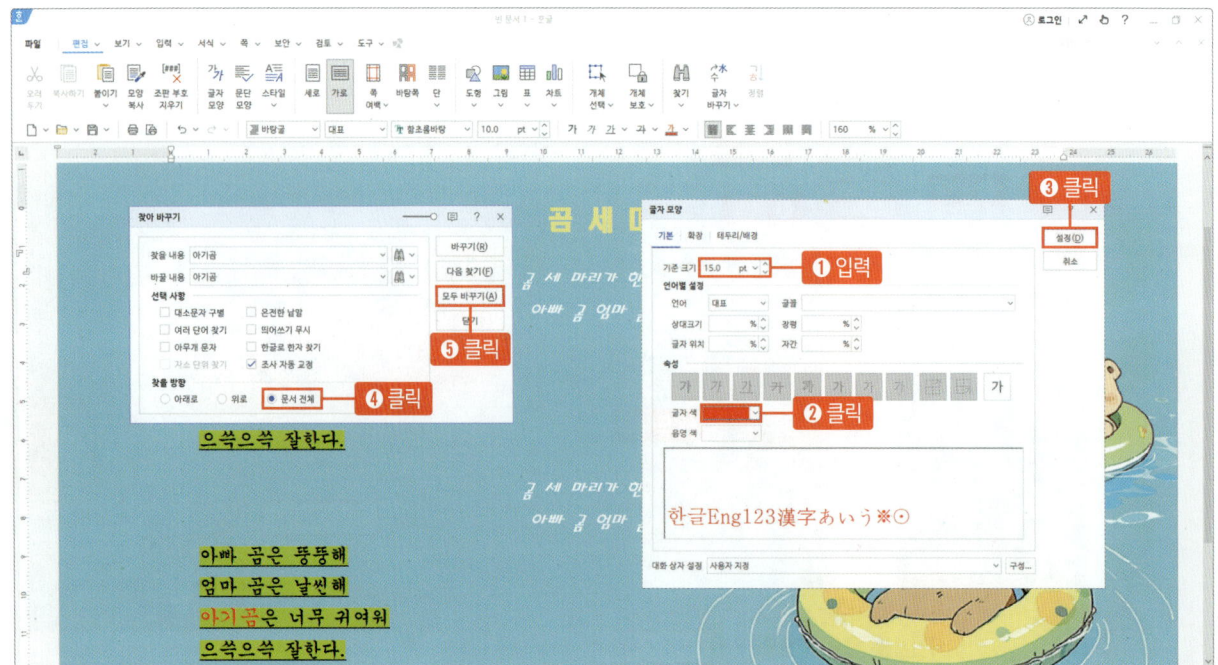

실력 쑥쑥! 창의력 쑥쑥!

1 다음과 같이 악보와 가사 페이지를 완성해 보세요.

> 예제파일: 꽃밭에서.hwpx 완성파일: 꽃밭에서(완성).hwpx

① 스타일 추가
- 스타일 이름: '제목'
  - 기준크기: '40pt', 글꼴: '양재와당체', 글자 색: '빨강', 가운데 정렬
- 스타일 이름: '가사1절'
  - 기준 크기: '12pt', 글꼴: '함초롬돋움', 글자 색: 임의의 색
- 스타일 이름: '가사2절'
  - 기준 크기: '12pt', 글꼴: '함초롬돋움', 글자 색: 임의의 색

② 스타일 적용
- 제목: 스타일 '제목' 적용
- 가사1절: 스타일 '가사1절' 적용
- 가사2절: 스타일 '가사2절' 적용

2 다음과 같이 가사 페이지를 완성해 보세요.

> 예제파일: 네모의 꿈.hwpx 완성파일: 네모의 꿈(완성).hwpx

의 꿈

유영석 작곡
화이트 노래

난 침대에서 일어나 눈을 떠 보면
난 창문으로 보이는 똑같은 풍경
난 문을 열고 난 테이블에 앉아
난 조간신문 본 뒤
난 책가방에 난 책들을 넣고
난 버스를 타고 난 건물 지나
난 학교에 들어서면
또 난 교실 난 칠판과 책상들
난 오디오 난 컴퓨터 TV
난 달력에 그려진 똑같은 하루를
의식도 못한 채로 그냥 숨만 쉬고 있는걸
주위를 둘러보면 모두 난 것들뿐인데
우린 언제나 듣지 잘난 어른의 멋진 이 말
'세상은 둥글게 살아야 해'
지구본을 보면 우리 사는 지군 둥근데
부속품들은 왜 다 온통 난 건지 몰라
어쩌면 그건 의 꿈일지 몰라

① 스타일 추가
- 스타일 이름: '제목'
  - 기준크기: '30pt', 글꼴: '휴먼엑스포', 글자 색: 임의의 색, 가운데 정렬
- 스타일 이름: '가사'
  - 기준 크기: '12pt', 글꼴: '휴먼모음T', 가운데 정렬

② 스타일 적용
- 제목: 스타일 '제목' 적용
- 가사: 스타일 '가사' 적용

③ 찾아 바꾸기
- 네모: (글자 색 – 파랑)

나의 버킷 리스트

오늘의 미션
- 글맵시 추가하고 편집하기
- 그림 추가하고 편집하기
- 그리기마당 추가하고 편집하기

 버킷 리스트란 죽기 전에 꼭 한 번쯤은 해 보고 싶은 것들을 정리한 목록을 말합니다. 우리말로는 '소망목록'이라고도 부르며, 즐겁고 보람 있는 삶을 위해 목표를 세우고 실천하며 성취감을 얻을 수 있습니다.

예제파일 어린이1.png **완성파일** 버킷리스트(완성).hwpx

01 글맵시 추가하고 편집하기

글자의 형태를 변경하거나 다양한 효과를 주어 문자를 꾸밉니다.

① 한글2022를 실행하여 [새 문서]를 생성하고 [입력] 탭의 [글맵시]를 클릭합니다. [글맵시 만들기] 대화상자가 실행되면 '내용'에 '나의 버킷 리스트'를 입력한 후 '글맵시 모양'을 '위로 넓은 원통'으로, '글꼴'을 'HY나무B'로 지정하고 [설정]을 클릭합니다.

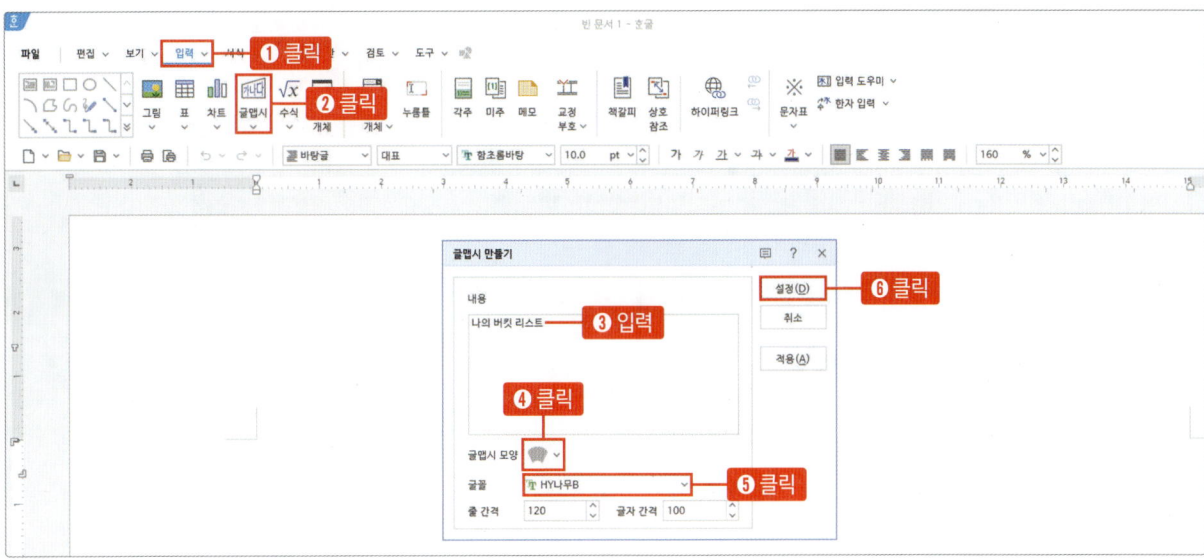

② 추가된 글맵시의 조절점을 드래그하여 크기를 조절하고 더블클릭합니다. [개체 속성] 대화상자가 실행되면 [채우기] 탭을 클릭하고 '그러데이션'을 선택하여 '시작 색'과 '끝 색'을 임의의 색으로 지정하고 '유형'을 '가로'로 지정한 후 [설정]을 클릭합니다.

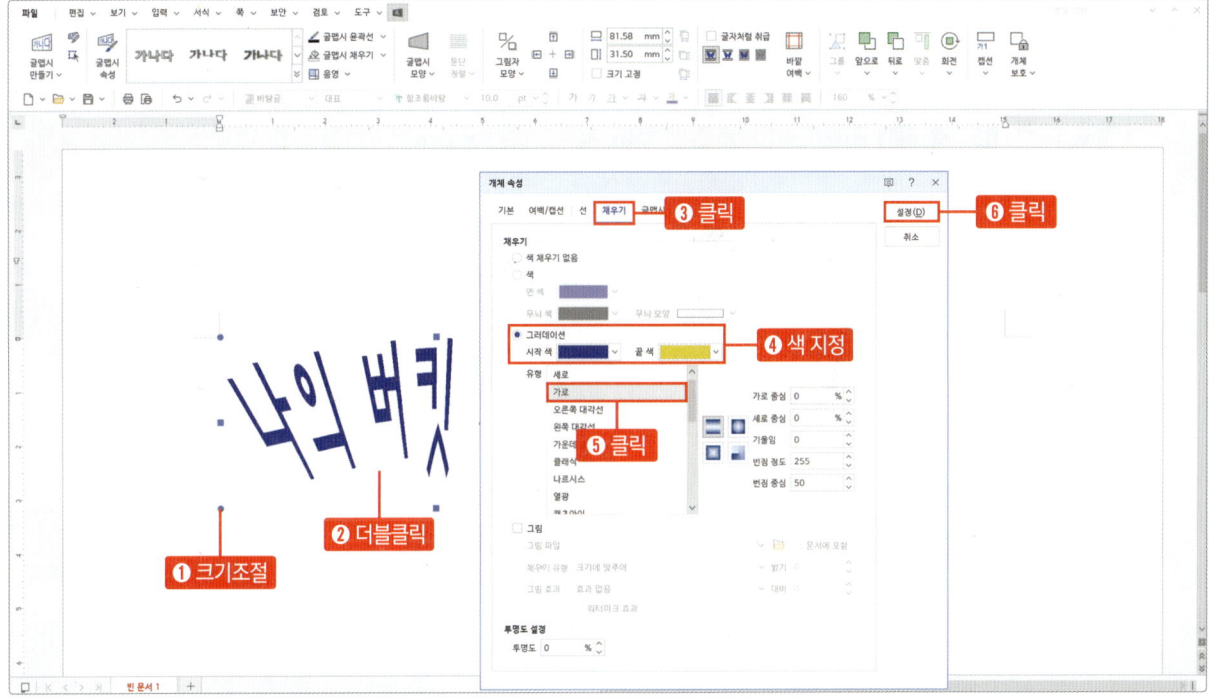

CHAPTER 02 - 나의 버킷 리스트 013

02 그림 추가하고 편집하기

저장된 그림 파일을 불러와 문서에 삽입하고 편집합니다.

1 [입력] 탭의 [그림]을 클릭하여 [그림 넣기] 대화상자를 실행합니다. '어린이1.png'를 선택하고 '마우스로 크기 지정'을 체크한 후 [열기]를 클릭합니다. 화면에서 마우스로 드래그하여 그림을 추가합니다.

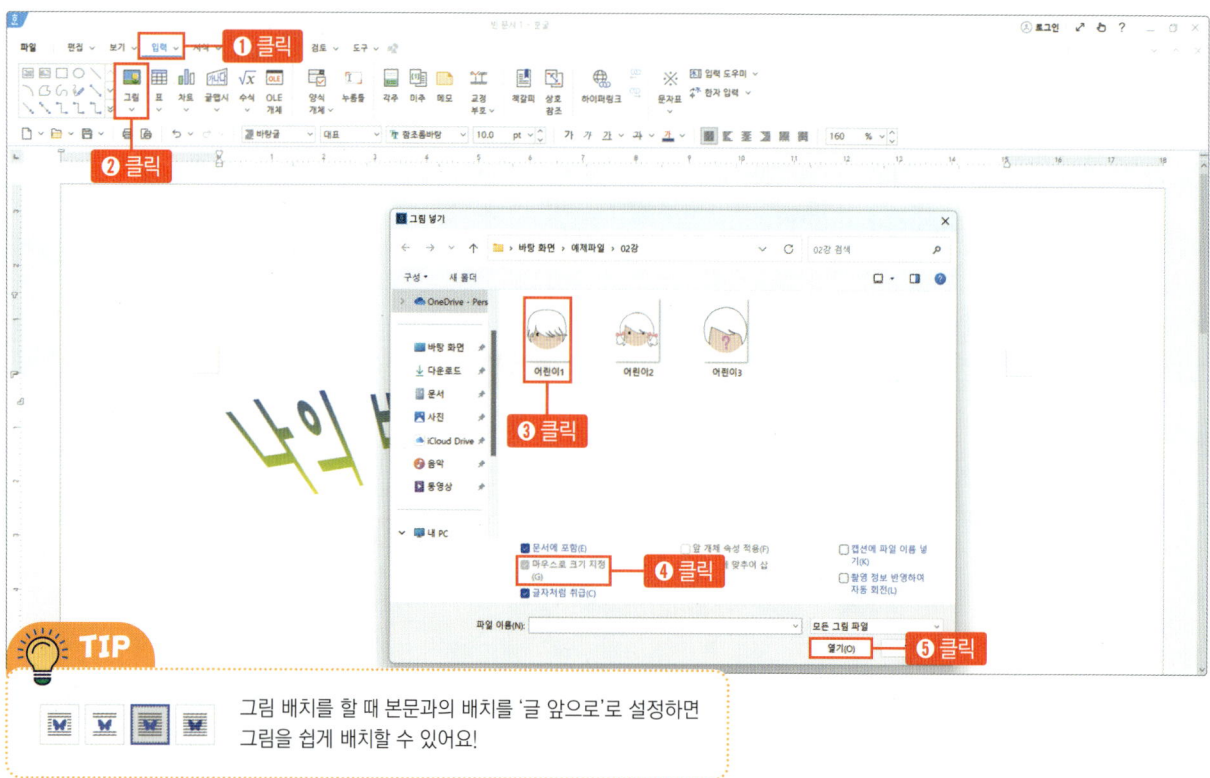

TIP 그림 배치를 할 때 본문과의 배치를 '글 앞으로'로 설정하면 그림을 쉽게 배치할 수 있어요!

2 삽입한 그림을 선택한 후 Shift 키를 누른 채로 조절점을 드래그하여 그림의 여백을 잘라냅니다.

03 그리기마당 추가하고 편집하기

미리 만들어 등록해 놓은 개체를 삽입하여 빠르게 그립니다.

1 [입력] 탭의 [그림]-[그리기마당]을 클릭합니다. [그리기마당] 대화상자가 실행되면 [그리기 조각] 탭의 '선택할 꾸러미'에서 '설명상자(장식)' 꾸러미를 클릭하고 '말풍선03'을 클릭하여 [넣기]를 클릭한 다음 마우스로 드래그 하여 말풍선을 추가합니다.

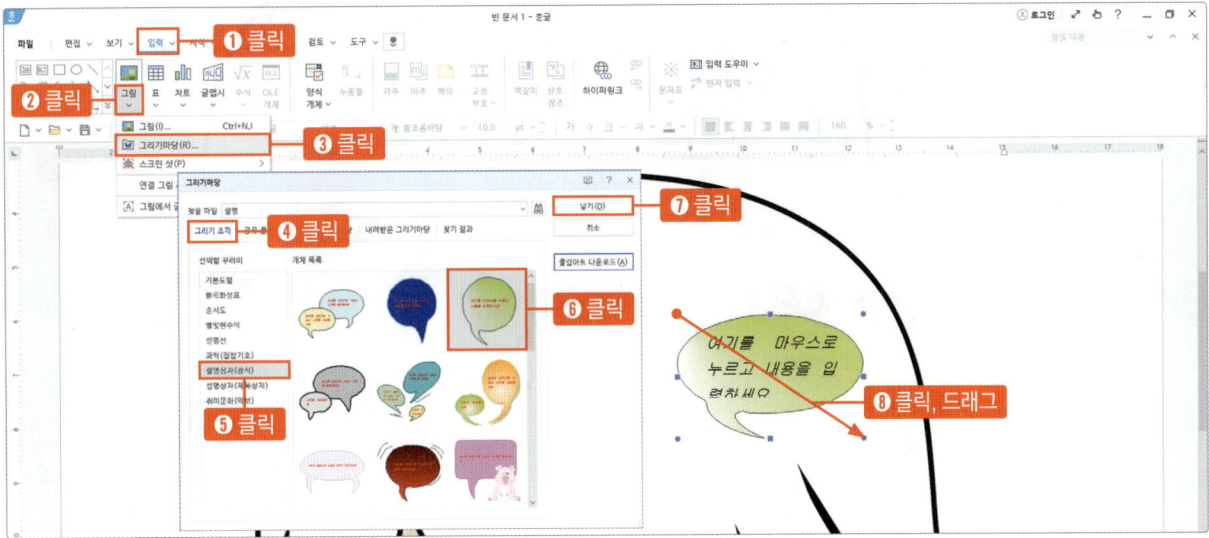

2 [그리기 조각]에서 다양한 말풍선을 추가한 후 [ ]탭의 [회전] 메뉴의 여러 가지 회전 기능을 사용하여 말풍선의 모양을 회전하고 다음과 같이 배치합니다.

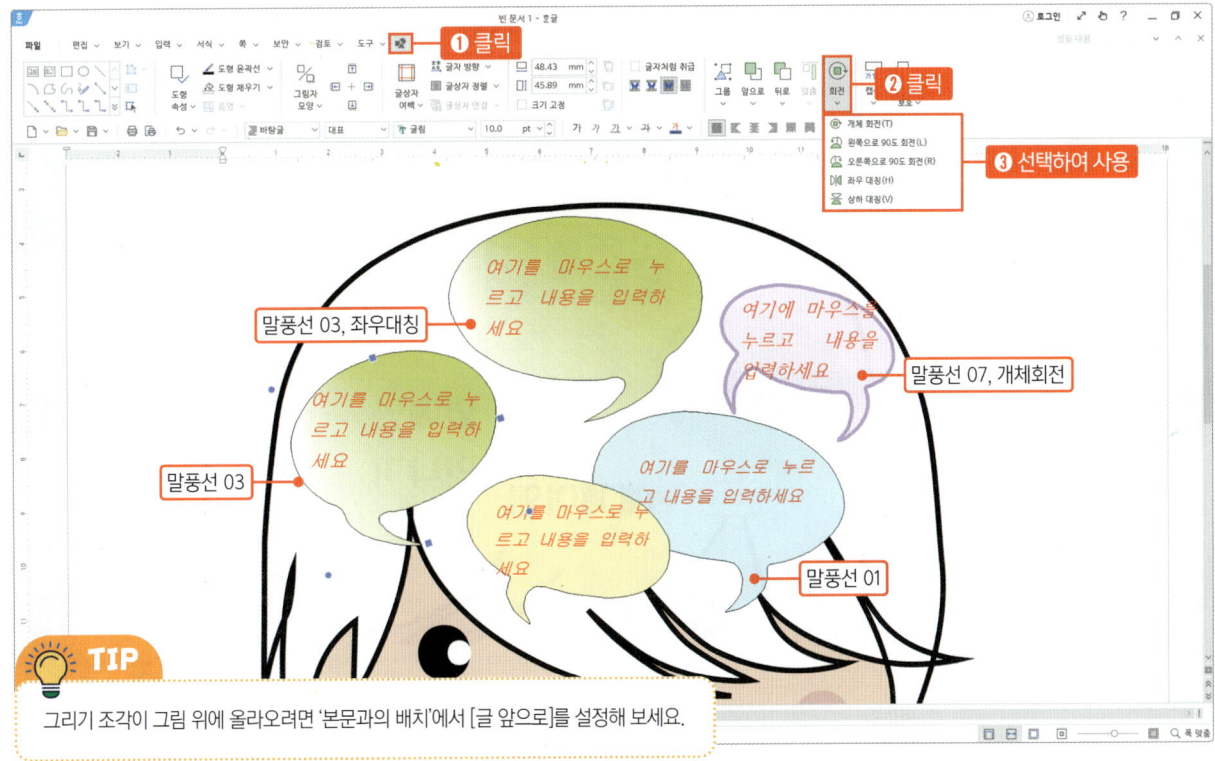

TIP 그리기 조각이 그림 위에 올라오려면 '본문과의 배치'에서 [글 앞으로]를 설정해 보세요.

3 각각의 말풍선을 더블클릭하여 [개체 속성] 대화상자를 실행하고 [채우기] 탭에서 '면 색'을 임의의 색, [선] 탭에서 '종류'를 '선 없음'을 지정한 후 [설정]을 클릭합니다.

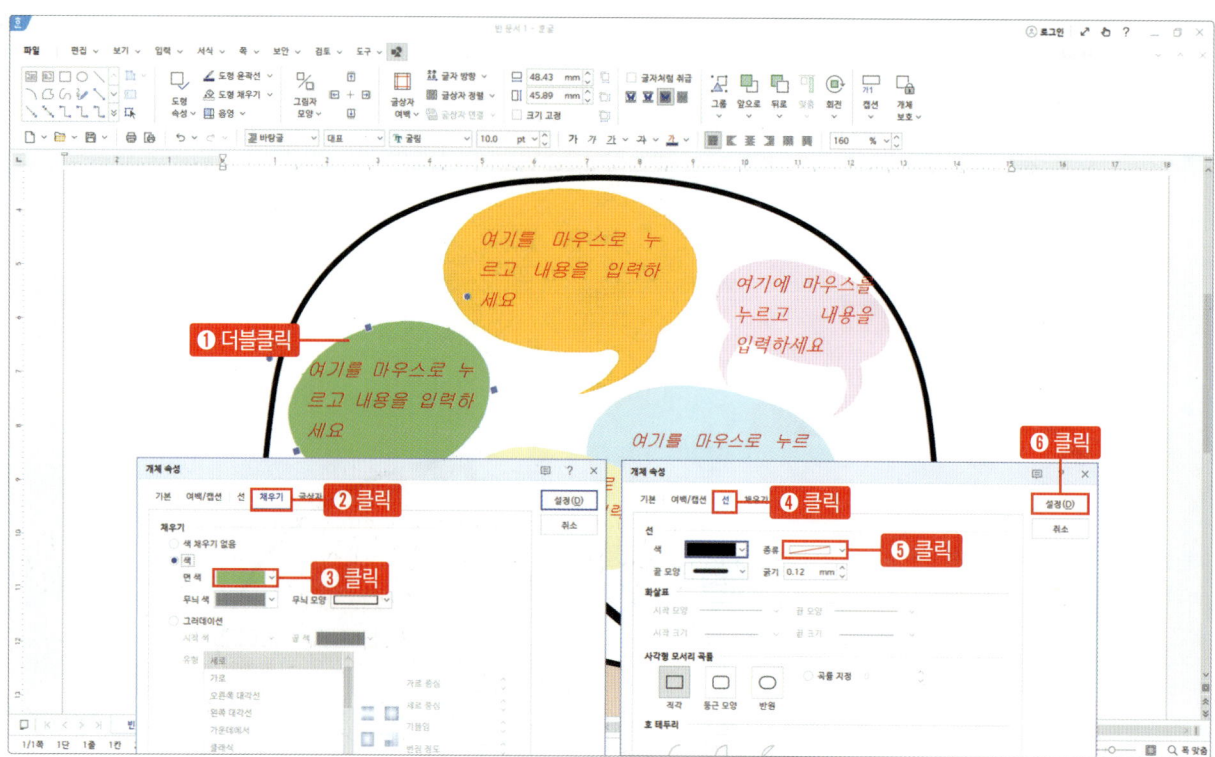

4 말풍선 안을 클릭하여 글자를 입력하고 드래그하여 '글꼴'을 'HY동녘B'로 선택하고 '글자 크기'를 말풍선 사이즈에 맞게 변경한 후 '가운데 정렬'을 설정합니다.

실력 쑥쑥! 창의력 쑥쑥!

1 다음과 같이 장래희망을 완성해 보세요.

예제파일 어린이2.png   완성파일 장래희망(완성).hwpx

① 글맵시 삽입
- 글맵시 모양 : '갈매기형 수장'
- 글꼴 : 'HY강B'
- 면 색 : 임의의 색

② '어린이2.png' 그림 삽입
- 자르기

③ 그리기마당 삽입
- 설명상자(장식) 꾸러미 : '말풍선02(좌우 대칭)', '말풍선03(개체회전)'
- 글꼴 : '양재깨비체B'
- 면 색 : 임의의 색
- 맞춤 : '가운데 정렬'

2 다음과 같이 상태메세지를 완성해 보세요.

예제파일 어린이3.png   완성파일 상태메시지(완성).hwpx

① 글맵시 삽입
- 글맵시 모양 : '직사각형'
- 글꼴 : '#태그래픽'
- 면 색 : 임의의 색

② '어린이3.png' 그림 삽입
- 자르기

③ 그리기마당 삽입
- 설명상자(장식) 꾸러미 : '말풍선14(좌우 대칭)'
- 글꼴 : '양재참숯체B'
- 면 색 : 임의의 색

CHAPTER 03 복불복 돌림판

오늘의 미션
- 도형을 삽입하고 그림으로 채우기
- 개체를 복사/회전하고, 정렬 기준 맞추기
- 글상자를 추가하여 글자 입력하기

돌림판은 원형으로 생긴 판 위에 칸을 나누어 각각 내용을 입력하고 돌려서 **무작위로 추첨할 때 사용**합니다. 주로 추첨된 내용이 하기 힘들고 어렵더라도 반드시 실행하는 게임에서 사용합니다.

작품 미리보기

예제파일 배경.png   **완성파일** 복불복(완성).hwpx

01 도형을 삽입하고 그림으로 채우기

도형을 삽입하고 그림으로 면을 채웁니다.

① [새 문서]를 생성하고 [편집] 탭의 [도형]을 클릭합니다. '타원'을 클릭한 후 드래그하여 삽입하고 더블클릭하여 [개체 속성]을 실행합니다. [기본] 탭에서 '너비'와 '높이' 모두 '150mm'를 입력하고, [선] 탭에서 '굵기'를 '1mm'로 지정합니다.

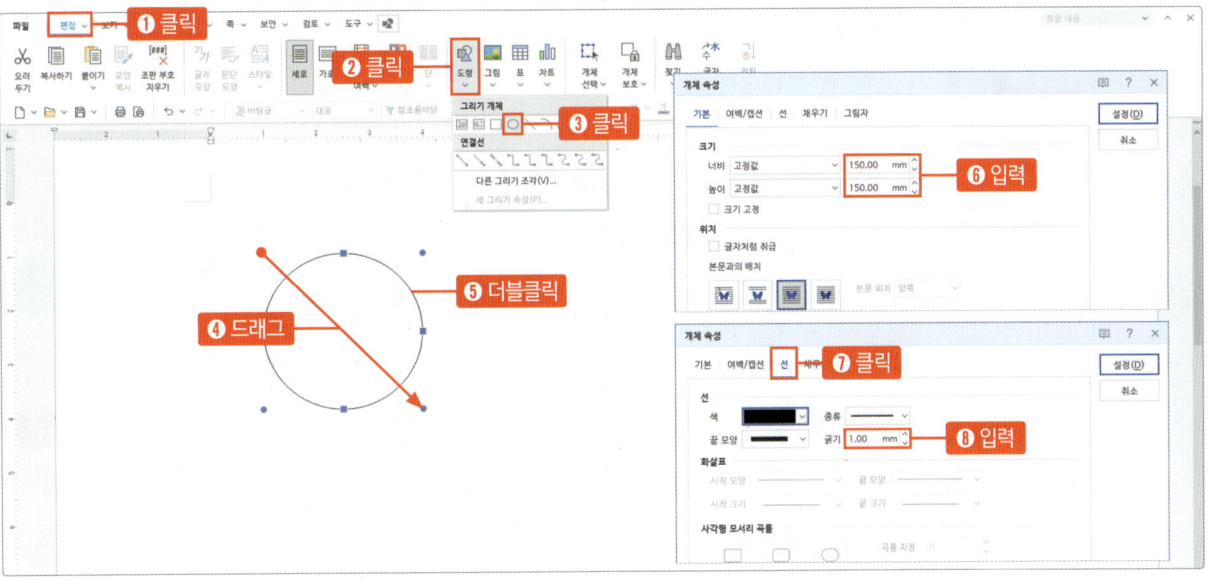

② 그 다음 [채우기] 탭을 클릭하고 '그림'을 체크하여 활성화한 후 '그림 선택'을 클릭하여 '배경.png'를 삽입합니다. '채우기 유형'을 '크기에 맞추어', '밝기'를 '30%'로 지정한 후 [설정]을 클릭합니다.

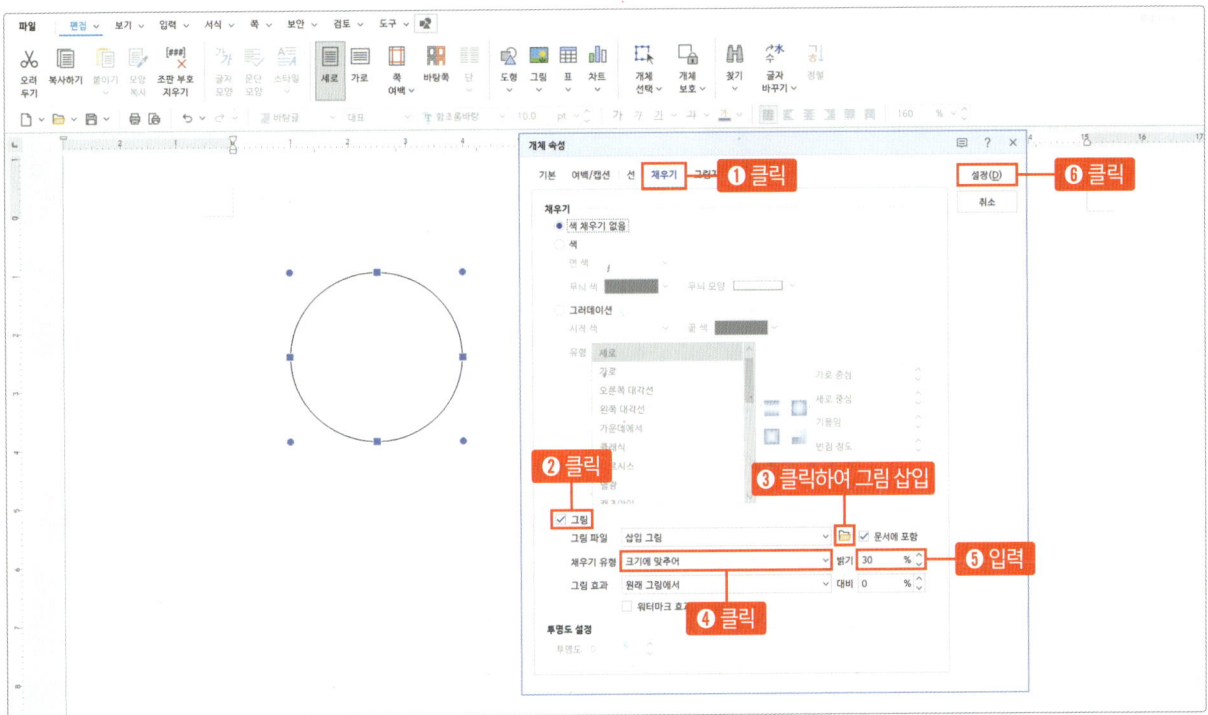

CHAPTER 03 - 복불복 돌림판

개체를 복사/회전하고, 정렬 기준 맞추기

삽입한 개체를 복사하고 여러 개체를 맞춤기능으로 정렬합니다.

① [입력] 탭에서 '직선'을 클릭하고 Shift 키를 누른 채로 가로로 드래그하여 직선을 추가합니다. 추가한 직선을 더블클릭하여 [개체 속성] 대화상자를 실행하고 [기본] 탭에서 '너비'를 '150mm', [선] 탭에서 '종류'-'점선', '굵기'-'1mm'로 변경하고 [설정]을 클릭합니다.

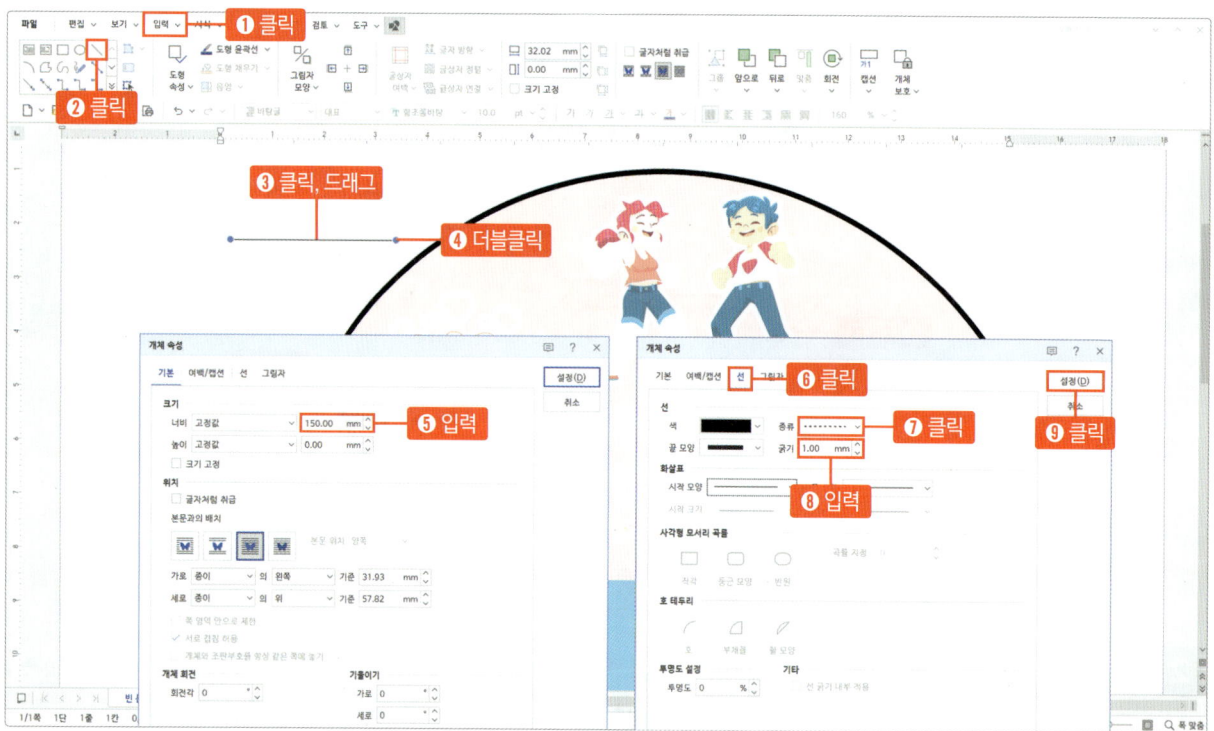

② 직선을 선택하고 Ctrl+C 키를 눌러 복사한 후 Ctrl+V 를 3번 눌러 직선 3개를 붙여넣기 합니다. 그 다음 복사된 직선을 더블클릭하여 [개체 속성]을 실행하고 '회전각'을 각각 '45°', '90°', '135°'로 변경합니다.

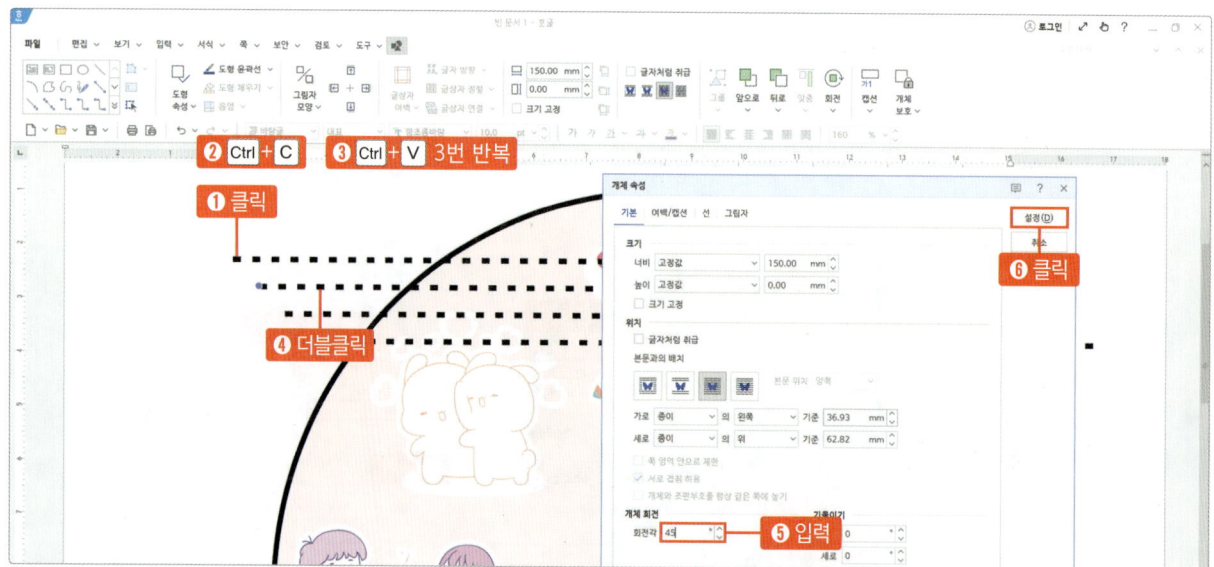

③ Shift 키를 누른 채로 타원과 직선들을 클릭하여 모두 선택한 후 [🖼] 탭-[맞춤]의 [중간 맞춤], [가운데 맞춤]을 차례로 클릭합니다. 그 다음 [그룹]의 [개체 묶기]를 실행하여 하나의 개체로 만듭니다.

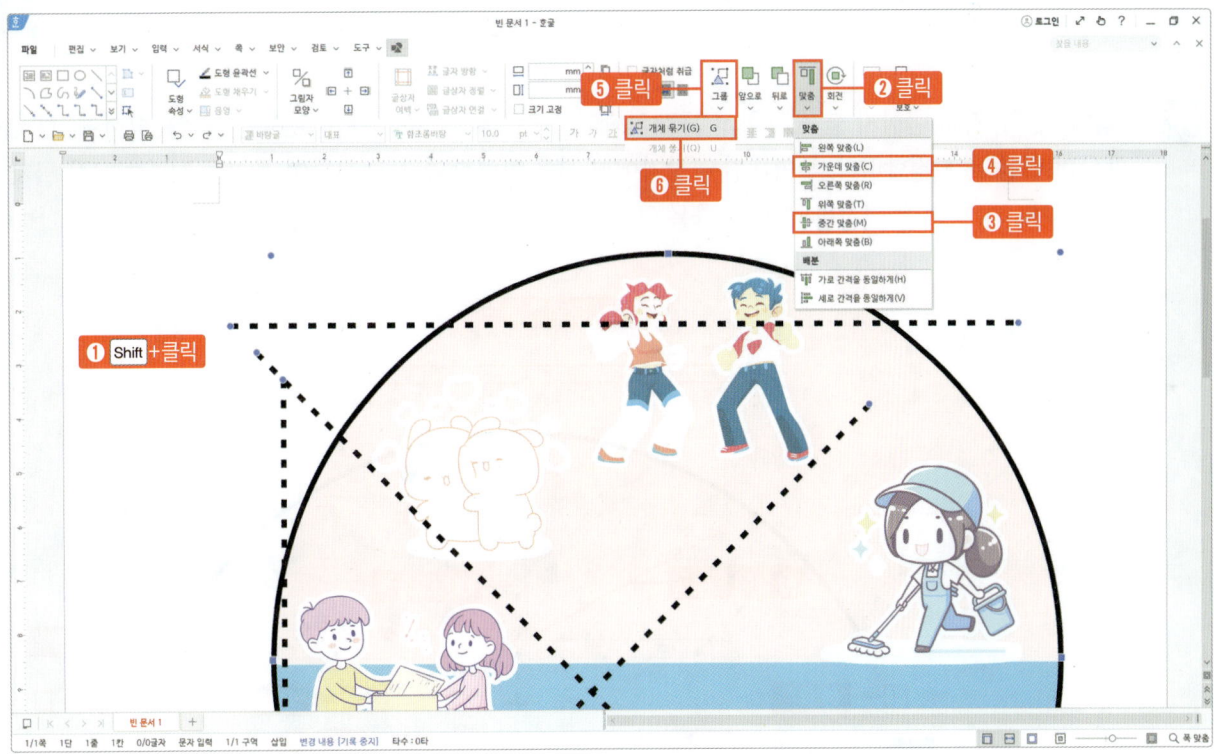

④ [입력] 탭에서 '타원'을 클릭하여 추가하고 '너비'와 '높이'를 '50mm', 선의 '굵기'를 '1mm', '면 색'을 임의의 색으로 지정합니다. ③과 같은 방법으로 기존의 삽입된 개체와 추가한 타원의 가운데와 중간을 맞추어 정렬합니다.

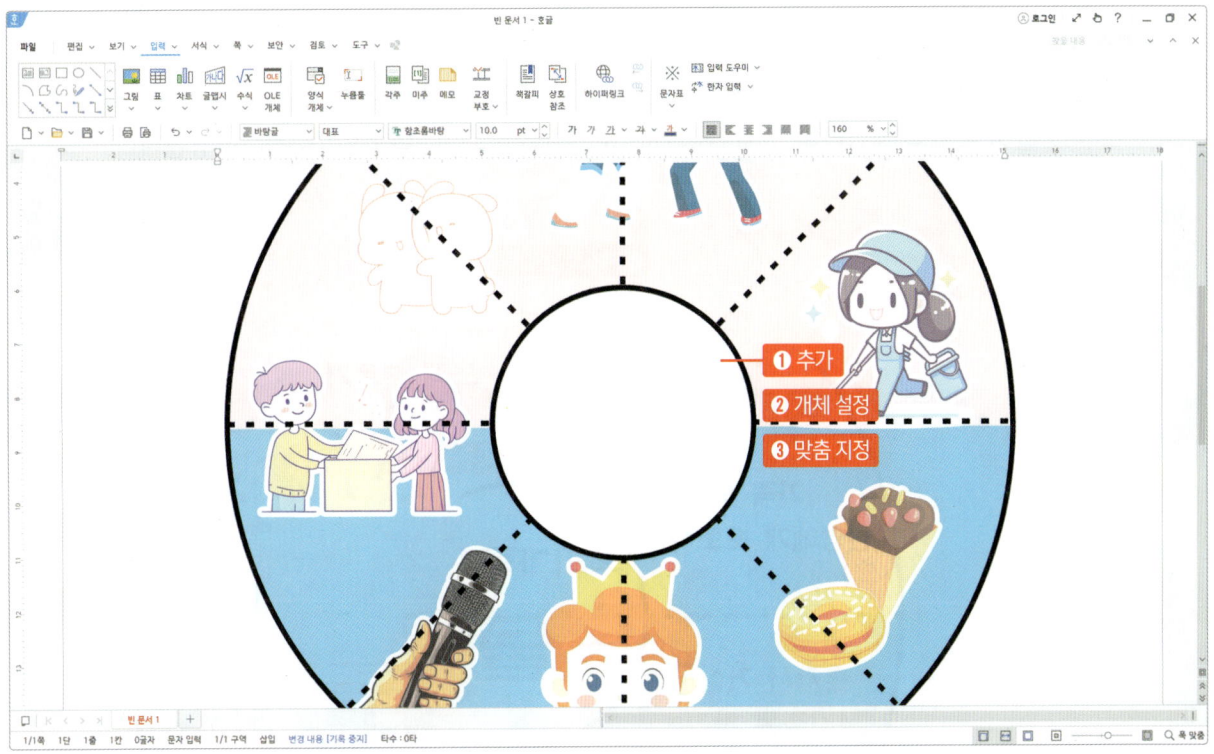

03 글상자를 추가하여 글자 입력하기

개체 위로 글상자를 추가하여 글자를 입력합니다.

1 [입력] 탭의 '가로 글상자'를 선택하고 드래그하여 추가합니다. 추가한 글상자를 더블클릭하여 '선 없음', '색 채우기 없음'을 지정합니다. 투명해진 글상자에 미션을 입력한 후 드래그하여 글꼴을 'HY견고딕', 글자 크기를 '15pt', '가운데 정렬'을 설정합니다. 그 다음 글상자를 복사하여 배치한 후 미션을 변경합니다.

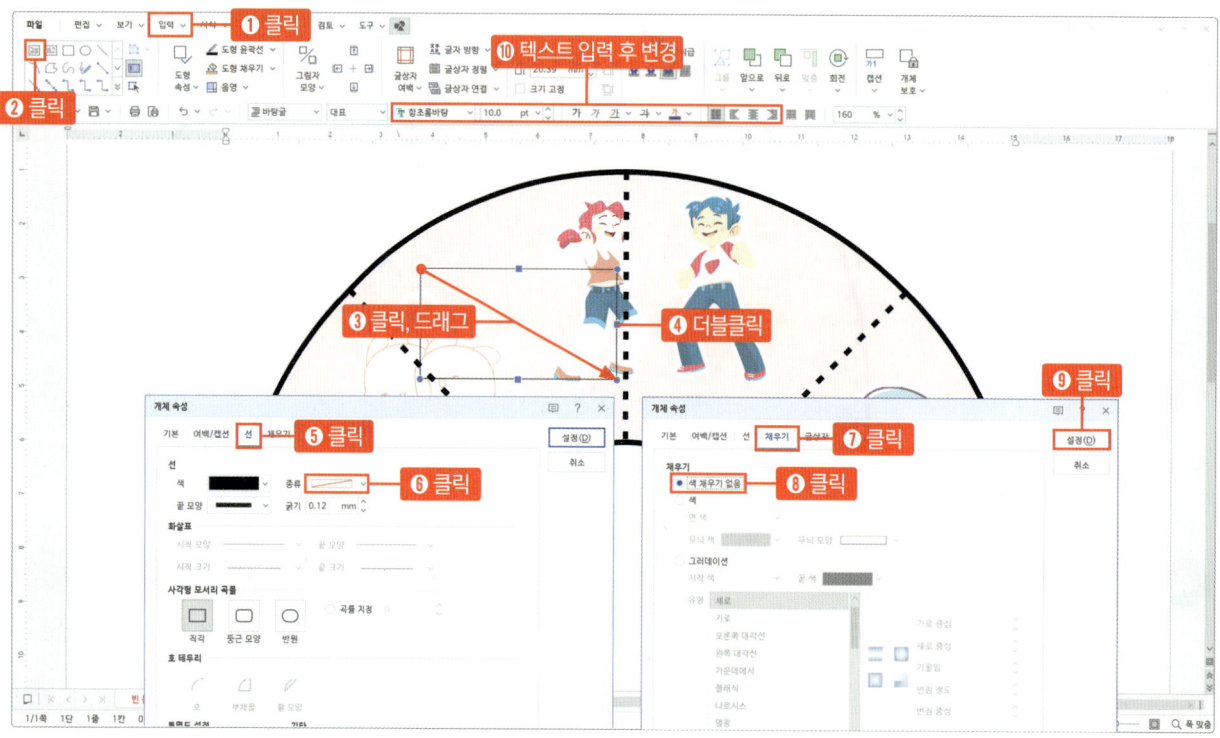

2 '타원'을 선택한 후 마우스 오른쪽 버튼을 클릭하고 [도형 안에 글자 넣기]를 클릭하여 글상자로 변경한 뒤 다음과 같이 텍스트를 입력하고 'HY목각파임B', '20pt', '45pt', 임의의 색으로 변경합니다.

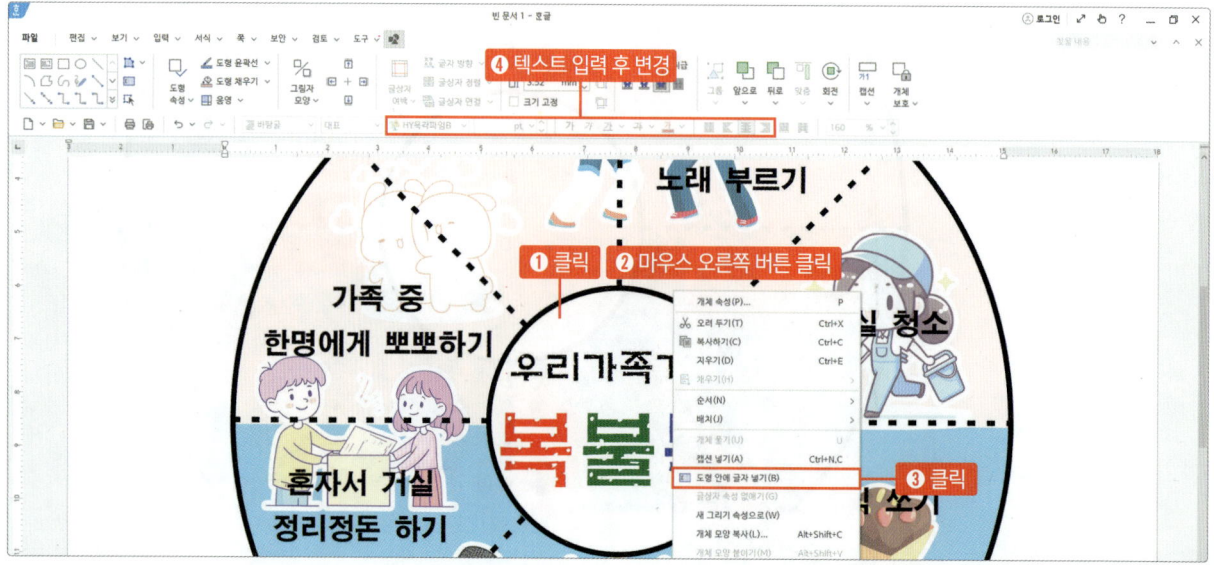

실력 쑥쑥! 창의력 쑥쑥!

1 다음과 같이 메뉴선정돌림판을 완성해 보세요.

예제파일: 배경2.png   완성파일: 메뉴선정(완성).hwpx

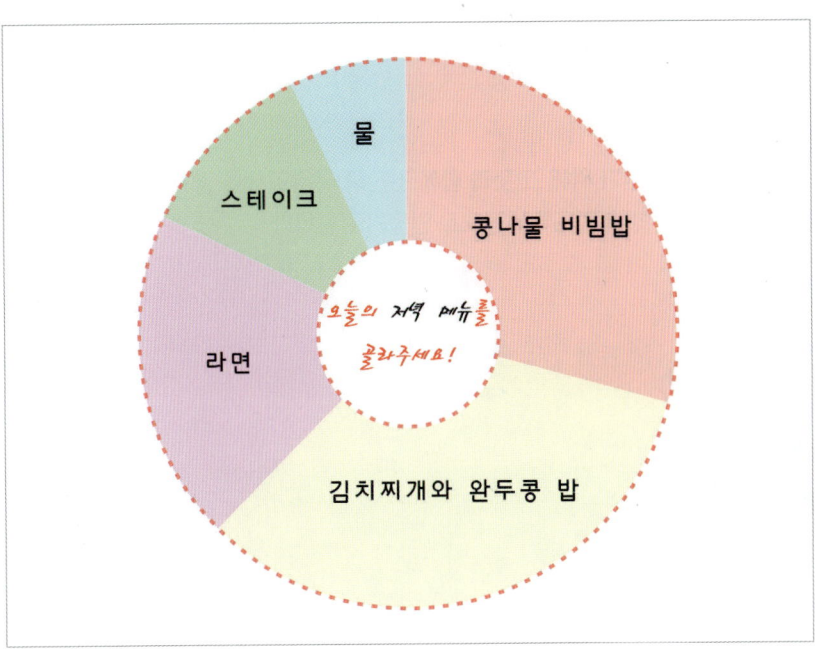

❶ '타원' 도형 삽입
- 크기 : 150*150mm, 50*50mm
- 선 종류 : '점선'
- 선 굵기 : '1mm'
- 선 색 : 임의의 색

❷ '배경2.png' 그림 채우기

❸ '가로 글상자' 도형 삽입
- 글꼴 : 'HY강B', '한컴 쿨재즈 B'
- 글자 크기 : '20pt', '21pt'
- 글자 색 : 임의의 색

2 다음과 같이 타로카드를 완성해 보세요.

예제파일: 카드1.jpg~카드6.jpg   완성파일: 타로카드(완성).hwpx

❶ '직사각형' 도형 삽입
- 크기 : 50*80mm
- 선 종류 : '실선'
- 선 굵기 : '0.5mm'
- 선 색 : '검정'

❷ '카드1~카드6.jpg' 그림 채우기

CHAPTER 03 · 복불복 돌림판

단축키 암기장

오늘의 미션
- 문자 및 문자표 입력하기
- 단축키로 표 및 셀 편집하기
- 단축키로 표 및 셀 속성 변경하기

중요한 단어나 용어를 외우기 위해 그 뜻과 함께 간단히 적은 공책을 암기장이라고 합니다. 암기장은 휴대하여 암기할 수 있도록 낱장으로 만들기도 합니다.

 작품 미리보기

예제파일 단축키.hwpx   **완성파일** 단축키(완성).hwpx

한글 문서를 빠르게 작성 하는 꿀 Tip - 단축키

분류	단축키	기능	중요도
기능	F1	도움말	★
	F6	스타일	★
	F7	편집 용지	★
문서	Alt + N	새글	★
	Alt + O	불러오기	★
	Alt + X	끝내기	★
	Alt + F4	문서 닫기	★
	Alt + S	저장하기	★
	Alt + V	다른 이름으로 저장하기	★
편집	Insert	삽입/수정	★
	Ctrl + A	전체 선택	★
	Ctrl + C	복사하기	★
	Ctrl + X	오려 두기	★
	Ctrl + V	붙이기	★
	Ctrl + E	지우기	★
	Ctrl + Z	되돌리기	★
	Ctrl + F	찾기	★
	Ctrl + F2	찾아 바꾸기	★
	Ctrl + Enter	강제쪽 나누기	★
	Alt + L	글자모양	★
	Alt + T	문단모양	★
입력	Ctrl + N, T	표 만들기	★
	Ctrl + N, M	수식 편집기	★
	Ctrl + N, B	글상자 만들기	★
	Ctrl + N, I	그림 넣기	★
	Ctrl + N, H	머리말/꼬리말	★
	Ctrl + N, N	각주	★
	Ctrl + N, P	쪽 번호 매기기	★
	Ctrl + N, K	고치기(개체속성 등)	★
	Ctrl + F10	문자표 입력	★
	Ctrl + K, N	문단 번호/글머리표	★
	Ctrl + K, H	하이퍼링크	★
	Ctrl + K, B	책갈피	★

01 문자 및 문자표 입력하기

빈 셀에 문자와 특수 문자를 문자표에서 찾아 입력합니다.

① 한글2022를 실행한 후 [내 컴퓨터에서 불러오기]를 클릭하여 '단축키.hwpx' 파일을 불러옵니다.

② 표 안의 'Ctrl + '을 드래그한 후 마우스 오른쪽 버튼을 클릭하여 바로가기 메뉴를 실행합니다. [복사하기] 옆 단축키를 확인한 후 클릭하여 복사하고 아래 빈 셀에 커서를 위치시킨 후 바로가기 메뉴의 [붙이기]를 클릭합니다. 이 때, '붙이기'의 단축키를 확인합니다.

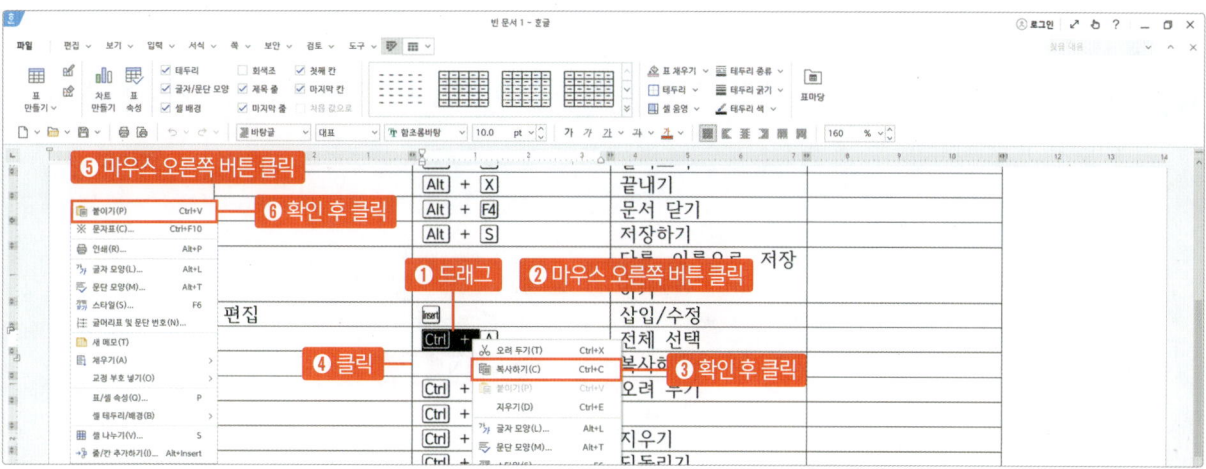

③ 이어서 Ctrl + F10 키를 눌러 [문자표 입력]을 실행하고 [흔글(HNC) 문자표] 탭을 클릭한 후 '문자 영역'의 '키 캡'을 클릭합니다. 그리고 ②에서 확인한 '복사하기'의 단축키 'C'를 선택한 후 [넣기]를 클릭합니다.

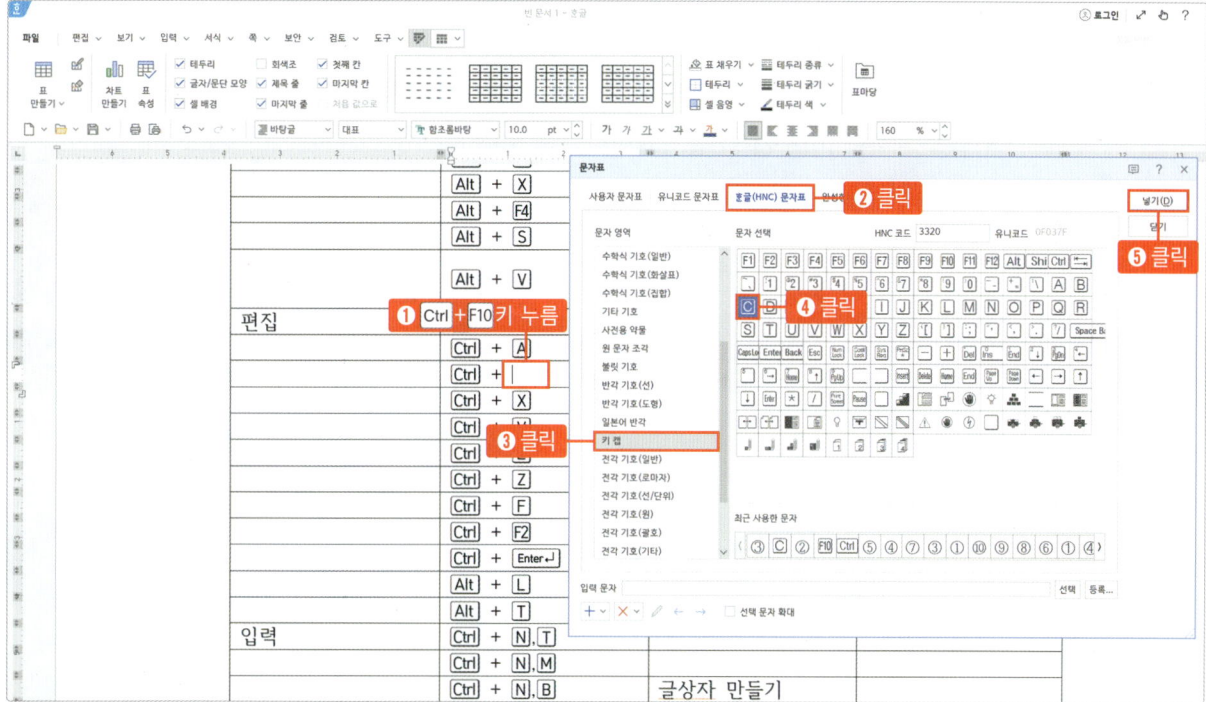

CHAPTER 04 · 단축키 암기장 025

④ ❷에서 확인한 단축키 기능을 'Ctrl+V'가 입력된 셀의 오른쪽 빈 셀에 입력합니다.

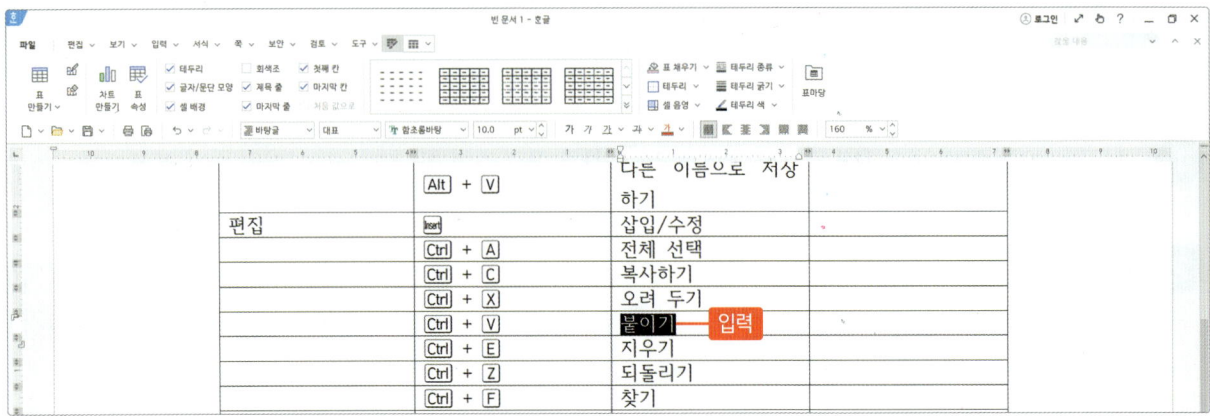

⑤ 이어서 기능이 비어있는 셀의 왼쪽에 적힌 단축키를 눌러 기능을 확인한 후 실행된 기능을 종료하고 확인한 기능을 입력합니다.

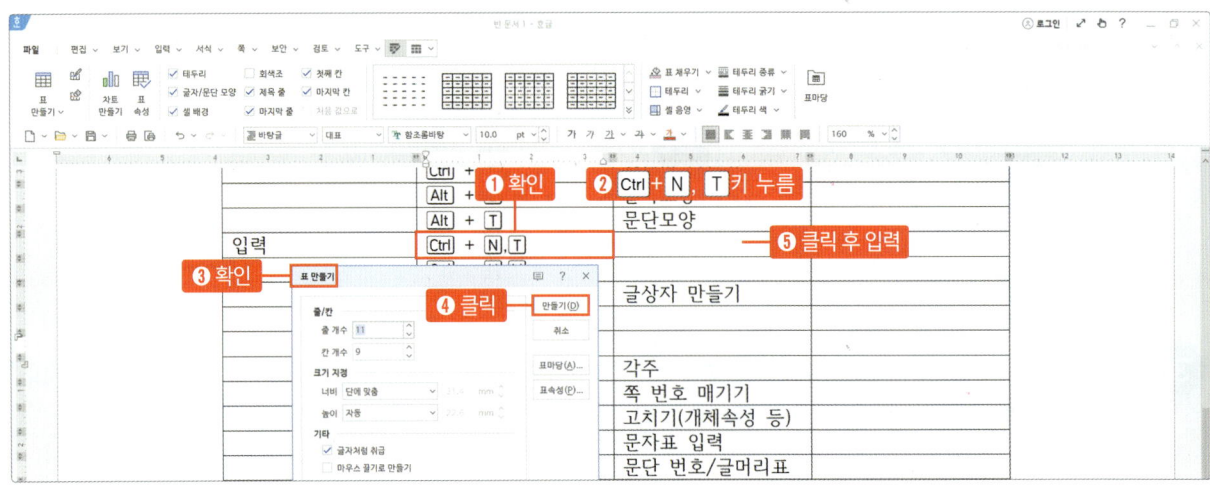

⑥ '중요도' 아래 빈 셀에 커서를 위치시킨 후 'ㅁ'과 [한자]키를 눌러 [특수 문자로 바꾸기]를 실행하고 '특수 문자 목록'에서 '★'을 선택하여 [바꾸기]를 클릭합니다.

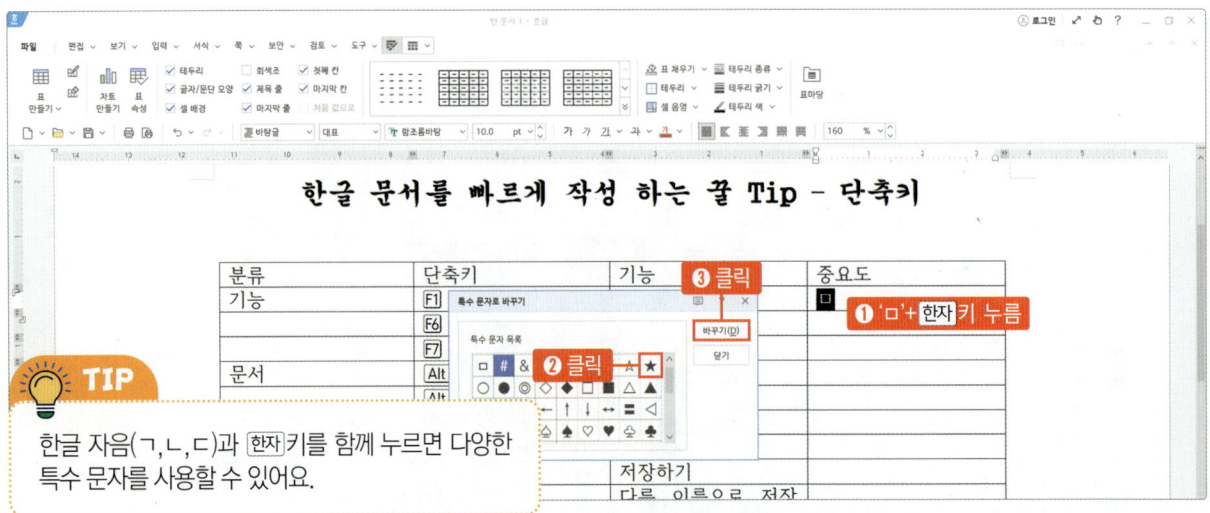

> **TIP**
> 한글 자음(ㄱ,ㄴ,ㄷ)과 [한자]키를 함께 누르면 다양한 특수 문자를 사용할 수 있어요.

02 단축키로 표 및 셀 편집하기

단축키로 글꼴 변경 및 셀의 크기를 조절하여 표를 편집합니다.

1 셀 안에 커서를 위치시킨 후 F5키를 3번 눌러 셀을 모두 선택하고 Alt+L키를 눌러 [글자모양]을 실행하여 '기준 크기'를 '12pt', '글꼴'을 '돋움'으로 지정하고 [설정]을 클릭합니다. 그 다음 Alt+T키를 눌러 [문단 모양]을 실행하고 '정렬 방식'을 '가운데 정렬'로 지정한 후 [설정]을 클릭합니다.

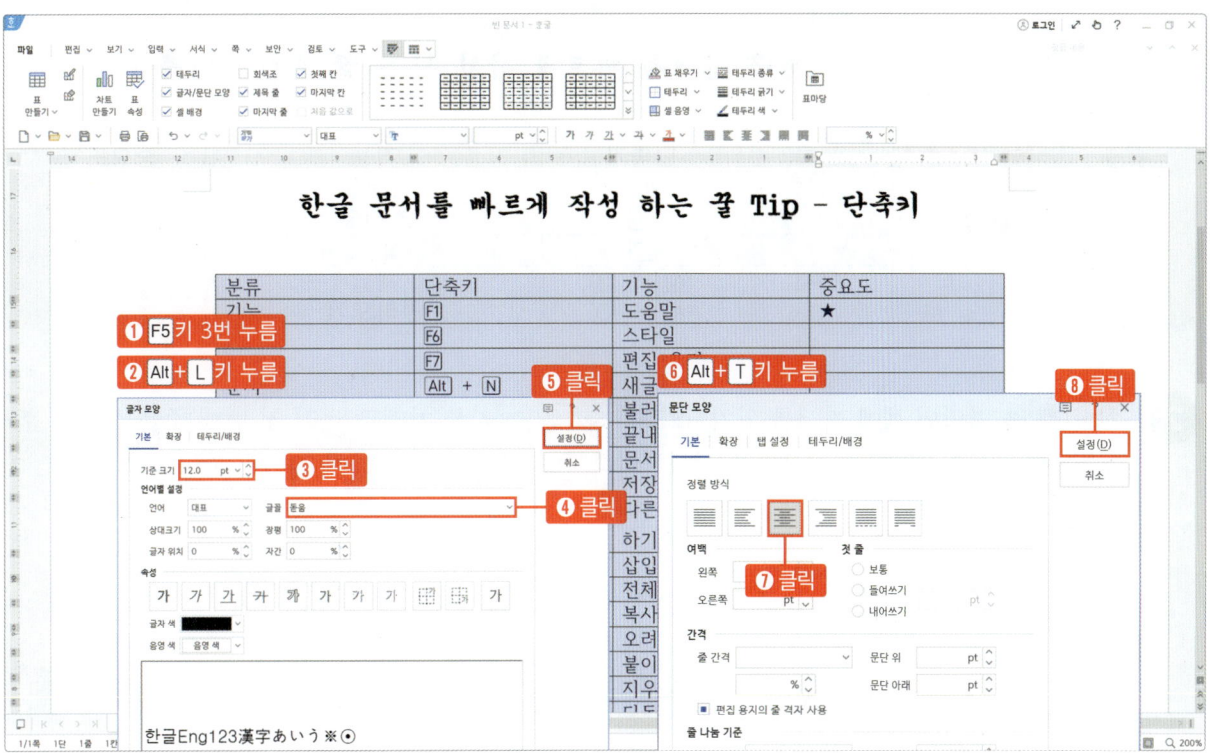

2 첫 번째 칸에서 임의의 셀에 커서를 위치시킨 후 F5키와 F7키를 차례로 눌러 첫 번째 칸을 모두 선택한 후 Ctrl키와 방향키(←, →)를 눌러 셀의 너비를 조절합니다. 같은 방법으로 다른 칸도 크기에 맞춰 조절합니다.

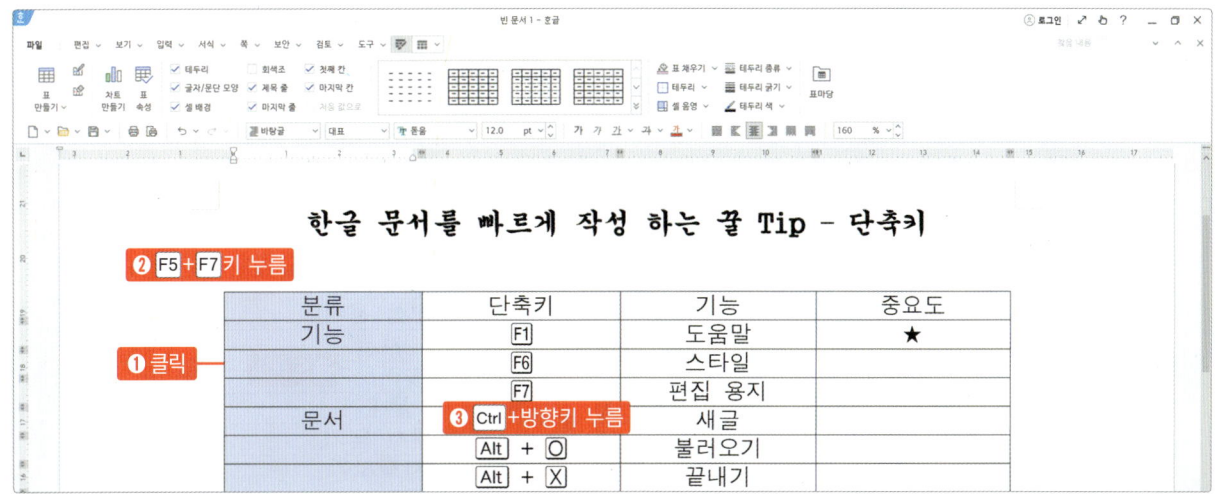

CHAPTER 04 - 단축키 암기장 **027**

03 단축키로 표 및 셀 속성 변경하기

단축키를 사용하여 표 및 셀의 테두리, 배경 등을 변경합니다.

1 아래와 같이 3개의 셀을 드래그하여 선택한 후 M키를 눌러 셀 합치기를 합니다. 나머지 셀도 분류에 맞게 셀 합치기를 합니다.

2 첫 번째 줄 임의의 셀에 커서를 위치시키고 F5키와 F8키를 차례로 눌러 첫 번째 줄을 선택한 후 C키를 눌러 [셀 테두리/배경] 대화상자를 실행합니다. [배경] 탭을 클릭하여 '면 색'을 임의의 색으로 지정하고 [설정]을 클릭합니다.

3 '★'이 입력된 셀부터 아래의 모든 셀을 드래그한 후 A키를 눌러 자동 채우기를 합니다.

028 한글 2022 작품만들기

실력 쑥쑥! 창의력 쑥쑥!

1 다음과 같이 계산기를 완성해 보세요.

예제파일 계산기.hwpx　　**완성파일** 계산기(완성).hwpx

> ❶ 문자표 입력
> – [혼글(HNC 문자표)] 탭의 '키 캡'

2 다음과 같이 키보드를 완성해 보세요.

예제파일 키보드.hwpx　　**완성파일** 키보드(완성).hwpx

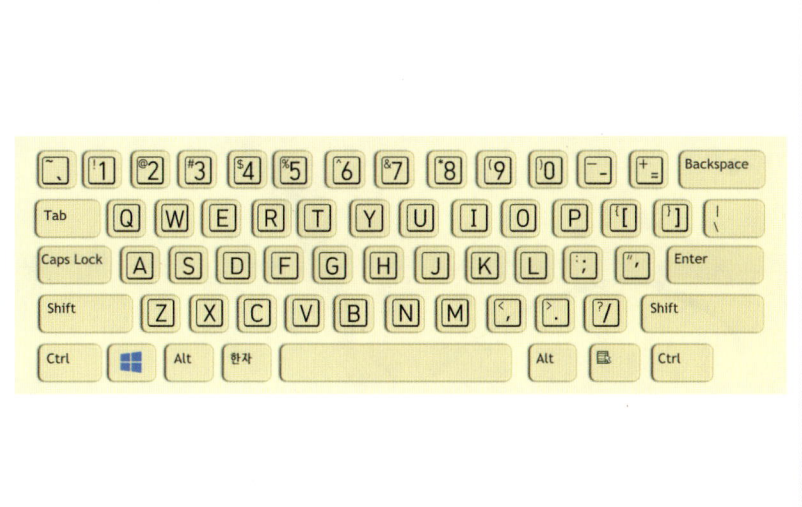

> ❶ 문자표 입력
> – [혼글(HNC 문자표)] 탭의 '키 캡'

도깨비 가면

오늘의 미션
- 편집 용지를 변경하고 그리기 조각 삽입하기
- 개체를 풀고 다각형 편집하기
- 그리기 조각을 묶어 하나의 개체로 만들기

얼굴을 감추거나 다르게 꾸미기 위해 **나무, 종이, 흙 따위로 만들어 얼굴에 쓰는 물건을 가면**이라고 합니다. 가면은 가면을 쓰고 성악, 기악, 무용, 연기 따위를 결합하여 연극으로 공연되는 가면극에서 많이 사용합니다.

작품 미리보기

예제파일 없음　　**완성파일** 도깨비가면(완성).hwpx

편집 용지를 변경하고 그리기마당 삽입하기

편집 용지를 가로로 설정하고 그리기 조각을 삽입합니다.

1 [새 문서]를 클릭한 후 [쪽] 탭의 [가로]를 클릭하여 편집용지의 방향을 변경합니다.

2 [입력] 탭의 [그림]-[그리기마당]을 클릭하여 [그리기마당] 대화상자가 실행되면 [클립아트 다운로드]를 클릭합니다.

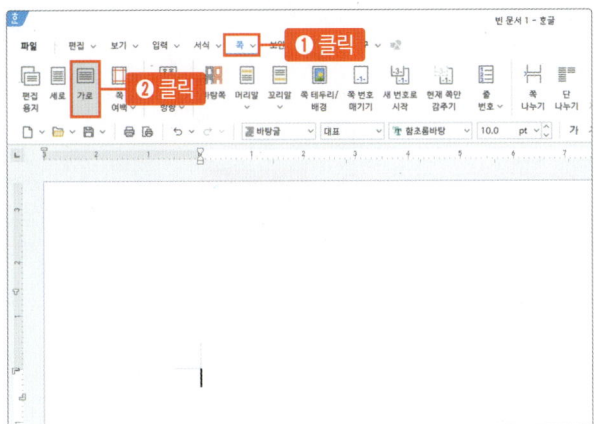
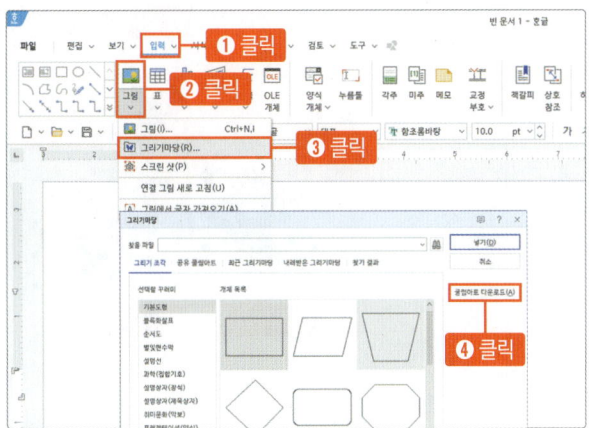

3 [한컴 애셋] 대화상자에서 [그리기 조각] 탭을 클릭하고 '혹부리영감'을 검색합니다. [⬇]를 클릭하고 [내려받기]를 클릭한 후 창을 닫습니다. [내려받은 그리기마당] 탭에서 '혹부리영감'을 클릭하고 [넣기]를 클릭합니다. 편집 용지에 드래그 하여 그리기 조각을 추가합니다.

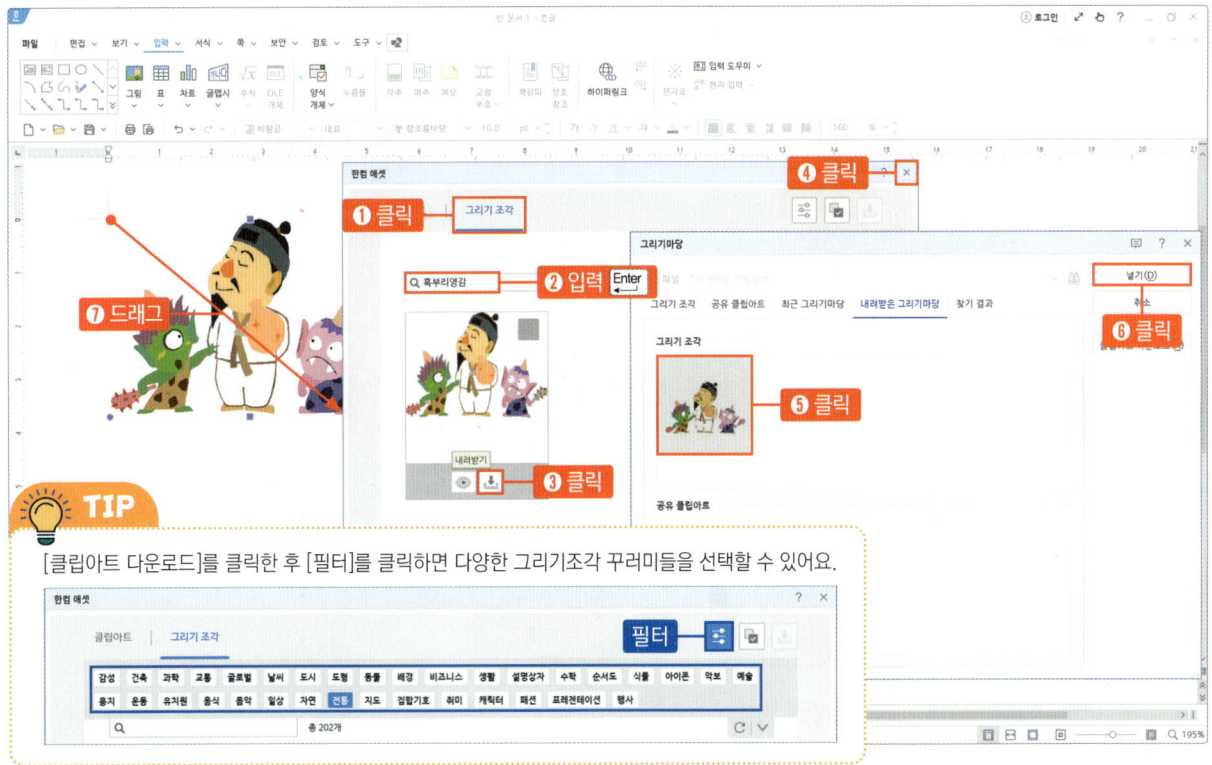

TIP [클립아트 다운로드]를 클릭한 후 [필터]를 클릭하면 다양한 그리기조각 꾸러미들을 선택할 수 있어요.

CHAPTER 05 - 도깨비 가면

개체를 풀고 다각형 편집하기

그리기 조각을 풀어 도깨비 얼굴만 남기고 삭제한 후 개체를 편집합니다.

1 삽입한 그리기 조각을 클릭한 후 마우스 오른쪽 버튼을 클릭하여 바로가기 메뉴의 **[개체 풀기]**를 2번 실행하여 조각을 나누고 오른쪽 도깨비 얼굴을 제외한 나머지 조각은 선택한 후 Delete 키를 눌러 삭제합니다.

2 Shift 키를 누른 채 드래그하여 크기를 조절하고 [🖼] 탭의 **[회전]-[개체 회전]**을 클릭하고 회전 조절점을 드래그하여 회전합니다.

TIP Shift 키를 누른 채 드래그하면 가로, 세로 비율이 동일한 크기 변경을 할 수 있어요.

3 ❶과 같은 방법으로 [개체 풀기]를 4번 실행하고 '이빨' 조각을 Ctrl키를 누른 채 드래그하여 복사합니다. 그리고 ❷와 같은 방법으로 회전하여 위치시킵니다.

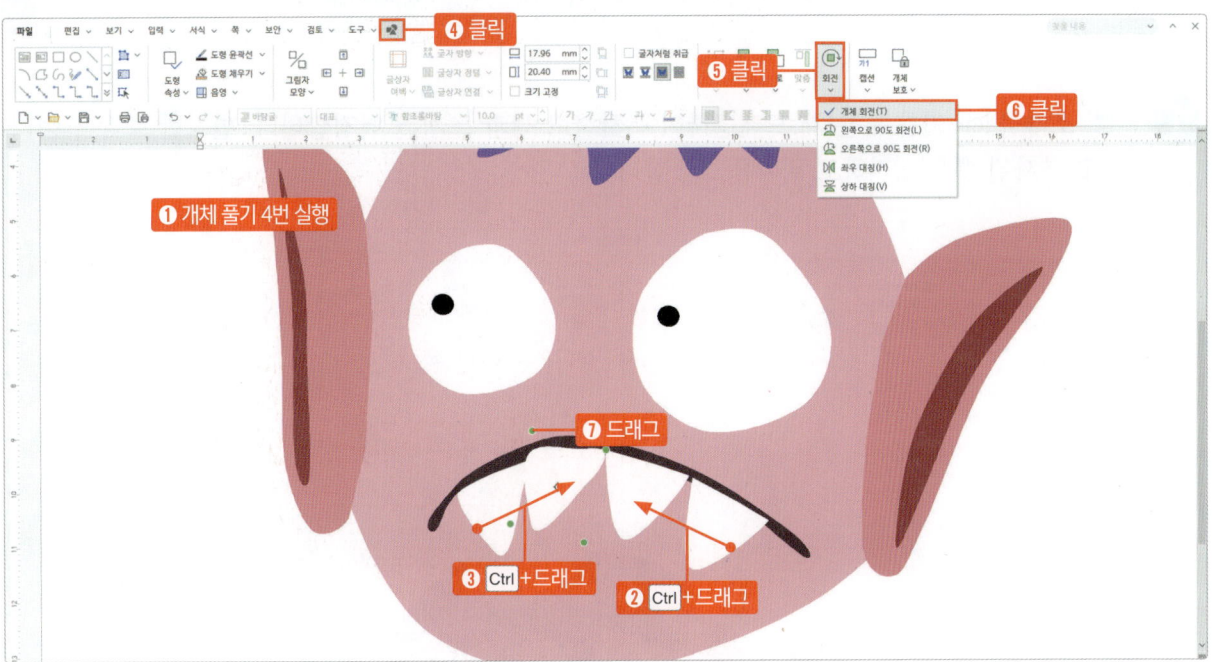

4 '이빨' 조각을 클릭하여 선택하고 마우스 오른쪽 버튼을 클릭하여 바로가기 메뉴의 [다각형 편집]을 클릭합니다. 다각형 편집점을 드래그하여 모양을 편집합니다. 그 다음 더블클릭하여 [개체 속성]을 실행하고 [채우기] 탭의 '면 색'을 '노랑'으로 지정하고 [설정]을 클릭합니다.

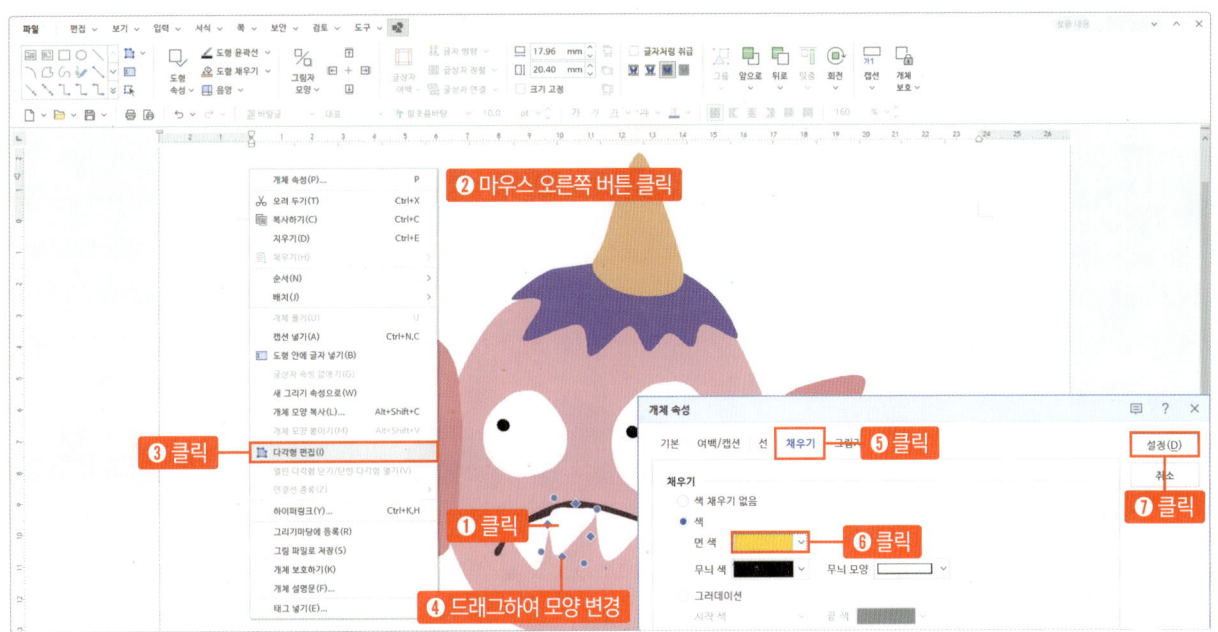

5 [입력] 탭의 [그림]-[그리기마당]을 클릭한 후 [그리기마당] 대화상자에서 [클립아트 다운로드]를 클릭합니다. 이어서 [그리기 조각] 탭을 클릭하고 '포인트가 4개인 별'을 다운로드 받은 후 추가('윤곽선 없음', 면 색-'흰색')하여 반짝이는 황금 이빨을 표현합니다.

03 그리기 조각을 묶어 하나의 개체로 만들기

여러개의 그리기 조각을 하나의 개체로 묶습니다.

1. '뿔' 조각을 Ctrl키를 누른 채 드래그하여 복사하고 색과 크기를 변경합니다. 변경한 조각을 여러개 복사하고 복사된 뿔을 회전하고 위치를 조절합니다.

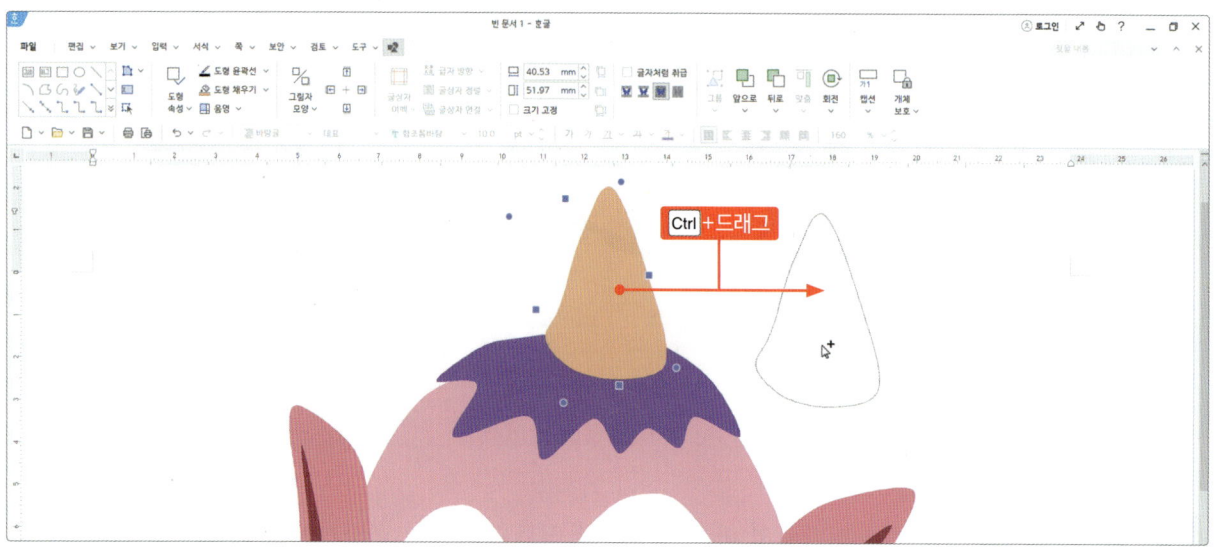

2. [편집] 탭의 [개체 선택]을 클릭하고 그리기 조각이 모두 포함되도록 드래그하여 선택한 후 마우스 오른쪽 버튼을 눌러 바로가기 메뉴의 [개체 묶기]를 클릭합니다. [개체 묶기] 대화상자가 실행되면 [실행]을 클릭합니다.

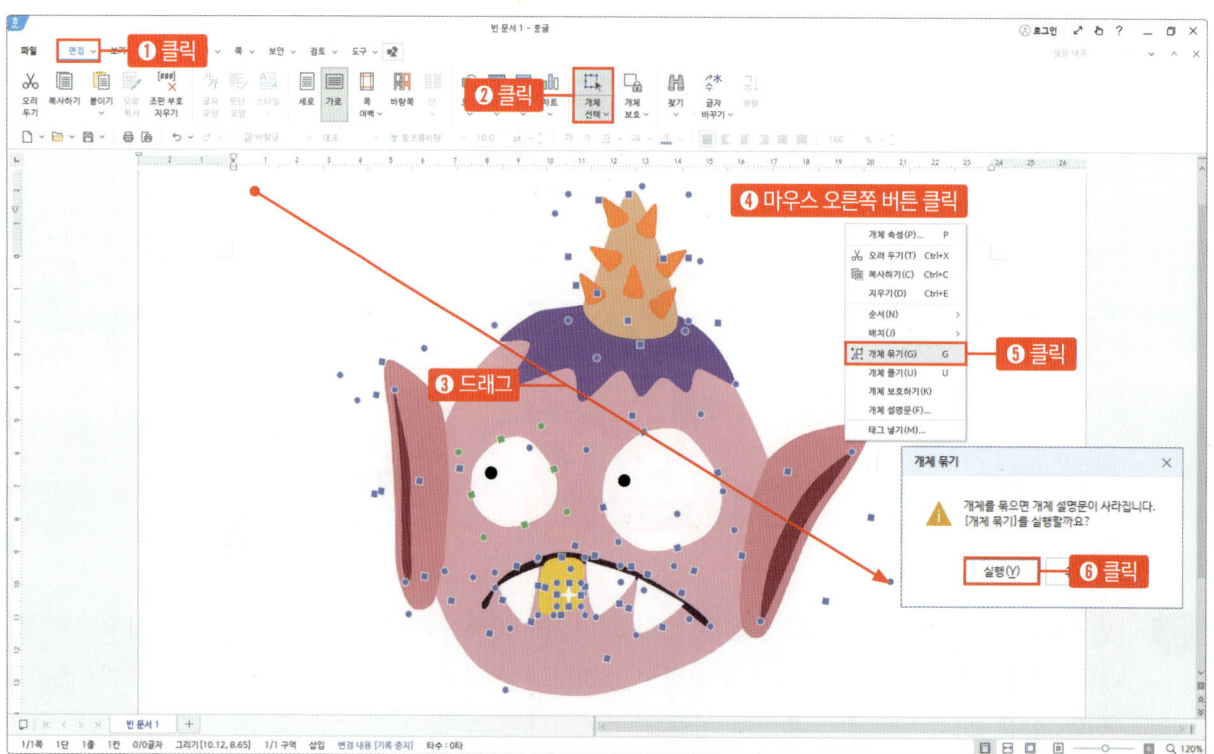

실력 쑥쑥! 창의력 쑥쑥!

1 다음과 같이 우는 팥쥐 얼굴을 완성해 보세요.

예제파일: 없음　　완성파일: 우는팥쥐(완성).hwpx

❶ 그리기 조각 삽입
- [클립아트 다운로드] :
  [그리기 조각] '콩쥐 팥쥐'
- '콩쥐' 얼굴을 '팥쥐' 얼굴로 바꾸기 (개체 풀기/묶기)

2 다음과 같이 웃는 얼굴 가면을 완성해 보세요.

예제파일: 없음　　완성파일: 웃는얼굴가면(완성).hwpx

❶ 그리기 조각 삽입
- [클립아트 다운로드] :
  [그리기 조각] '놀란얼굴'
- 입 모양을 다각형 편집하기 (개체풀기/묶기)

CHAPTER 05 - 도깨비 가면

골고루 먹기 포스터

오늘의 미션
- 용지 방향과 여백 설정하고 배경에 그림 채우기
- 다각형으로 문자 그리고 꾸미기
- 그림 삽입하기

포스터는 벽이나 수직면에 부착하기 위해 도안된 종이 출력물을 말합니다. 일반적으로 포스터는 문자적 요소와 그래픽적인 요소를 모두 포함하지만, 순수하게 문자나 그래픽으로만 구성할수도 있습니다.

 **작품 미리보기**

예제파일 배경1.jpg, 갈비.jpg, 샐러드.jpg   **완성파일** 골고루 먹자(완성).hwpx

01 용지 방향과 여백 설정하고 배경에 그림 채우기

출력할 포스터의 방향과 여백을 설정하고 배경으로 그림을 채웁니다.

① 한글 2022를 실행한 다음 [쪽] 탭의 [편집용지]를 클릭하여 '용지 방향'을 '가로', '용지 여백'의 '위쪽', '아래쪽', '왼쪽', '오른쪽'을 '5mm', '머리말', '꼬리말', '제본'을 '0mm'로 지정하고 [설정]을 클릭합니다.

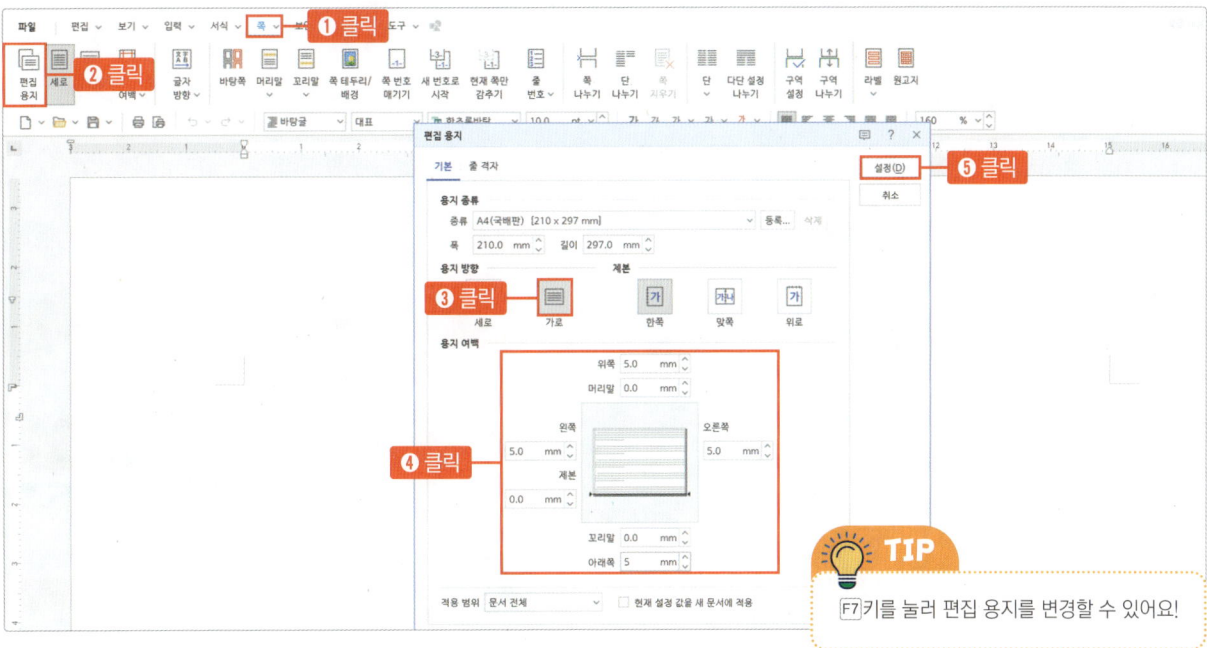

TIP F7 키를 눌러 편집 용지를 변경할 수 있어요!

② [쪽] 탭의 [쪽 테두리/배경]을 클릭하여 [쪽 테두리/배경] 대화 상자가 실행되면 [배경] 탭의 '그림'을 체크하여 활성화하고 '그림 선택'을 클릭하여 '배경1.jpg'를 삽입합니다. 그 다음 '채우기 유형'을 '크기에 맞추어'로 지정한 후 [설정]을 클릭합니다.

02 다각형으로 문자를 그리고 꾸미기

포스터에 삽입할 문구를 다각형으로 그려 표현합니다.

1 [입력] 탭의 [다각형]을 클릭하여 문자 모양의 꼭지점이 될 위치마다 마우스를 클릭하여 문자 모양의 다각형을 그립니다.

TIP 클릭을 시작한 점에 마지막 점을 클릭해야 다각형으로 완성돼요!

2 이어서 각각의 모음 다각형과 자음 다각형을 그려 삽입합니다.

③ Shift 키를 누른 채로 글자를 구성하는 자음 다각형과 모음 다각형을 클릭하여 선택하고 마우스 오른쪽 버튼을 클릭합니다. 실행된 바로가기 메뉴에서 [개체 묶기]를 클릭합니다.

TIP
Ctrl 키와 G 키를 함께 누르면 개체 묶기를 할 수 있어요!

④ 개체 묶기를 한 문자 다각형을 더블클릭하여 [개체 속성]을 실행하고 [채우기] 탭에서 '면 색'을 임의의 색, [선] 탭에서 '색'을 임의의 색, '굵기'를 '0.5mm'로 변경한 후 [설정]을 클릭합니다.

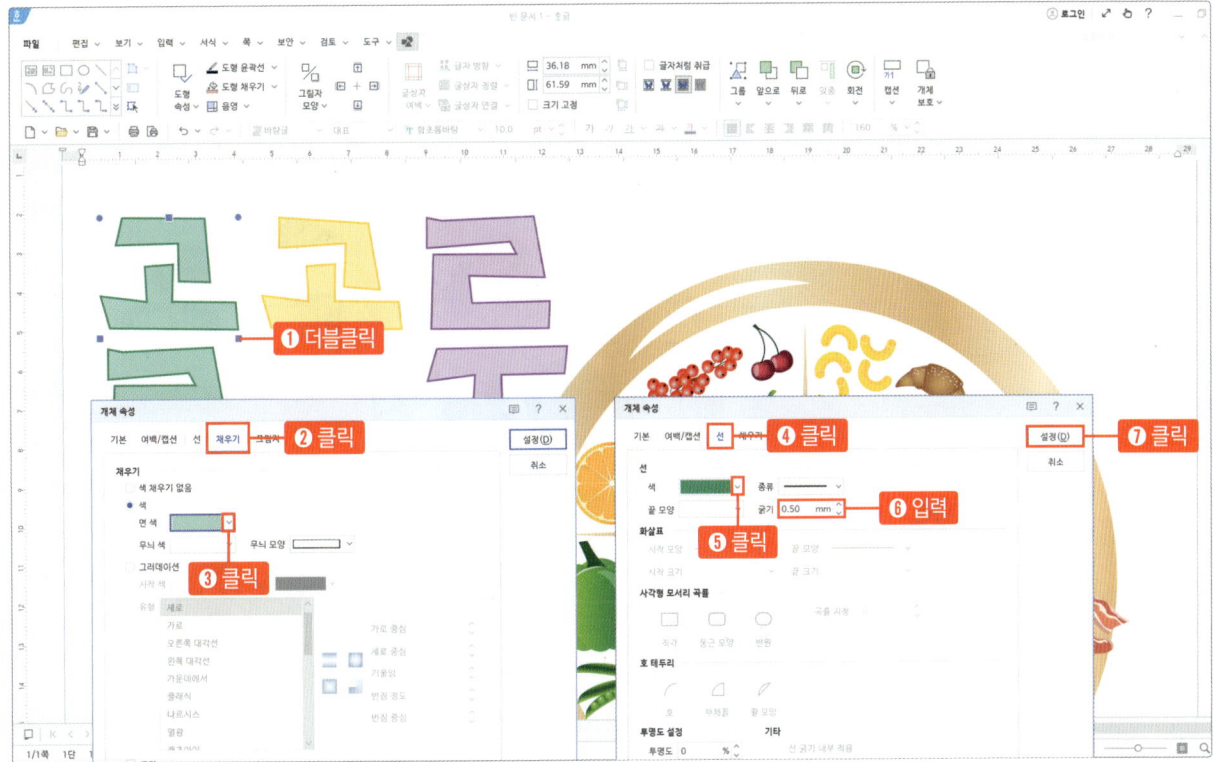

CHAPTER 06 - 골고루 먹기 포스터　039

03 그림 삽입하기

포스터의 여백에 그림을 삽입합니다.

1 [입력] 탭의 [그림]을 클릭합니다. '갈비.jpg'를 선택하고 [열기]를 클릭한 후 빈 공간에 마우스로 드래그하여 그림을 삽입합니다.

> **TIP**
> [그림 넣기]에서 '마우스로 크기 지정'이 선택되어 있어야 원하는 위치에 마우스를 드래그하여 그림을 삽입할 수 있어요!

2 ❶과 같은 방법으로 아래와 같이 '샐러드.jpg'를 삽입하여 포스터를 완성합니다.

실력 쑥쑥! 창의력 쑥쑥!

1 다음과 같이 포스터를 완성해 보세요.

예제파일 배경2.jpg　　완성파일 감기조심(완성).hwpx

① '배경2.jpg' 배경 채우기
② '다각형' 도형 삽입
 - 면 색 : 임의의 색

2 다음과 같이 포스터를 완성해 보세요.

예제파일 배경3.jpg　　완성파일 집중(완성).hwpx

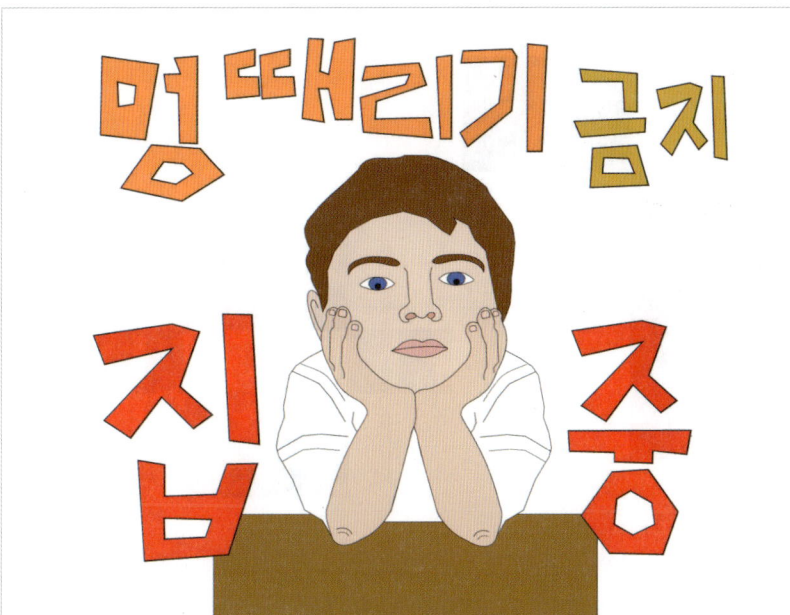

① '배경3.jpg' 배경 채우기
② '다각형' 도형 삽입
 - 면 색 : 임의의 색

히어로 페이퍼 피규어

오늘의 미션
- 표를 이용하여 전개도 만들기
- 도형을 이용하여 이음 부분 만들기
- 셀에 그림 채우기

 가상의 인물을 특정한 재료를 이용하여 만들어 놓은 것을 피규어라고 합니다. 일반적으로 애니메이션이나 영화, 게임, 만화 등의 등장인물들을 플라스틱, 금속, 종이 등으로 제작해 놓은 모형이 많습니다.

 **작품 미리보기**

예제파일 1(얼굴정면).png ~ 9(몸통정면).png **완성파일** 슈퍼맨(완성).hwpx

표를 이용하여 전개도 만들기

표를 삽입하고 직육면체 전개도를 편집하여 만듭니다.

1 한글 2022를 실행한 다음 F7키를 눌러 [편집 용지] 대화상자를 실행하고 용지 여백을 '위쪽', '아래쪽', '왼쪽', '오른쪽'은 '5mm', '머리말', '꼬리말', '제본'은 '0mm'로 지정한 후 [설정]을 클릭합니다.

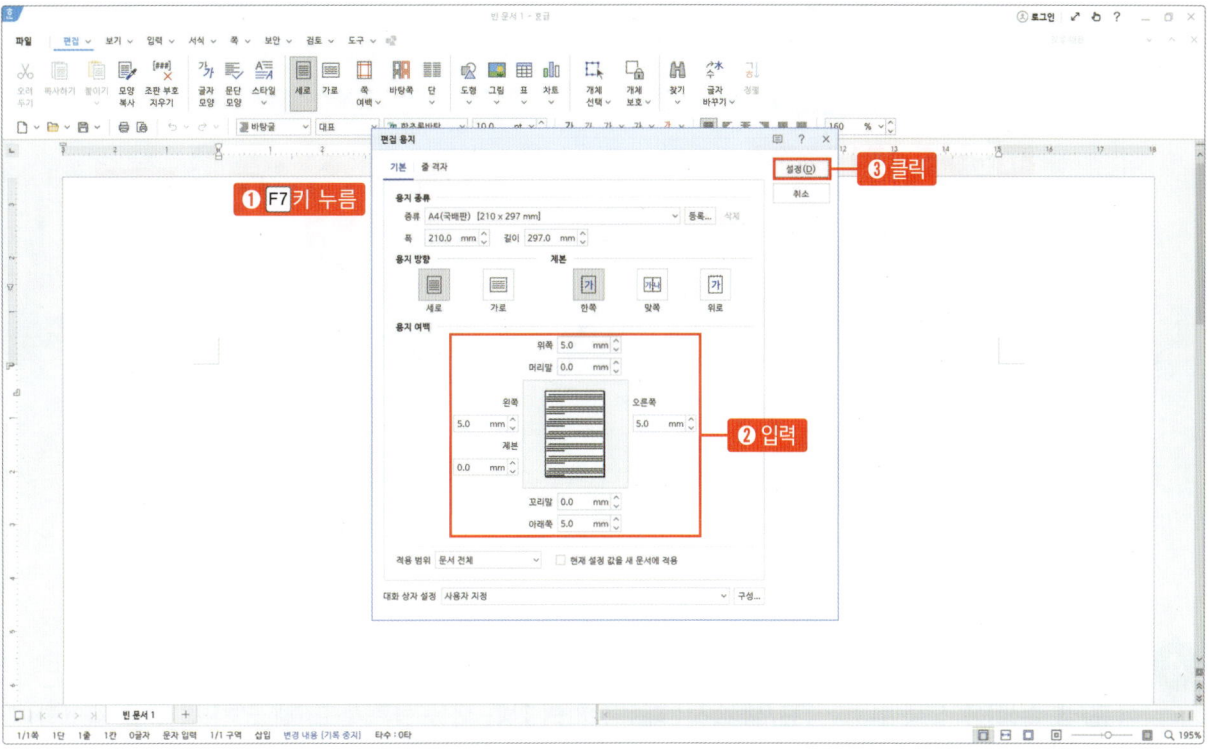

2 Ctrl키와 N, T키를 차례로 눌러 [표 만들기] 대화상자를 실행하여 '줄 개수'의 입력칸에 '4', '칸 개수'의 입력칸에 '3'을 입력하고, 너비를 '임의 값', '150mm'로 지정한 후 [만들기]를 클릭합니다.

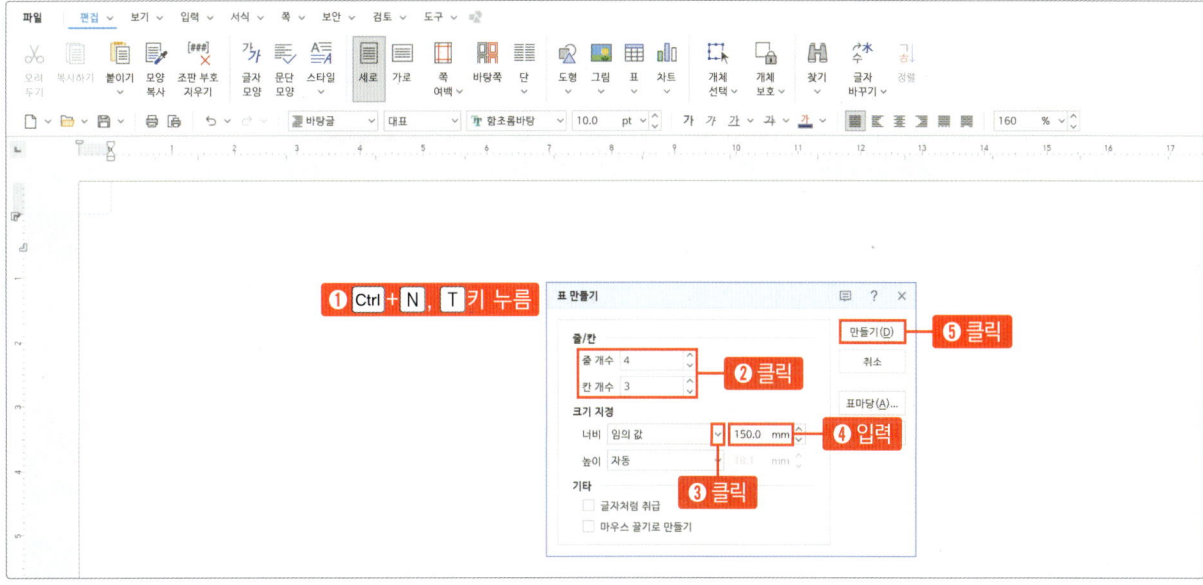

CHAPTER 07 - 히어로 페이퍼 피규어 **043**

❸ Ctrl 키를 누른 채로 첫 번째 줄의 첫 번째 칸, 세 번째 칸과 세 번째 줄의 첫 번째 칸, 세 번째 칸을 클릭하고 P 키를 눌러 [표/셀 속성]을 실행합니다. [표/셀 속성] 대화상자의 [셀] 탭을 클릭하고 '셀 크기 적용'을 체크하여 활성화 한 후 '너비'의 입력칸에 '45mm', '높이'의 입력칸에 '45mm'를 입력한 후 [설정]을 클릭합니다.

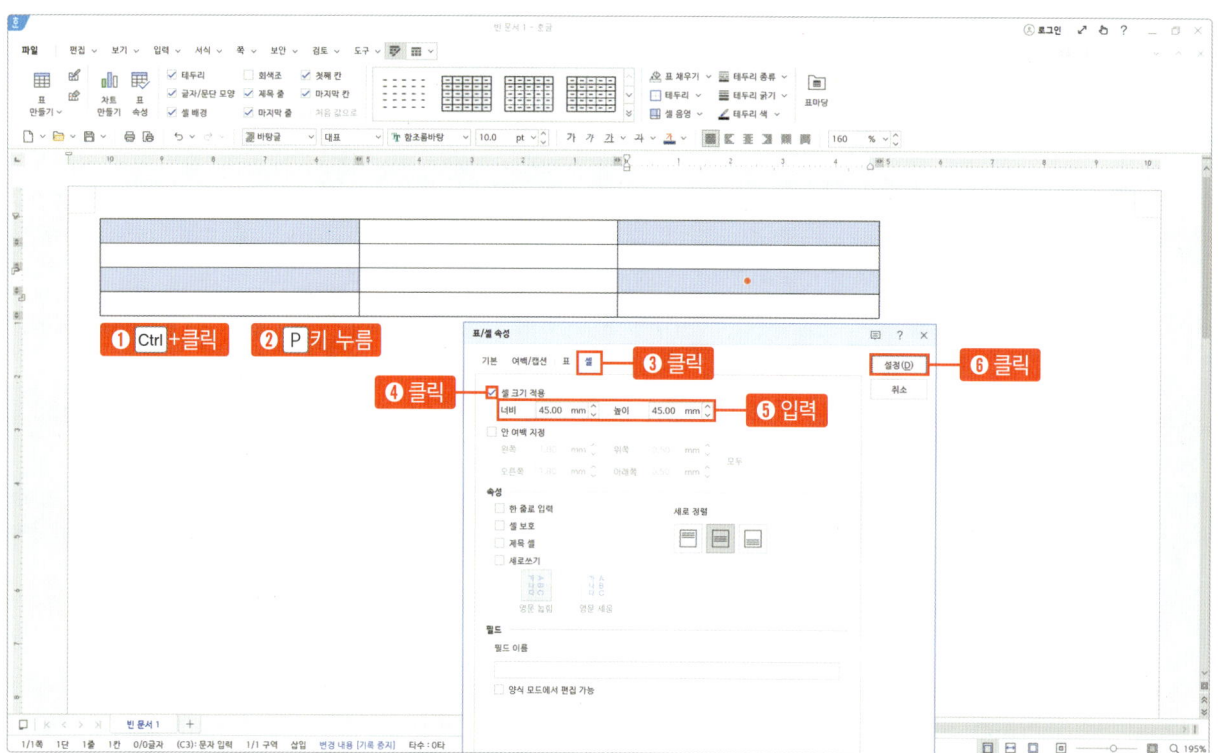

❹ 이어서 Ctrl 키를 누른 채로 두 번째 줄의 첫 번째 칸과 네 번째 줄의 첫 번째 칸을 선택하고 P 키를 눌러 [표/셀 속성]을 실행합니다. [표/셀 속성] 대화상자의 [셀] 탭을 클릭하고 '셀 크기 적용'을 체크하여 활성화 한 후 '너비'의 입력칸에 '45mm', '높이'의 입력칸에 '30mm'를 입력한 후 [설정]을 클릭합니다.

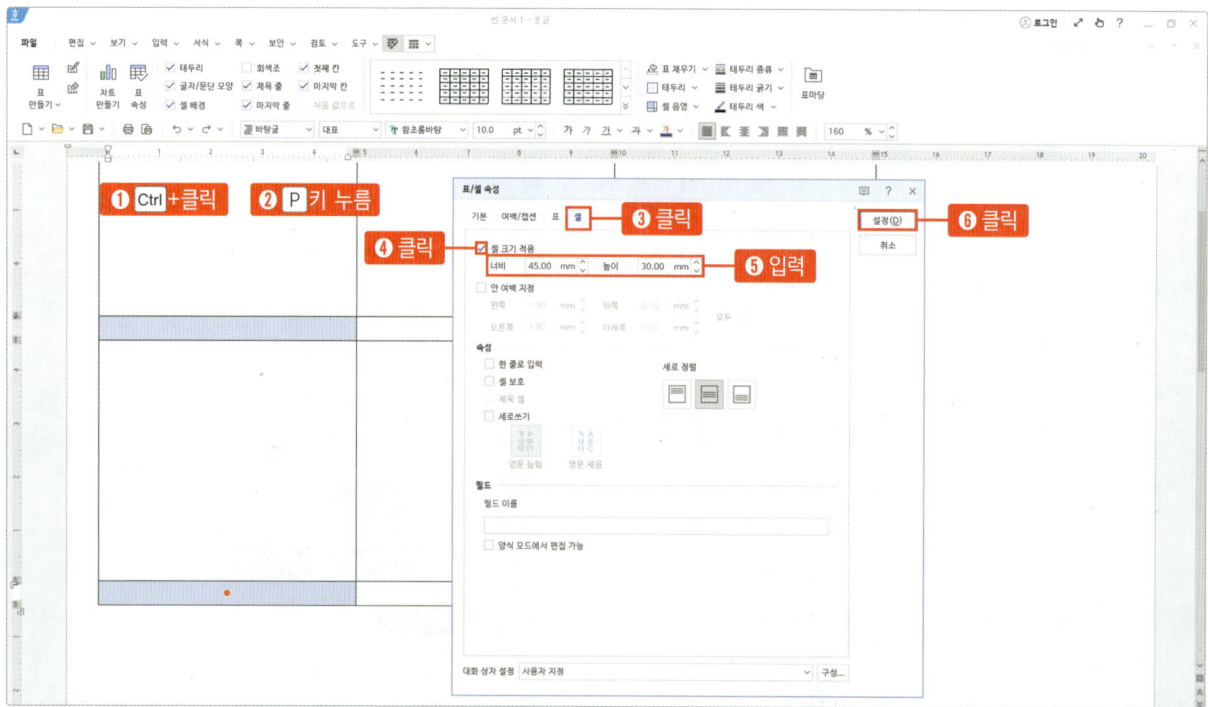

5 이어서 Ctrl 키를 누른 채로 첫 번째 줄의 두 번째 칸을 선택하고 P 키를 눌러 [표/셀 속성]을 실행합니다. [표/셀 속성] 대화상자의 [셀] 탭을 클릭하고 '셀 크기 적용'을 체크하여 활성화한 후 '너비'의 입력칸에 '60mm', '높이'의 입력칸에 '45mm'를 입력한 후 [설정]을 클릭합니다.

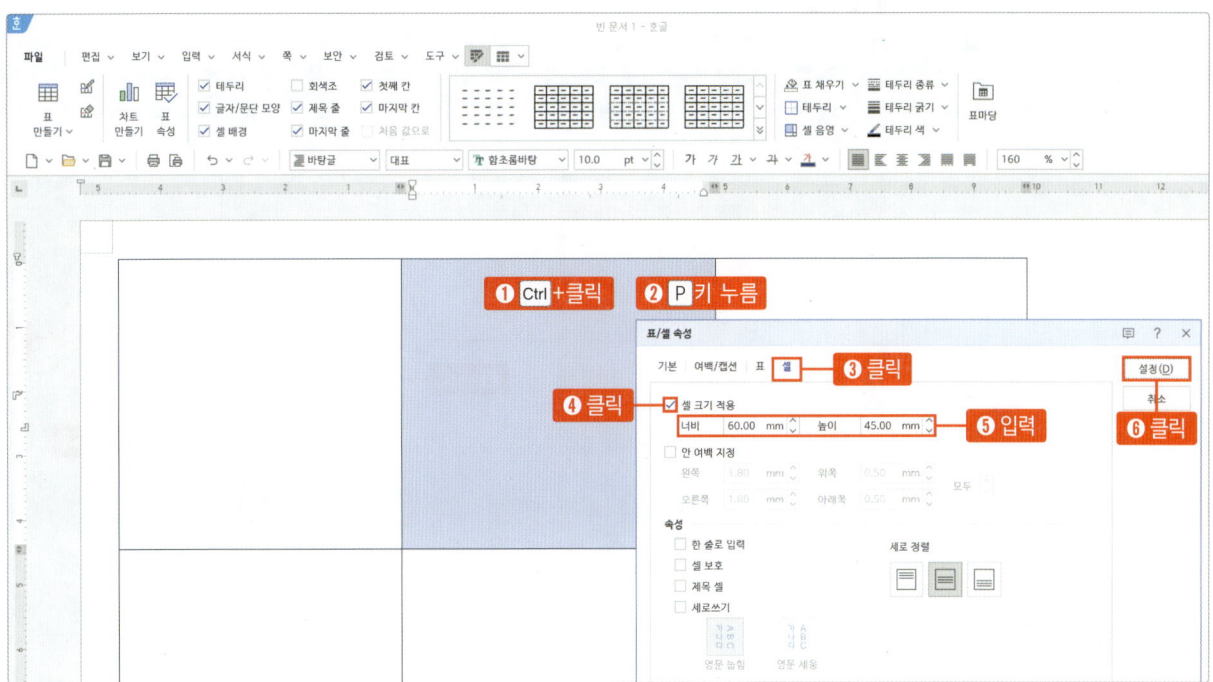

6 Ctrl 키를 누른 채로 첫 번째 줄의 첫 번째 칸을 선택하고 L 키를 누릅니다. 그리고 [테두리] 탭에서 '종류'를 클릭하여 '선 없음'을 선택하고 '왼쪽', '위쪽'을 클릭한 후 [설정]을 클릭합니다. 나머지 셀의 선 모양도 그림을 참고하여 적용합니다.

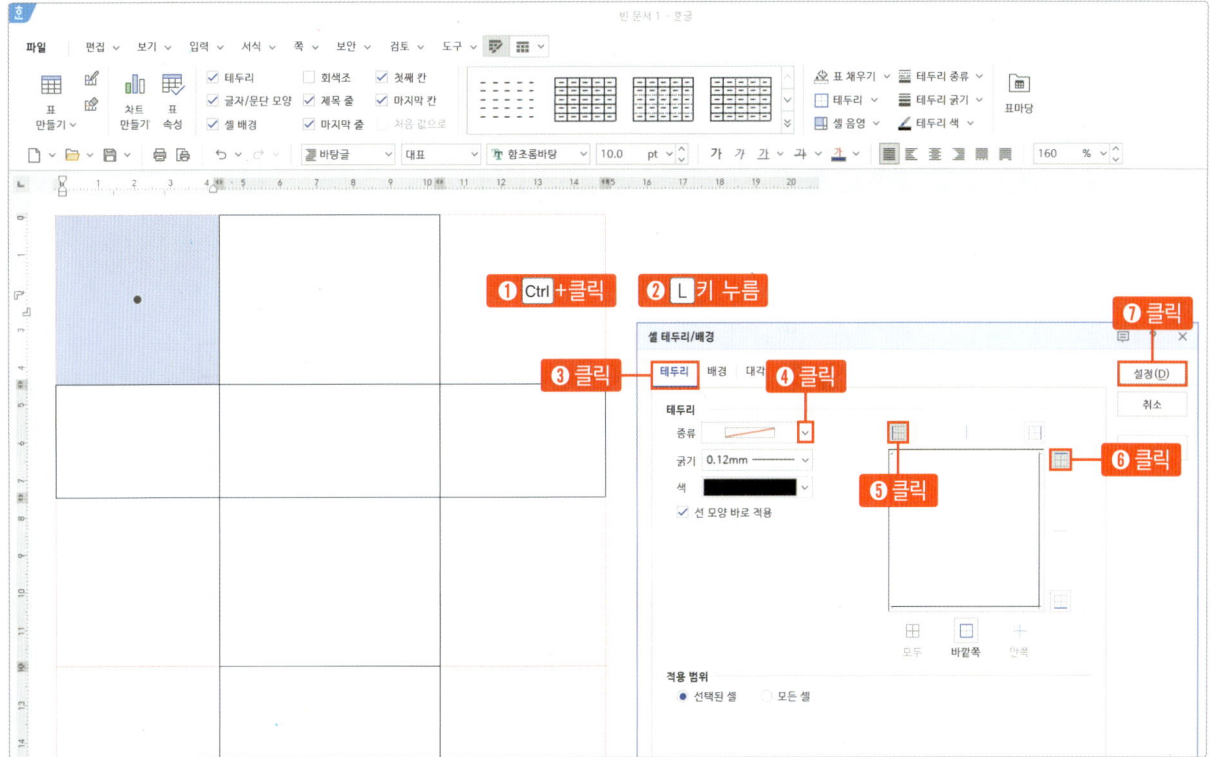

7 [입력] 탭의 [표]를 클릭하여 [표 만들기] 대화상자를 실행한 후 '줄 개수'의 입력칸에 '3', '칸 개수'의 입력칸에 '3', '너비'를 '임의 값', '90mm'로 지정하여 하단에 표를 추가합니다.

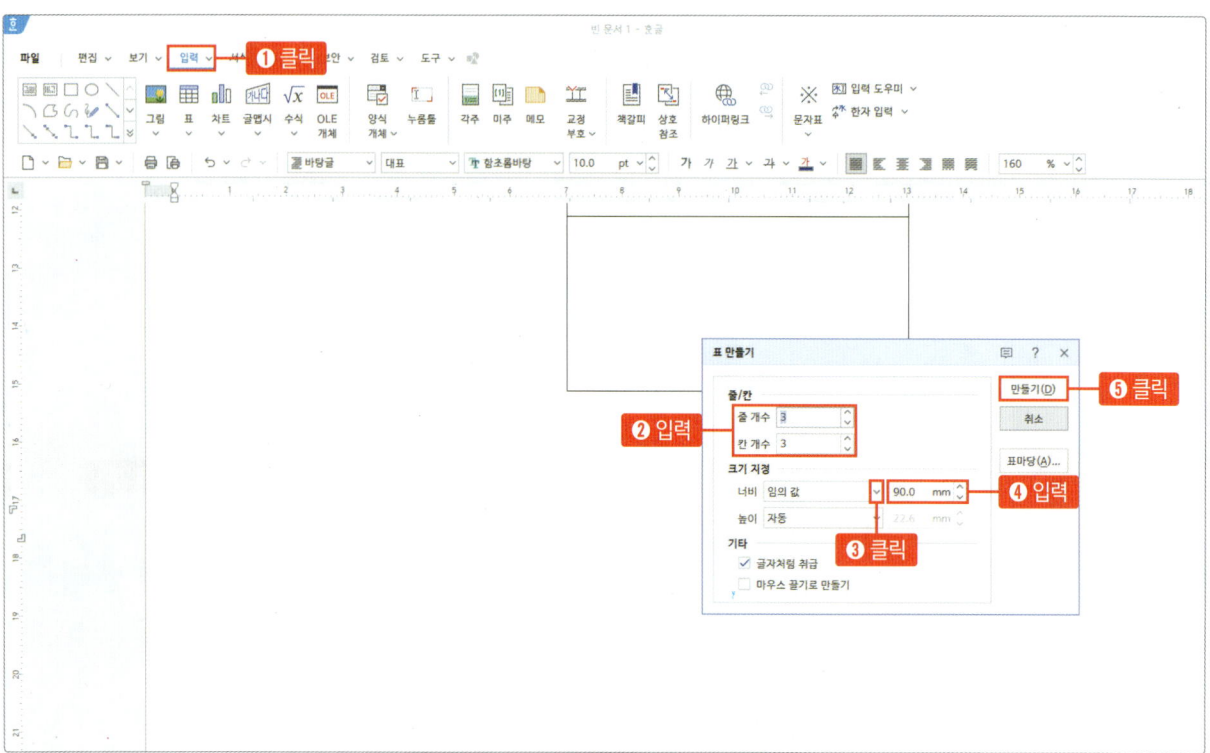

8 ❶~❻과 같은 방법으로 아래와 같이 셀 크기 및 선 없음을 적용하여 몸통 전개도를 작성합니다.

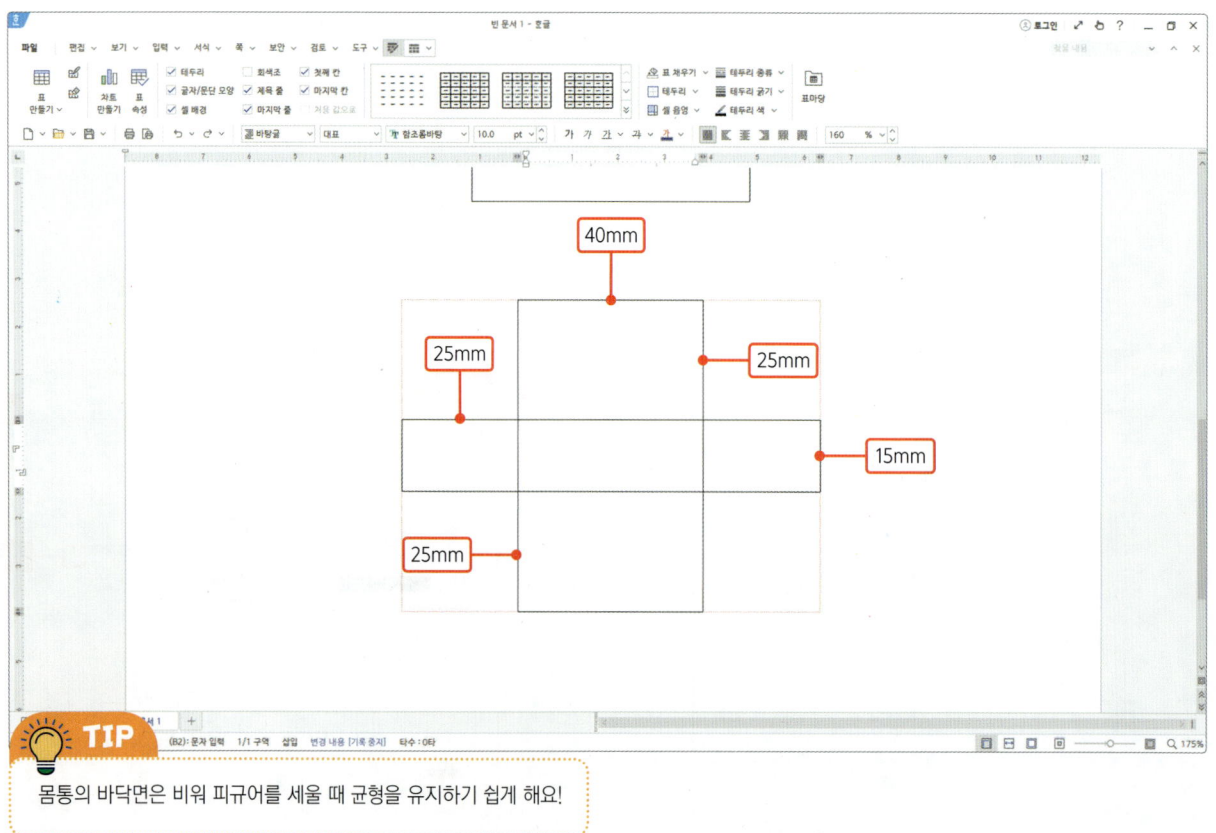

TIP 몸통의 바닥면은 비워 피규어를 세울 때 균형을 유지하기 쉽게 해요!

도형을 이용하여 이음부분 만들기

직육면체를 조립할 수 있도록 풀칠로 이어지는 부분을 도형으로 그려 연결합니다.

1. [입력] 탭에서 [그림]-[그리기마당]을 클릭하여 그리기 조각의 '선택할 꾸러미'를 '기본도형', '개체 목록'의 '사다리꼴'을 선택하고 [넣기]를 클릭하여 추가합니다. 추가된 사다리꼴을 더블클릭하여 [개체 속성]을 실행하고 [기본] 탭에서 '너비'의 입력칸에 '45', '높이'의 입력칸에 '10'을 지정하고 [채우기] 탭의 무늬 모양을 '하향 대각선'을 지정한 후 [설정]을 클릭합니다.

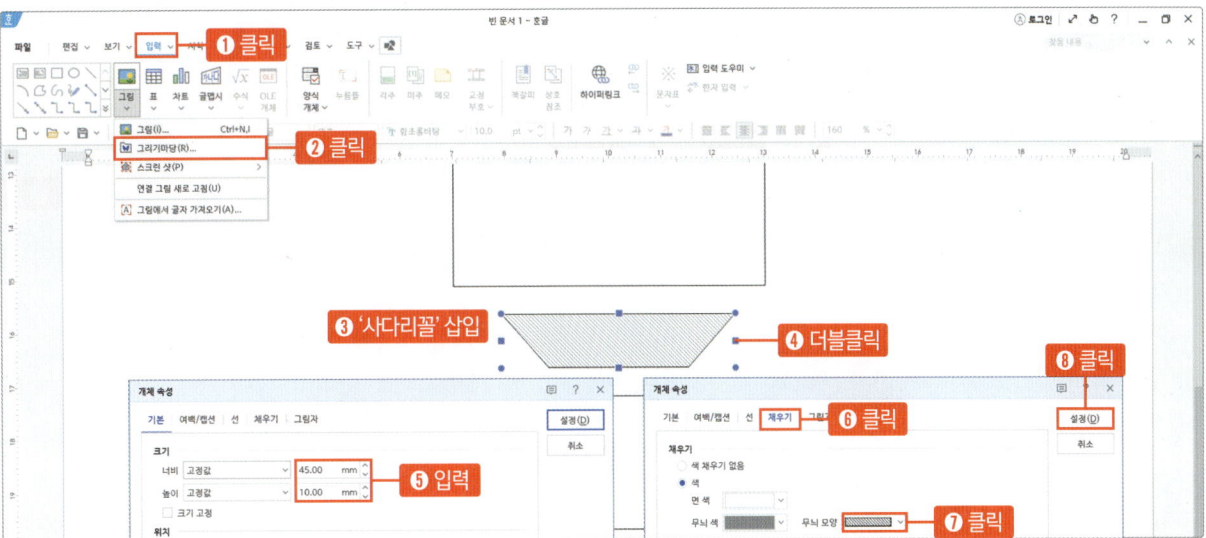

2. '사다리꼴' 도형을 Ctrl 키를 누른 채로 드래그하여 복사하고, 크기 변경 및 회전하여 아래의 그림과 같이 배치합니다.

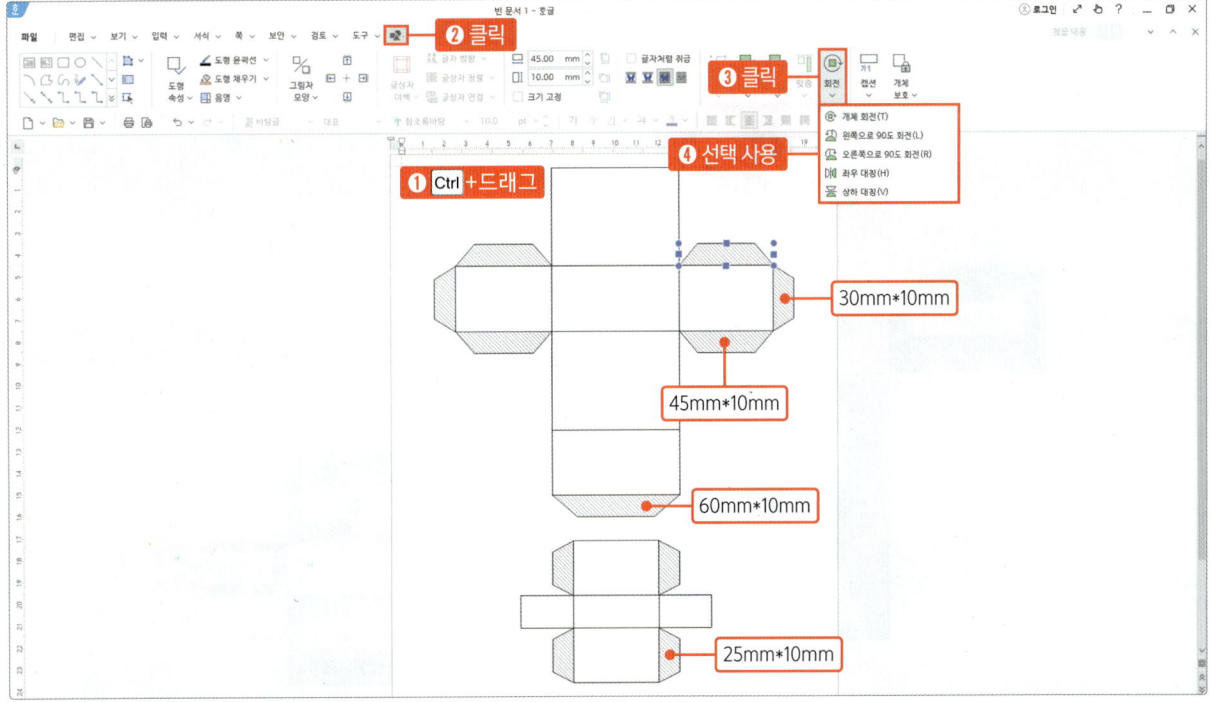

CHAPTER 07 - 히어로 페이퍼 피규어 **047**

03 셀에 그림 채우기

각각의 셀을 해당 그림으로 채웁니다.

1 Ctrl 키를 누른 채로 첫 번째 줄의 두 번째 칸을 선택하고 C 키를 눌러 [셀 테두리/배경]을 실행한 다음 '그림'을 체크하여 활성화하고 '그림 선택'을 클릭하여 '1(얼굴정면).png'을 삽입합니다. 그 다음 '채우기 유형'을 '크기에 맞추어'로 지정한 후 [설정]을 클릭합니다.

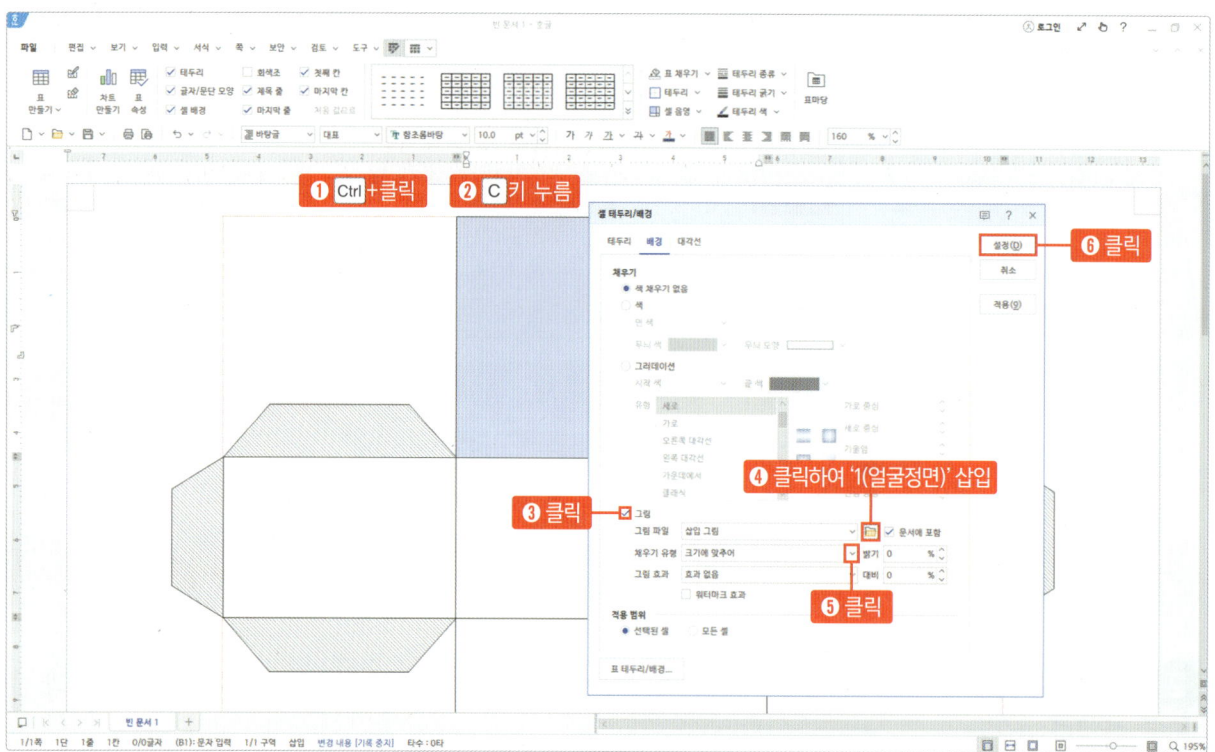

2 **1**과 같은 방법으로 아래 그림을 참고하여 나머지 셀에 그림을 채웁니다.

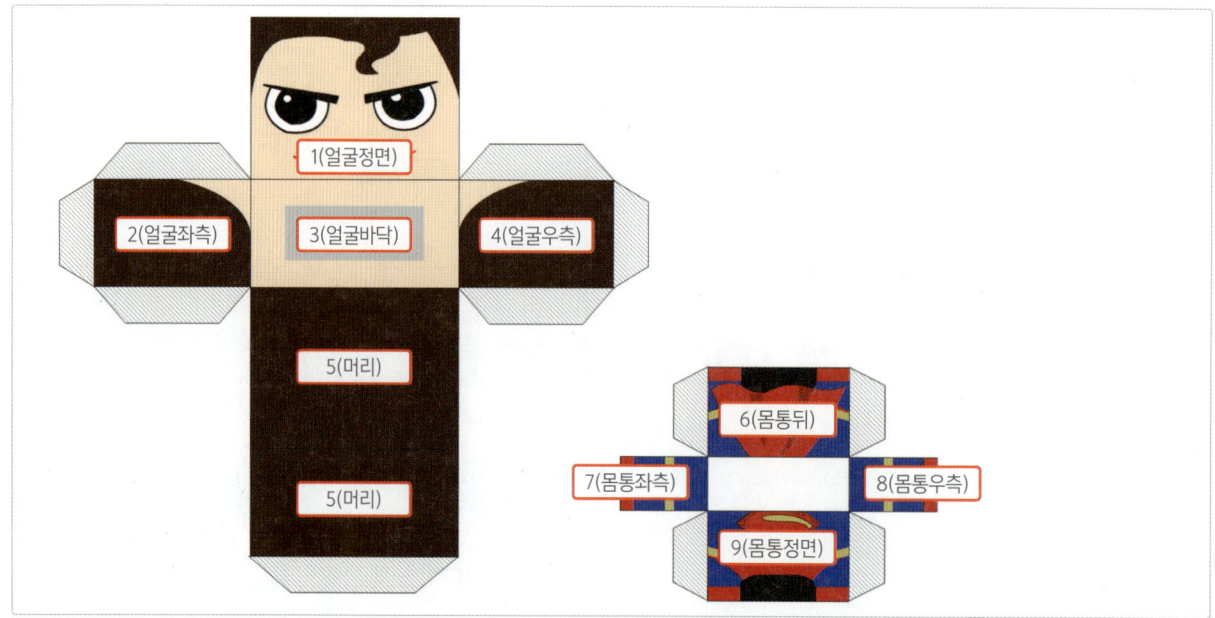

실력 쑥쑥! 창의력 쑥쑥!

1 다음과 같이 주사위 전개도를 완성해 보세요.

예제파일 1.png~6.png   완성파일 주사위(완성).hwpx

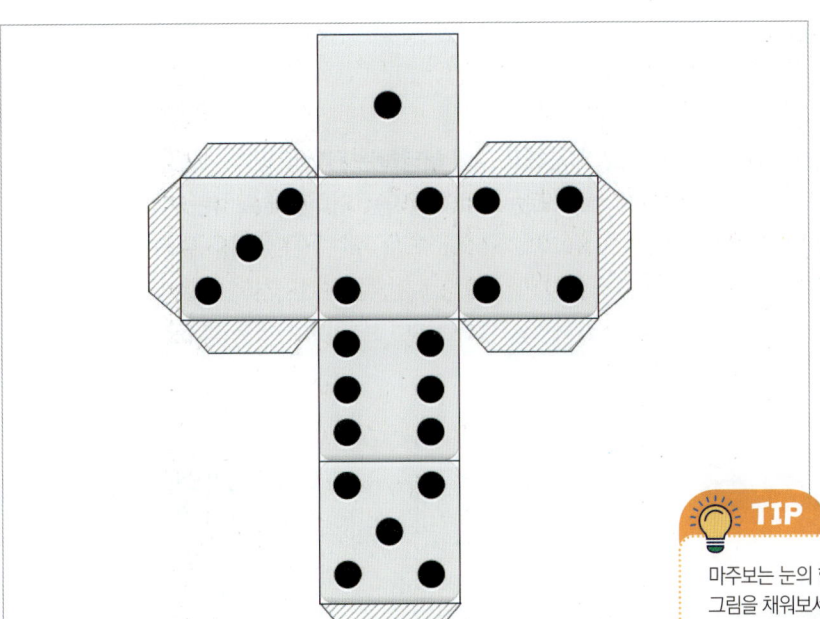

① '표' 삽입
- 줄 개수 : '4', 칸 개수 : '3'
- 너비 : 임의 값, '90mm'
- 높이 : 임의 값, '120mm'
- 선 종류 : '실선', '선없음'

② '1~6.png' 그림 채우기

③ '사다리꼴' 도형 삽입
- 너비 : '30mm', 높이 : '7mm'
- 무늬 채우기 : '상향 대각선'

TIP 마주보는 눈의 합이 '7'이 되는 주사위의 칠점원리를 생각하며 그림을 채워보세요.

2 다음과 같이 피라미드 전개도를 완성해 보세요.

예제파일 피라미드.jpg   완성파일 피라미드(완성).hwpx

① '직사각형' 삽입
- 너비 : '90mm'
- 높이 : '50mm'

② '이등변 삼각형' 삽입
- 너비 : '50mm'
- 높이 : '50mm'
- 채우기 : '피라미드.jpg'

③ '사다리꼴' 도형 삽입
- 너비 : 임의의 크기
- 무늬 채우기 : '하향 대각선'

가로 세로 낱말 퍼즐

오늘의 미션
- 가로세로낱말퍼즐 풀어보기
- 표를 추가하고 셀 속성 변경하기
- 사전을 이용하여 낱말의 의미 작성하기

낱말퍼즐은 힌트를 문장으로 제공하고 그에 해당하는 단어를 맞추는 틀로, 여러개의 사각형이 모여 만들어진 틀에서 세로 또는 가로의 글자는 어디선가 교차한 형태로 풀 수 있는 구조로 되어 있습니다.

 작품 미리보기

예제파일 없음   **완성파일** 가로세로낱말퍼즐(완성).hwpx

가로세로낱말퍼즐

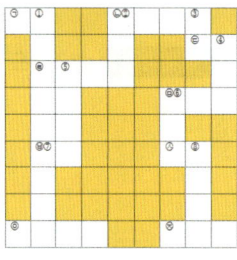

ㄱ ㄴ ㄷ 가로 문제
ㄱ 원자재나 반제품에 손을 더 대어 새로운 제품을 만드는 일.
ㄴ 몹시 수다스러운 사람을 얕잡아 일컫는 말.
ㄷ 집의 앞뒤나 어떤 곳에 닦아 놓은 평평한 땅.
ㄹ 원자핵이 연쇄 반응을 일으킬 때 순간적으로 방출하는 대량의 에너지를 이용한 폭탄
ㅁ 살갗에 낟알만 하게 돋은 군살.
ㅂ 사물의 한가운데가 되는 곳.
ㅅ 아버지와 아들.
ㅇ 모든 방향이나 방면. 사각팔방.
ㅈ 야구나 축구 따위에서, 수비를 기본적인 임무로 하는 선수.

① ② ③ 세로 문제
① 국가 또는 지방 자치 단체의 사무를 맡아보는 사람.
② 근접 전투에서 사용하는 소형 폭탄
③ 얼굴의 눈썹 위로부터 머리털이 난 아래까지의 부분.
④ 말과의 짐승. 말과 비슷하나 작고 앞머리의 긴 털이 없음.
⑤ 자기가 한 일에 대해 자기 스스로 미흡(未洽)하게 여기는 마음.
⑥ 문무(文武) 양반의 일반적인 총칭.
⑦ 뭇사람의 말을 이루 다 막기가 어렵다는 뜻으로, 막기 어려울 정도로 여러 사람이 마구 지껄임을 이르는 말.
⑧ 다루울 정도로 인색한 사람.

01 가로세로낱말퍼즐 풀어보기

낱말의 정의를 보고 낱말을 유추하여 가로세로낱말퍼즐을 풀어봅니다.

1 낱말의 사전적 의미를 보고 무슨 낱말인지 유추하여 퍼즐을 풀어보세요.

㉠ ㉡ ㉢ 가로 문제

㉠ 원자재나 반제품에 손을 더 대어 새로운 제품을 만드는 일.
㉡ 몹시 수다스러운 사람을 얕잡아 일컫는 말.
㉢ 집의 앞뒤나 어떤 곳에 닦아 놓은 평평한 땅.
㉣ 원자핵이 연쇄 반응을 일으킬 때 순간적으로 방출하는 대량의 에너지를 이용한 폭탄.
㉤ 살갗에 낟알만 하게 돋은 군살.
㉥ 사물의 한가운데가 되는 곳.
㉦ 아버지와 아들.
㉧ 모든 방향이나 방면. 사각팔방.
㉨ 야구나 축구 따위에서, 수비를 기본적인 임무로 하는 선수.

① ② ③ 세로 문제

① 국가 또는 지방 자치 단체의 사무를 맡아보는 사람.
② 근접 전투에서 사용하는 소형 폭탄.
③ 얼굴의 눈썹 위로부터 머리털이 난 아래까지의 부분.
④ 말과의 짐승. 말과 비슷하나 작고 앞머리의 긴 털이 없음.
⑤ 자기가 한 일에 대해 자기 스스로 미흡(未洽)하게 여기는 마음.
⑥ 문무(文武) 양반의 일반적인 총칭.
⑦ 뭇사람의 말을 이루 다 막기가 어렵다는 뜻으로, 막기 어려울 정도로 여러 사람이 마구 지껄임을 이르는 말.
⑧ 다라울 정도로 인색한 사람.

표를 추가하고 셀 속성 변경하기

가로세로낱말퍼즐 표를 만들고 속성을 변경하여 꾸밉니다.

① 한글 2022를 실행한 다음 '가로세로낱말퍼즐'을 입력하고 '글자 크기'를 '20pt'로 변경합니다. Enter 키를 눌러 다음 줄에 커서를 위치시키고 Ctrl + N + T 키를 차례로 눌러 [표 만들기]를 실행하고 '줄 개수'를 '9', '칸 개수'를 '9'로 입력한 후 [만들기]를 클릭합니다.

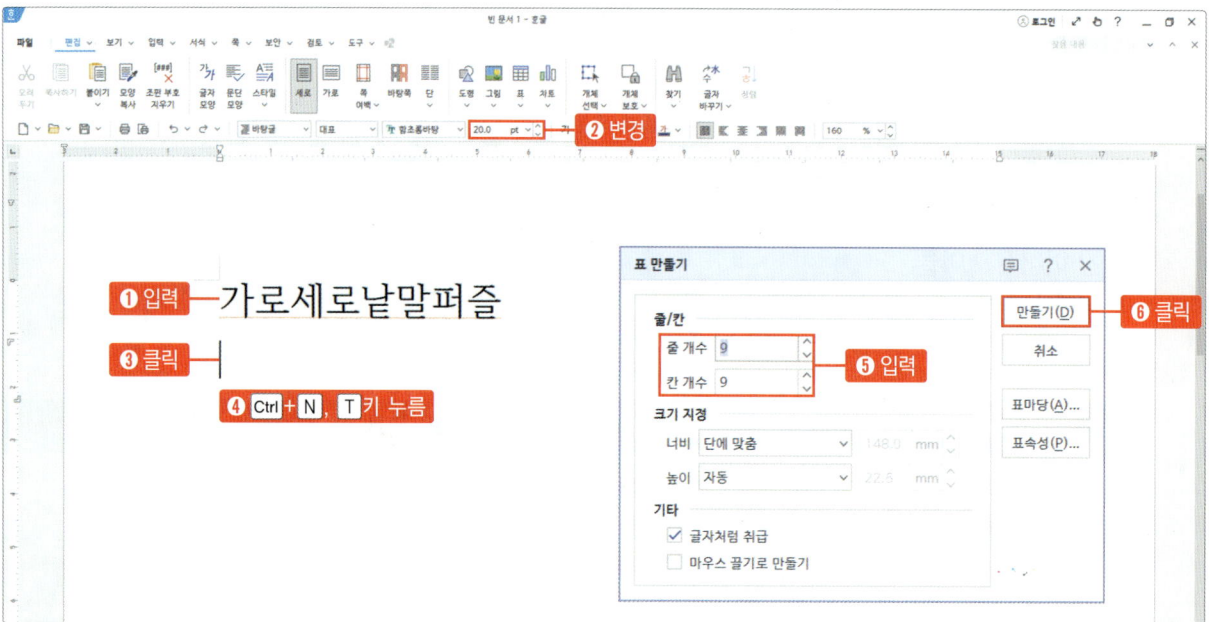

② 셀 안에 커서를 위치시킨 후 F5 키를 3번 눌러 셀을 모두 선택하고 P 키를 눌러 [표/셀 속성]을 실행합니다. [표/셀 속성] 대화상자가 실행되면 [셀] 탭의 '셀 크기 적용'을 체크하여 활성화한 후 '너비'의 입력칸에 '8mm', '높이'의 입력칸에 '8mm', '세로 정렬'을 '위'로 지정하고 [설정]을 클릭합니다.

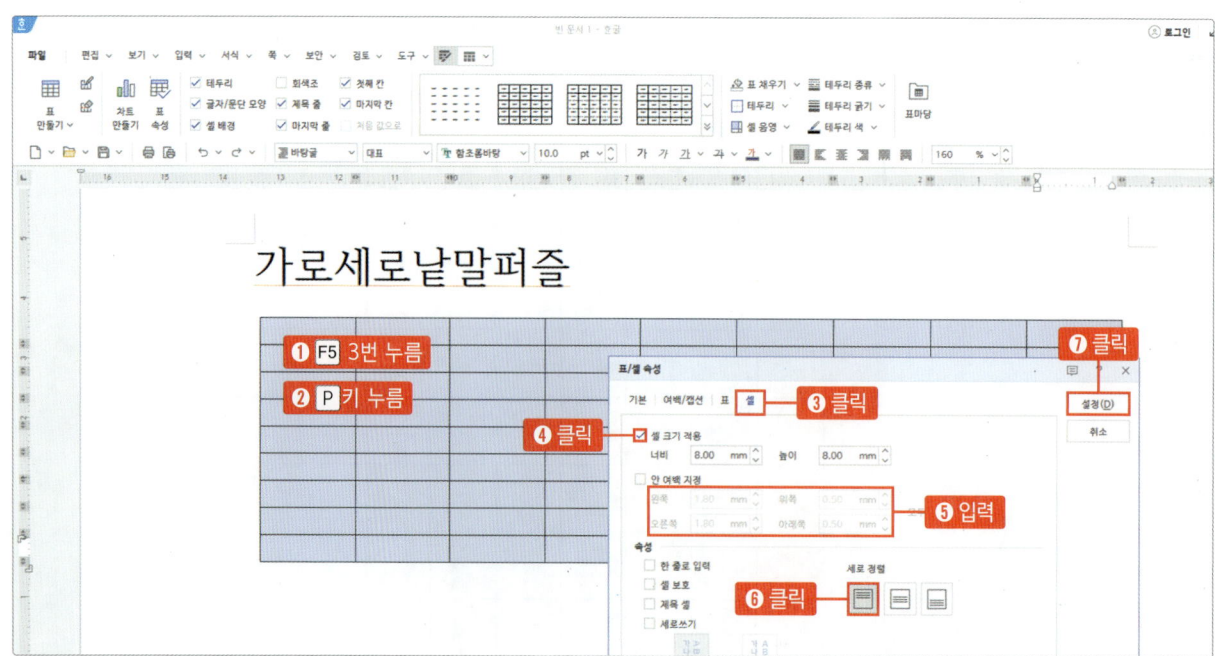

③ 셀이 모두 선택되어 있는 상태에서 '글자 크기'를 '7pt'로 변경한 후 L키를 눌러 [셀 테두리/배경]을 실행하고 [테두리] 탭에서 '종류'를 '점선'으로 지정한 후 '모두'를 클릭하고 [설정]을 클릭합니다.

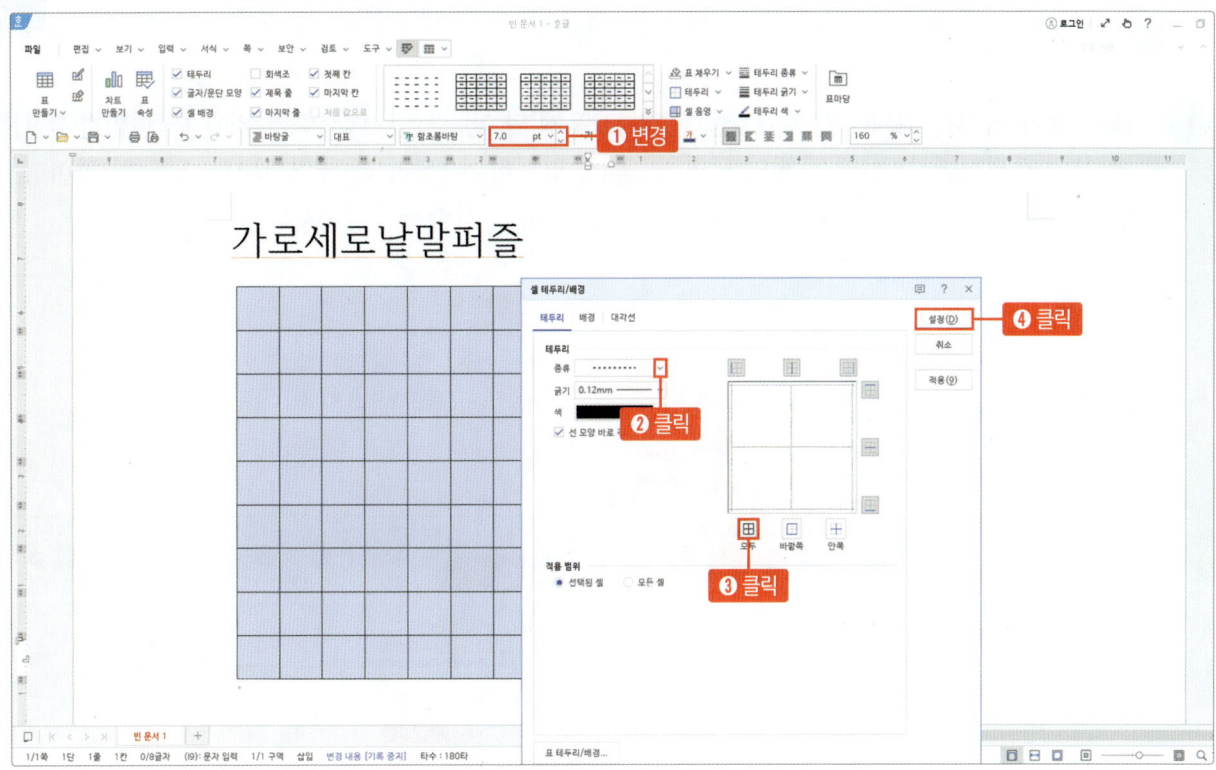

④ 원하는 위치의 셀에 커서를 위치시키고 Ctrl+F10키를 눌러 [문자표] 대화상자를 실행합니다. [호글(HNC) 문자표] 탭의 '전각기호(원)'을 선택한 후 사용할 글자를 선택해 [넣기]를 클릭합니다. 이어서 Ctrl키를 누른 채로 답을 입력하지 않는 셀들을 선택한 후 C키를 눌러 [셀 테두리/배경]-[배경] 탭의 '면 색'을 클릭하여 임의의 색을 지정하고 [설정]을 클릭합니다.

CHAPTER 08 - 가로 세로 낱말 퍼즐   **053**

사전을 이용하여 낱말의 의미 작성하기

사전을 이용하여 낱말의 의미를 표 아래에 작성하여 가로세로낱말퍼즐을 완성합니다.

1 표 아래에 커서를 위치시킨 후 '㉠ ㉡ ㉢ 가로 문제'와 '㉠'을 입력한 후 F12키를 눌러 [한컴 사전]을 실행합니다. 검색칸에 첫 번째 문제의 답인 '가공'을 입력하여 [찾기]를 클릭합니다. 낱말의 의미를 드래그한 후 마우스 오른쪽 버튼을 클릭하여 바로가기 메뉴를 실행한 후 [복사하기]를 클릭합니다.

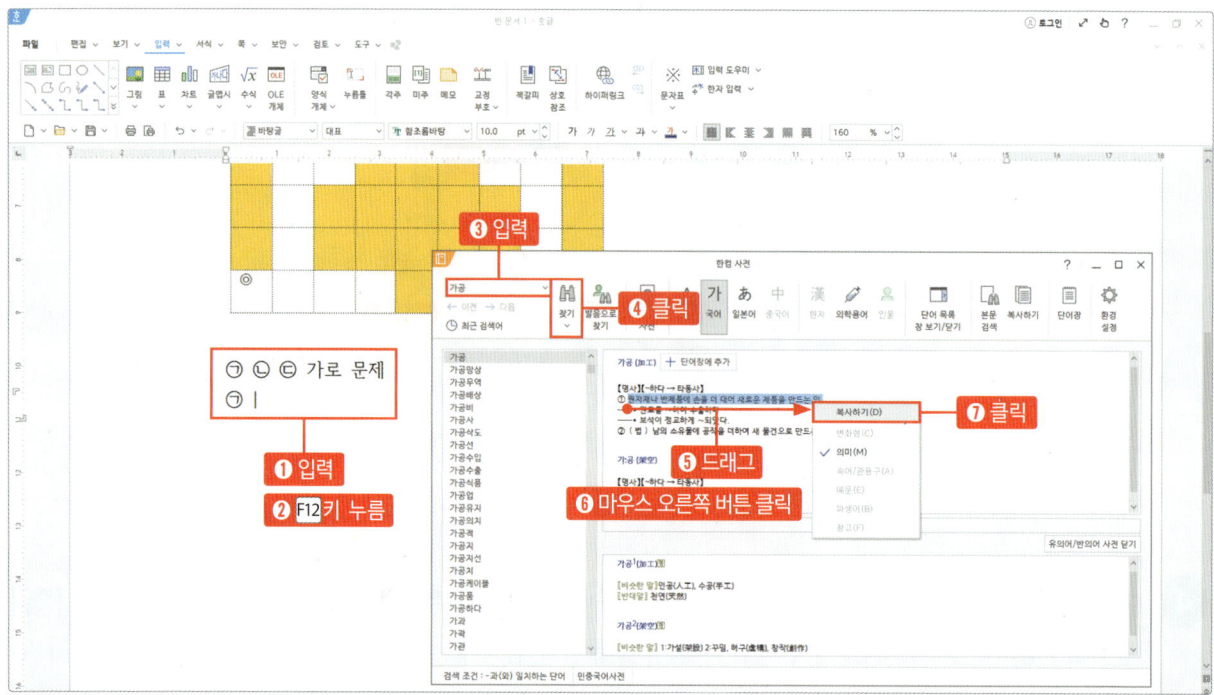

2 '㉠' 옆에 커서를 위치시킨 후 마우스 오른쪽 버튼을 클릭하여 바로가기 메뉴를 실행하고 [붙이기]를 클릭합니다.

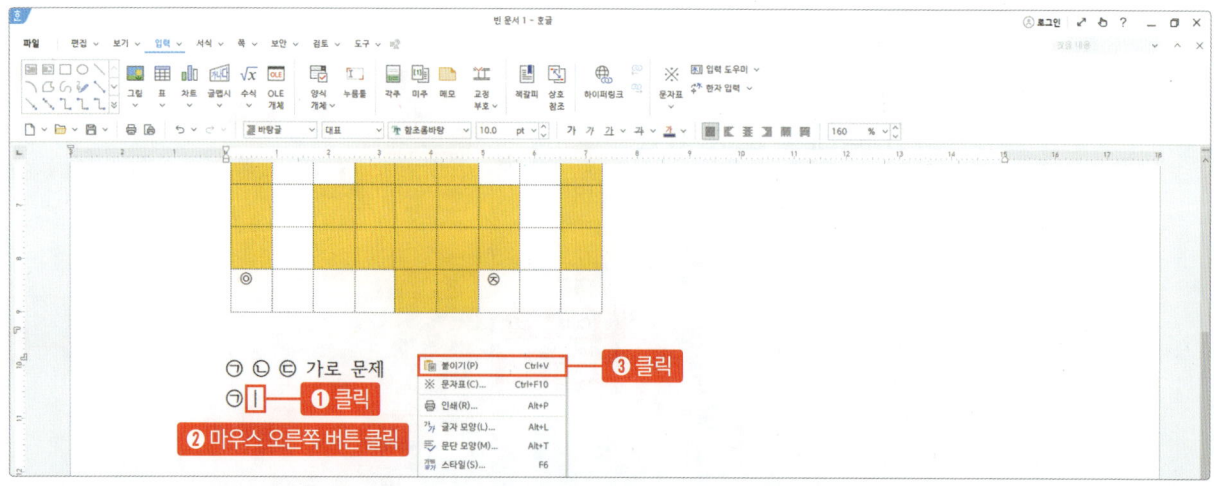

3 ①~②의 과정을 반복하여 나머지 문제를 완성합니다.

실력 쑥쑥! 창의력 쑥쑥!

1 다음과 같이 스도쿠 게임을 완성해 보세요.

예제파일 없음   완성파일 스도쿠(완성).hwpx

- **①** '표' 삽입
  - 줄 개수 : '9', 칸 개수 : '9'
  - 너비 : 임의 값, '90mm'
  - 높이 : 임의 값, '90mm'
  - 선 종류 : '점선', '실선'
  - 선 굵기 : 0.12mm, 0.4mm
  - 'HY헤드라인M', '20pt'

2 다음과 같이 순 우리말 뜻을 한컴사전을 이용해 완성해 보세요.

예제파일 없음   완성파일 우리말(완성).hwpx

순 우리말 뜻 알기

	우리말	뜻
1	달보드레	조금 달콤.
2	시나브로	모르는 사이에 조금씩.
3	너나들이	서로 너니 나니 하고 부르며 터놓고 지내는 사이.
4	아름드리	한 아름이 넘는 큰 나무나 물건.
5	미리내	은하수.
6	따따부따	딱딱한 말씨로 따지고 다투는 모양.
7	또바기	언제나 한결같이 꼭 그렇게.
8	달무리	달 언저리에 둥글게 둘린 구름 같은 테.

- **①** 텍스트 입력
  - '양재참숯체B', '20pt'
- **②** '표' 삽입
  - 줄 개수 : '9', 칸 개수 : '3'
  - 너비 : 임의 값, 높이 : 임의 값
  - 채우기 : 임의의 색
  - '함초롬바탕', '10pt'

직접 만드는 선물 상자

오늘의 미션
- 도형을 추가하고 크기 정하기
- 도형을 복사하여 선물 상자 전개도 모양으로 배치하기
- 도형을 그림 및 무늬로 채우기

어떤 사람에게 물건을 주는 행위나 그 물건을 말하는 선물은 주로 생일이나 크리스마스 등 기념일에 보게 됩니다. 천이나 종이 등으로 싸거나 꾸려서 전달하기도 합니다.

작품 미리보기

예제파일 크리스마스.jpg **완성파일** 선물상자(완성).hwpx

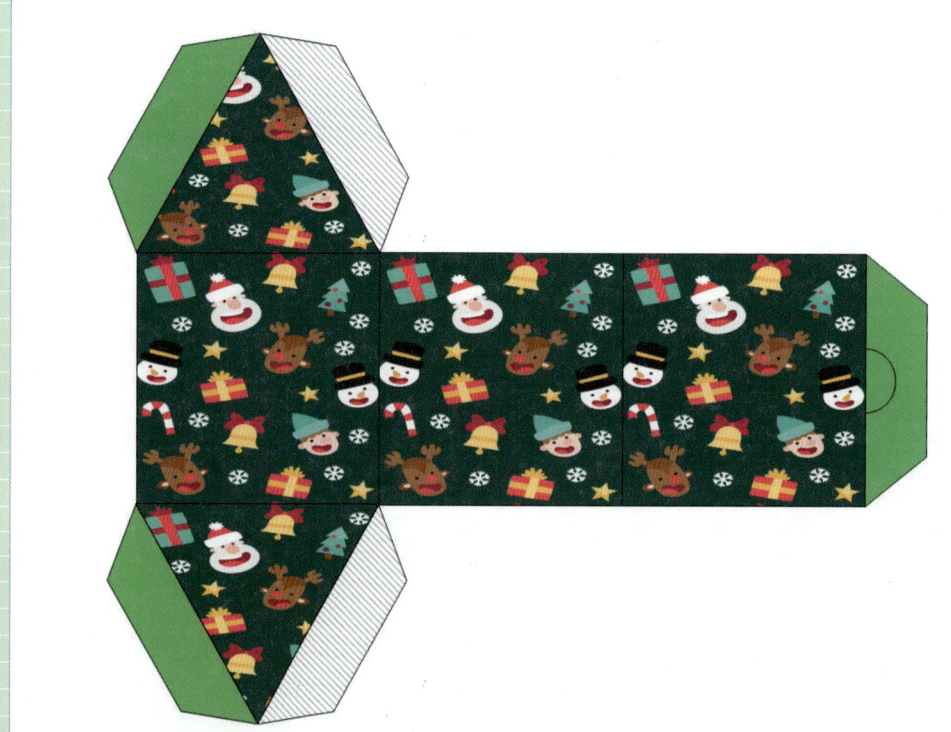

01 도형을 추가하고 크기 정하기

지정된 크기의 도형을 추가합니다.

① 한글 2022를 실행한 다음 F7 키를 눌러 [편집 용지] 대화상자를 실행하고 용지 방향을 '가로'로, 용지 여백을 '위쪽', '아래쪽', '왼쪽', '오른쪽'은 '5mm', '머리말', '꼬리말', '제본'은 '0mm'로 지정한 후 [설정]을 클릭합니다.

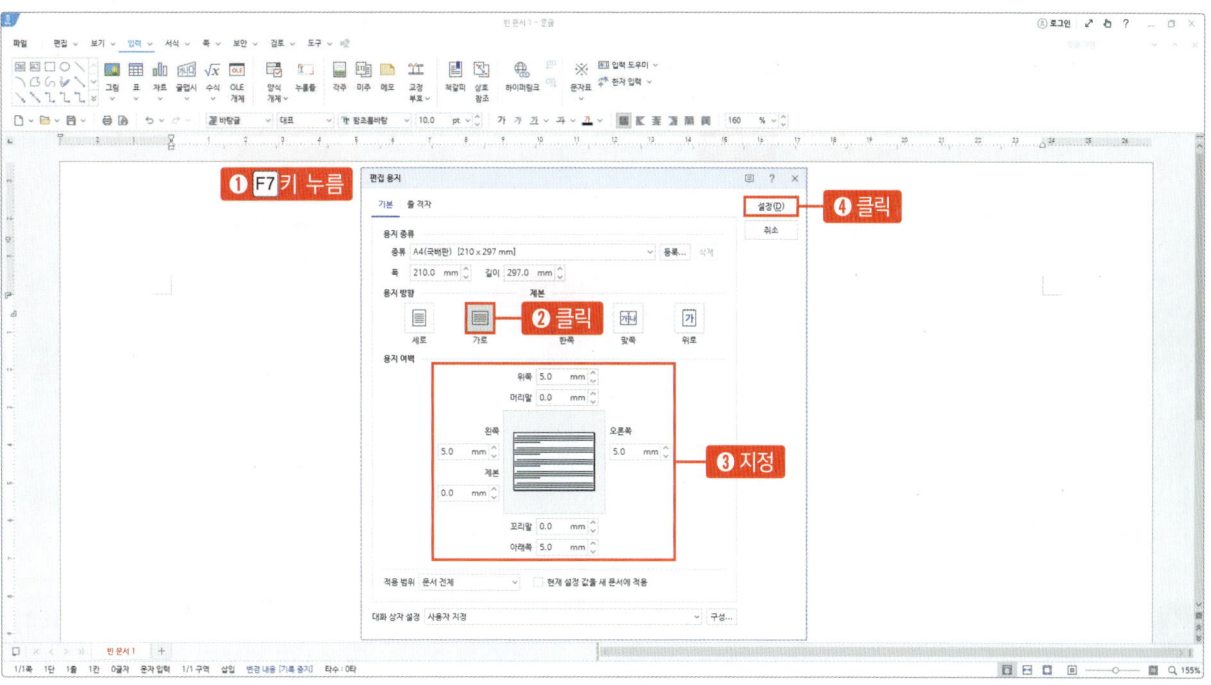

② [입력] 탭의 '직사각형'을 클릭하고 드래그하여 추가합니다. 직사각형을 더블클릭하여 [개체 속성]을 실행하고 [기본] 탭에서 '너비'의 입력칸에 '60mm', '높이'의 입력칸에 '60mm'를 입력하고 [설정]을 클릭합니다.

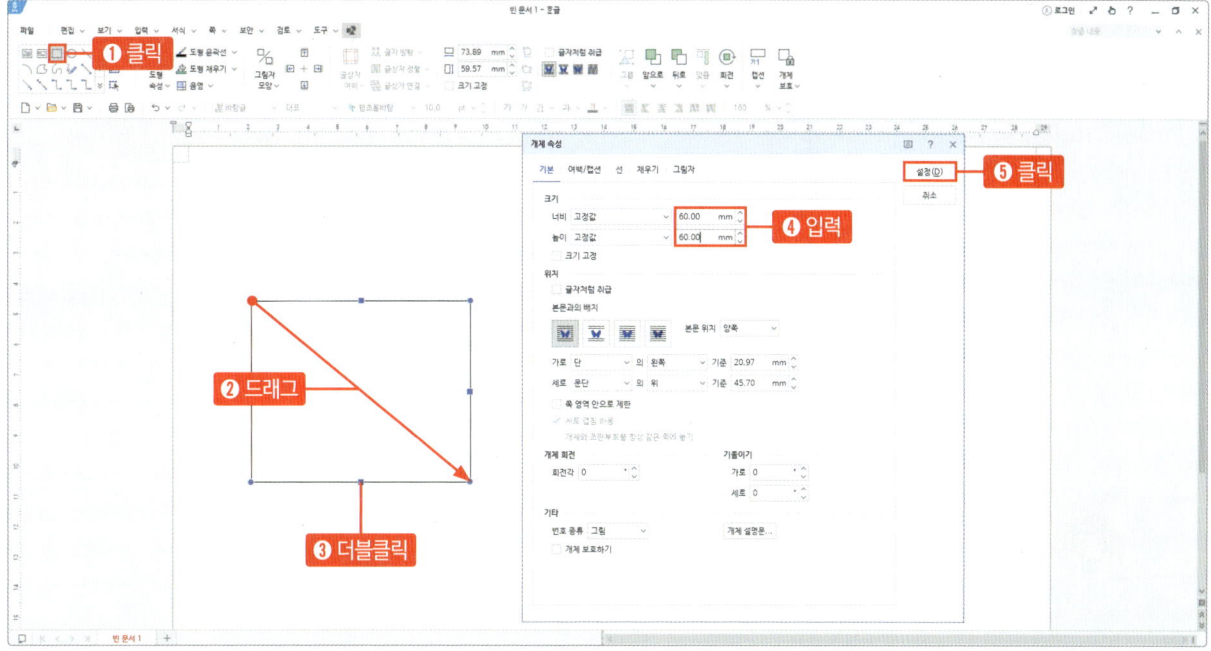

③ [입력] 탭의 [그림]-[그리기마당]을 클릭하고 [그리기 조각] 탭의 '선택할 꾸러미'를 '기본도형'을 클릭하고 '개체 목록'에서 '이등변 삼각형'을 클릭한 후 [넣기]를 클릭하고 드래그하여 추가합니다.

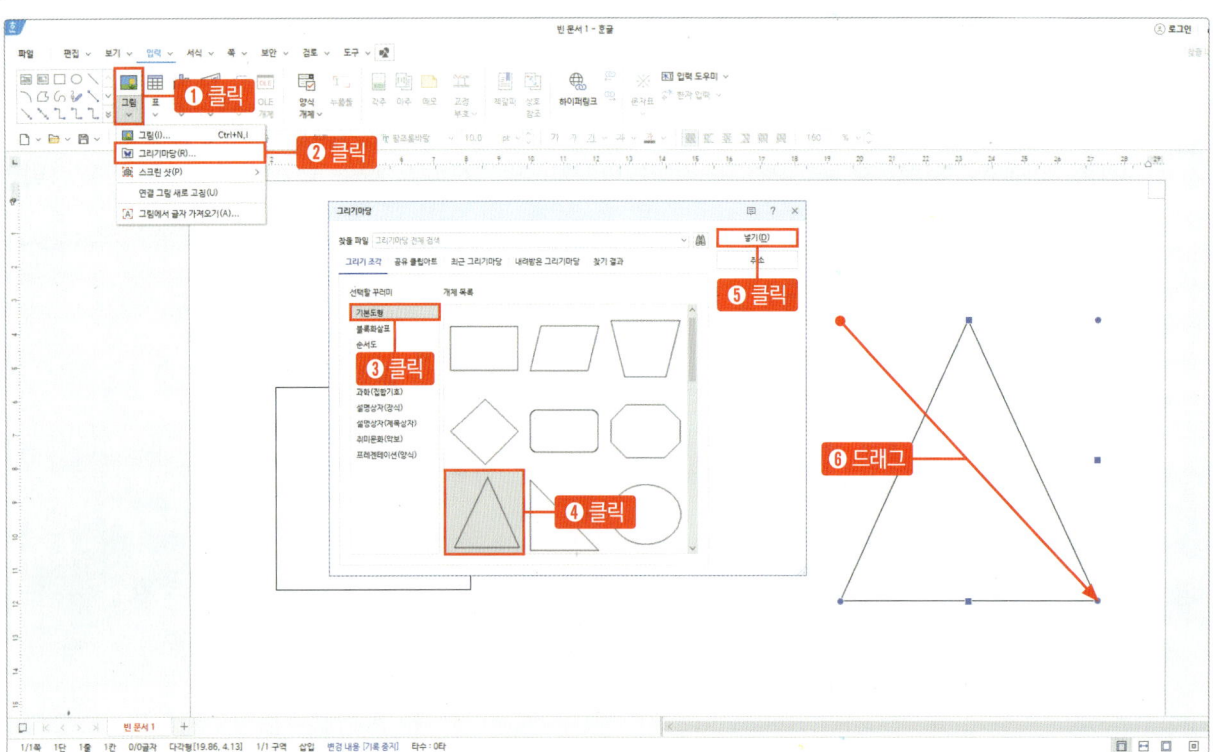

④ 추가한 이등변 삼각형을 더블클릭하여 [개체 속성]을 실행하고 [기본] 탭에서 '너비'의 입력칸에 '60mm', '높이'의 입력칸에 '52mm'를 입력하고 [설정]을 클릭합니다.

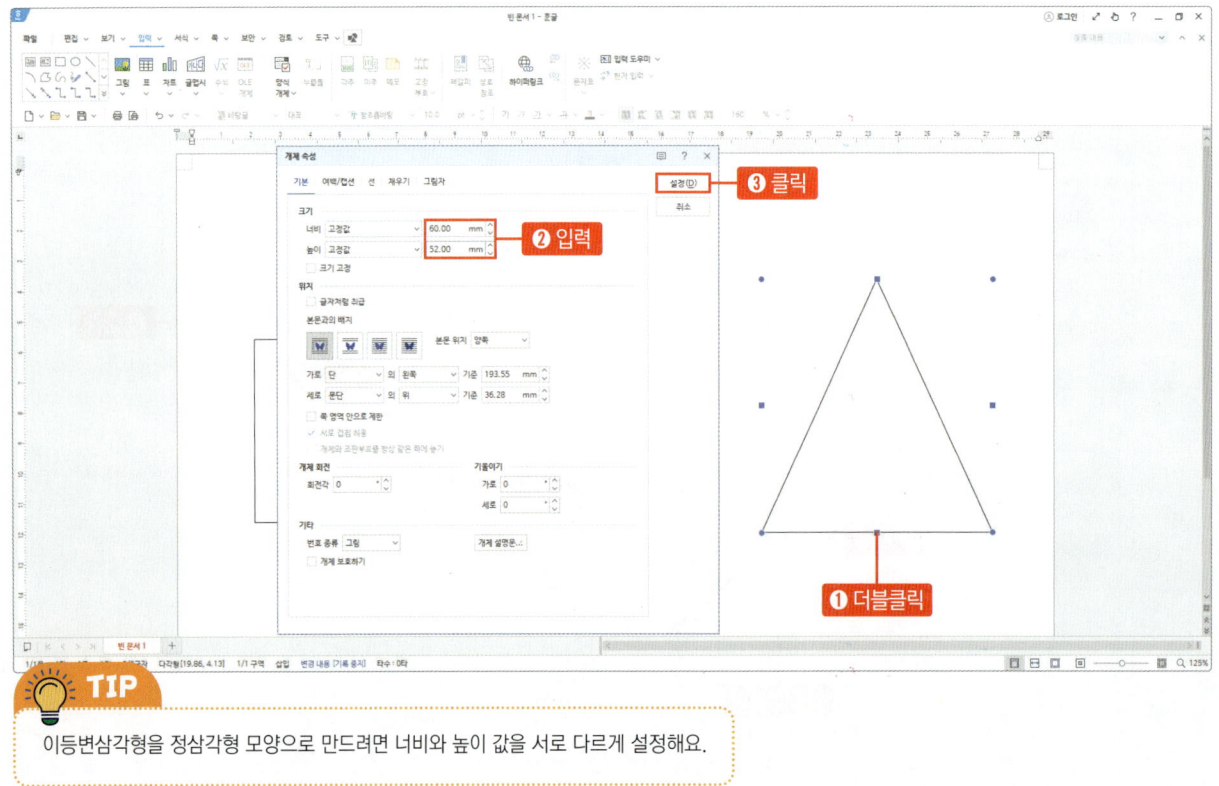

TIP
이등변삼각형을 정삼각형 모양으로 만드려면 너비와 높이 값을 서로 다르게 설정해요.

5 이어서 [그리기마당]을 클릭하여 실행하고 [그리기 조각] 탭의 '선택할 꾸러미'를 '기본도형'을 클릭하고 '개체 목록'에서 '사다리꼴'을 클릭한 후 [넣기]를 클릭하여 추가합니다. 추가한 사다리꼴을 더블클릭하여 [개체 속성]을 실행하고 [기본] 탭에서 '너비'의 입력칸에 '60mm', '높이'의 입력칸에 '15mm'를 입력하고 [설정]을 클릭합니다.

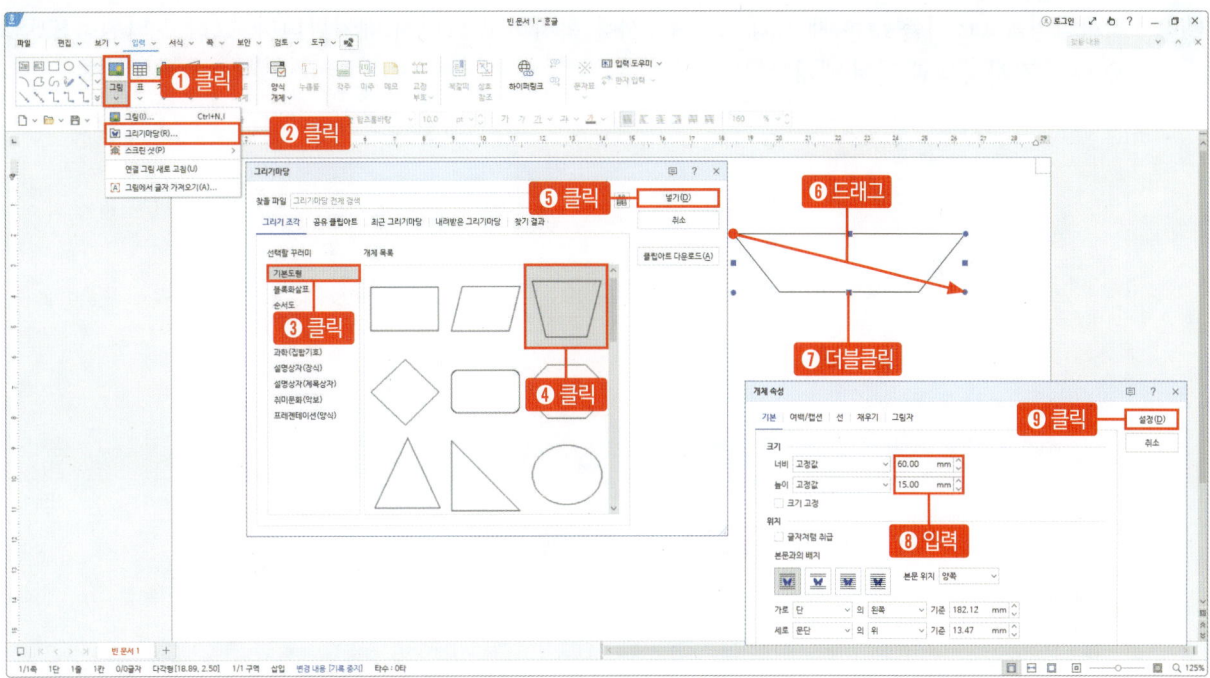

6 [입력] 탭의 '타원'을 클릭하고 드래그하여 추가합니다. 추가된 타원을 더블클릭하여 [개체 속성] 대화 상자를 실행하고 [기본] 탭에서 '너비'의 입력칸에 '15mm', '높이'의 입력칸에 '15mm'를 입력하고 [설정]을 클릭합니다.

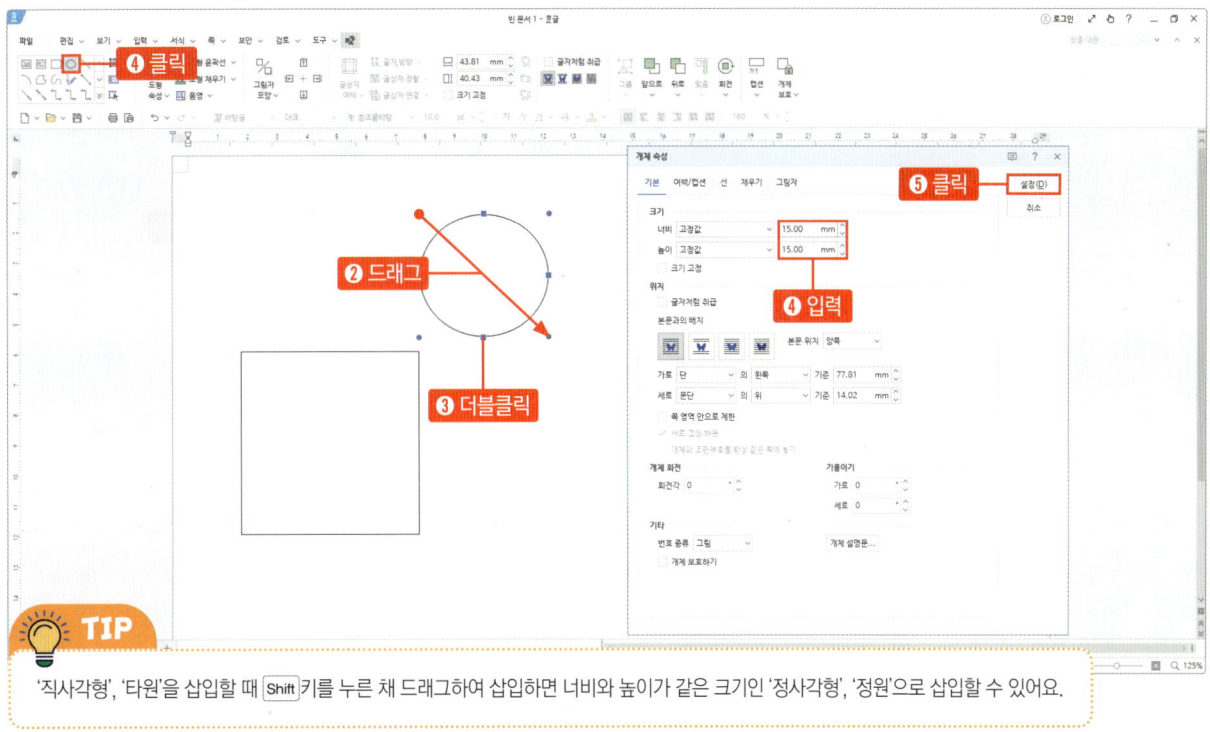

TIP '직사각형', '타원'을 삽입할 때 Shift 키를 누른 채 드래그하여 삽입하면 너비와 높이가 같은 크기인 '정사각형', '정원'으로 삽입할 수 있어요.

도형을 복사하여 선물 상자 전개도 모양으로 배치하기

추가한 도형을 복사하여 선물 상자의 전개도 모양으로 배치합니다.

1 직사각형을 Ctrl 키를 누른 채 드래그하여 2개를 복사하고 나란히 배치합니다. 그리고 타원을 그림과 같이 세 번째 직사각형과 겹쳐 배치합니다.

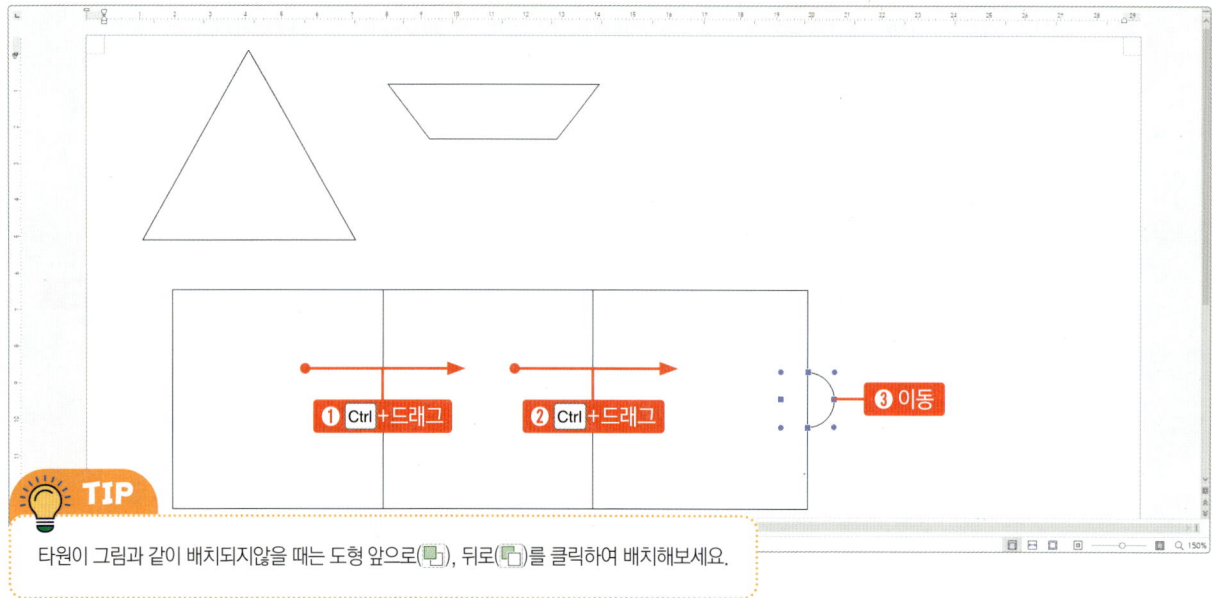

> **TIP** 타원이 그림과 같이 배치되지않을 때는 도형 앞으로(🗂), 뒤로(🗂)를 클릭하여 배치해보세요.

2 이등변 삼각형을 첫 번째 직사각형 위쪽 선을 맞춰 배치한 다음 Ctrl + Shift 키를 누른 채 아래쪽으로 복사합니다. 복사한 이등변 삼각형은 첫 번째 직사각형의 아래쪽 선에 맞춰 배치하고 [🖼]탭에서 [회전]-[상하 대칭]을 클릭하여 회전합니다.

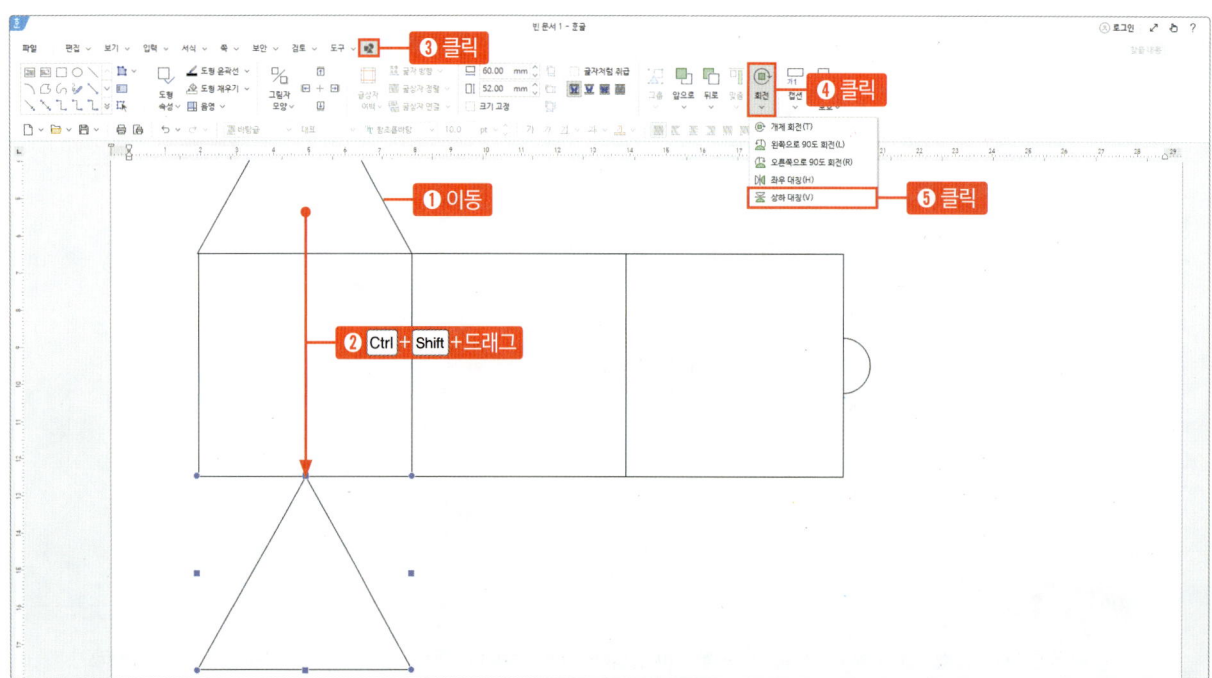

③ 사다리꼴을 Ctrl키를 누른 채 드래그하며 복사하여 5개로 만듭니다. 그 중 하나의 사다리꼴을 선택한 후 [ ]탭을 클릭하여 [회전]의 [왼쪽으로 90도 회전]을 클릭하여 회전하고 세 번째 직사각형의 오른쪽 선에 맞춰 배치합니다.

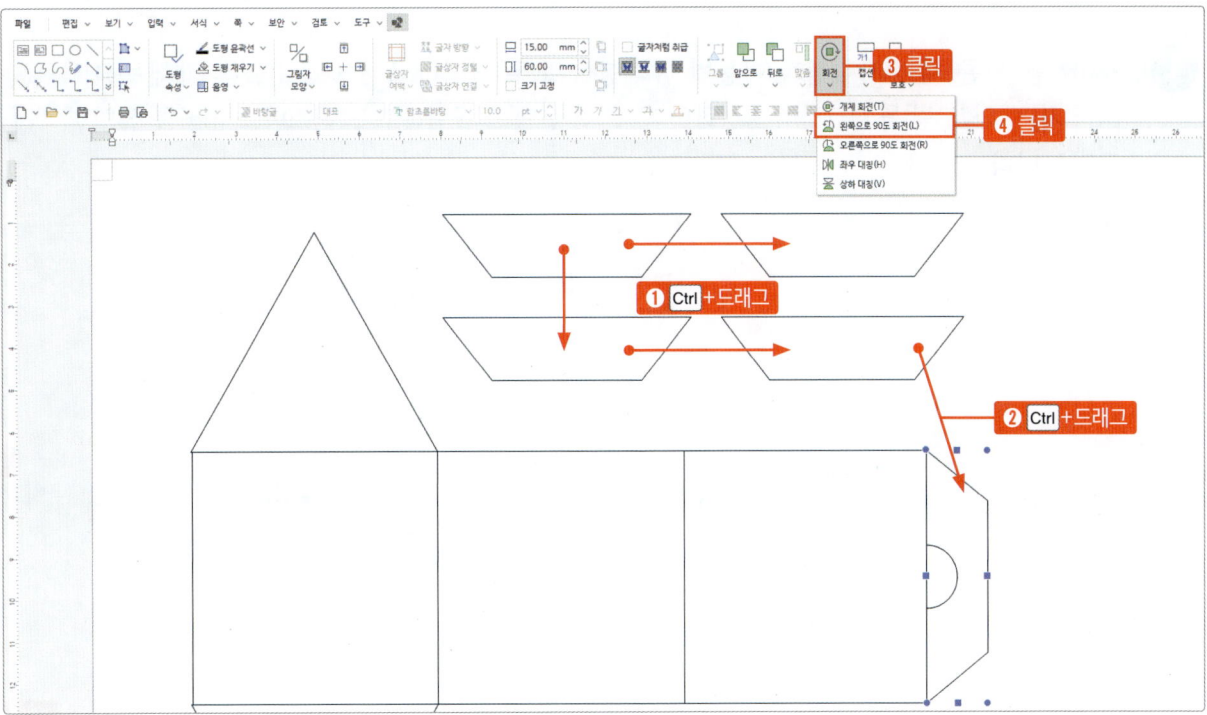

④ 또 다른 사다리꼴 도형을 더블클릭하여 [개체 속성]의 [기본] 탭에서 '회전각'을 '240°'을 입력하고 [설정]을 클릭합니다. 회전한 도형을 첫 번째 이등변 삼각형의 오른쪽 선에 맞추어 배치합니다. 그 다음 같은 방법으로 나머지 사다리꼴을 회전하여 그림과 같이 배치합니다.

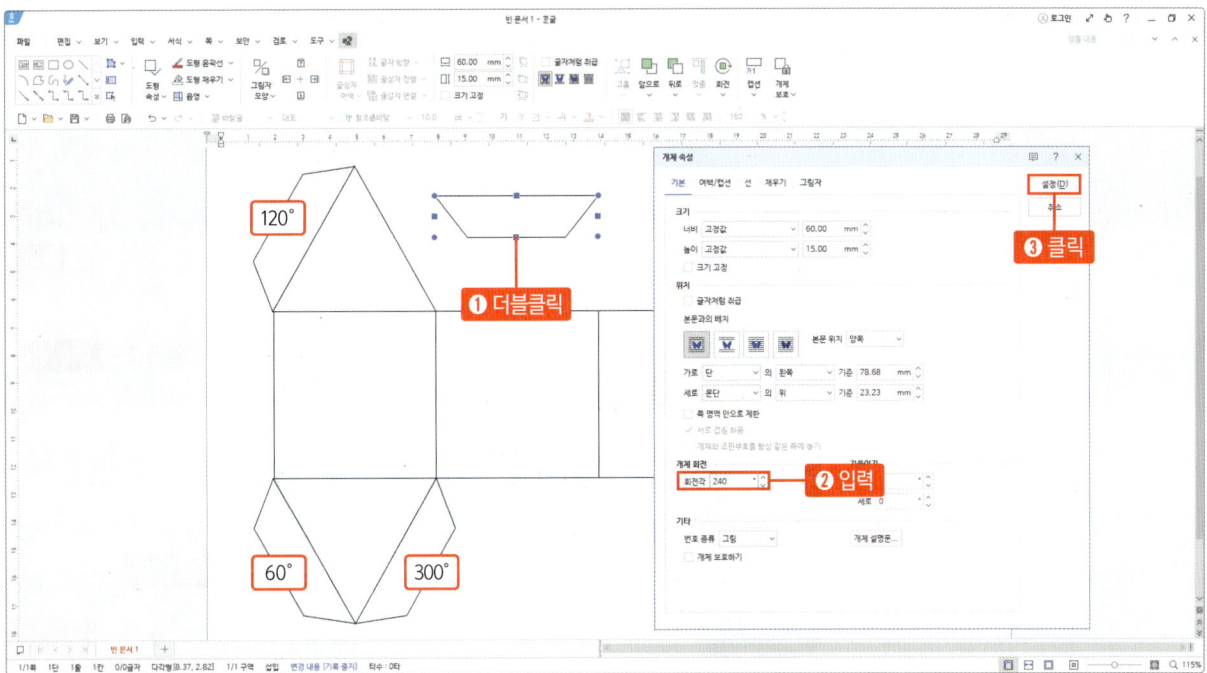

CHAPTER 09 - 직접 만드는 선물 상자 **061**

03 도형을 그림 및 무늬로 채우기

정사각형과 이등변 삼각형 도형은 그림으로 채우고, 그 외 도형은 무늬를 지정하여 채웁니다.

① Shift 키를 누른 채 직사각형과 이등변 삼각형을 모두 선택하고 Enter 키를 눌러 [개체 속성]을 실행합니다. [채우기] 탭의 '그림'을 체크하여 활성화한 후 '그림 선택'을 클릭하고 '크리스마스.jpg'를 삽입한 후 [설정]을 클릭합니다.

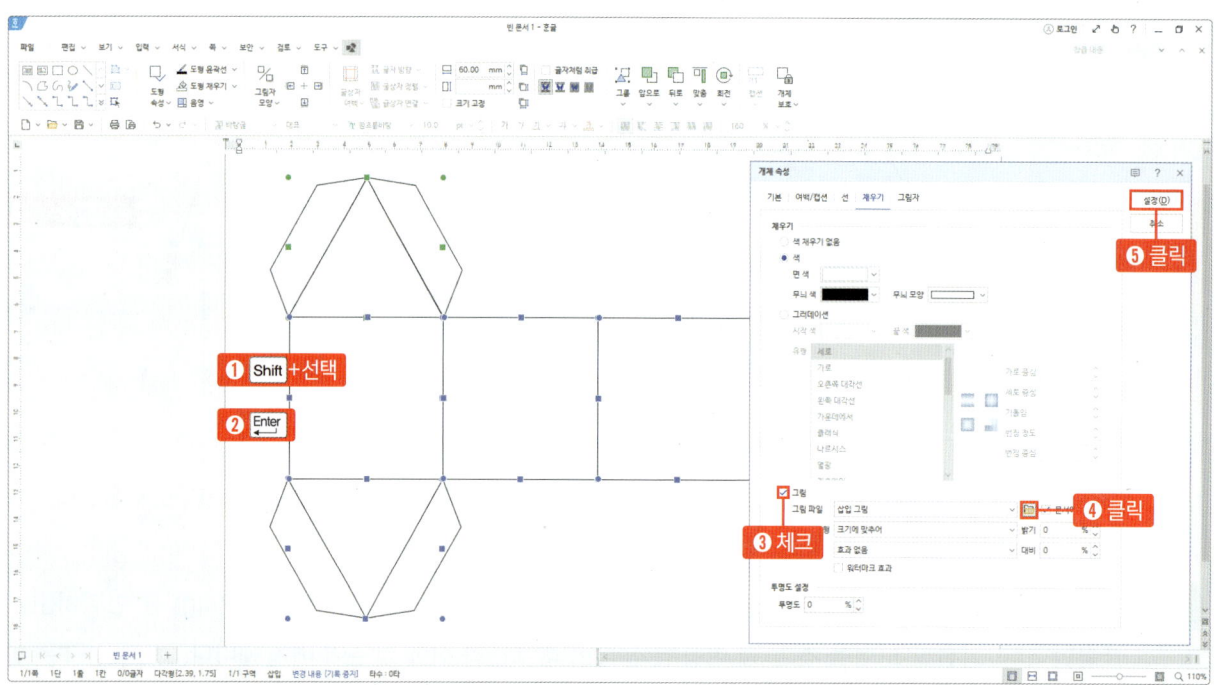

② 그림과 같은 위치의 사다리꼴 도형을 선택하고 Enter 키를 눌러 [개체 속성]을 실행하고 [채우기] 탭의 '무늬 모양'을 '하향 대각선'을 선택한 후 [설정]을 클릭합니다. 그리고 나머지 3개의 사다리꼴과 원형은 면색을 임의의 색으로 지정합니다.

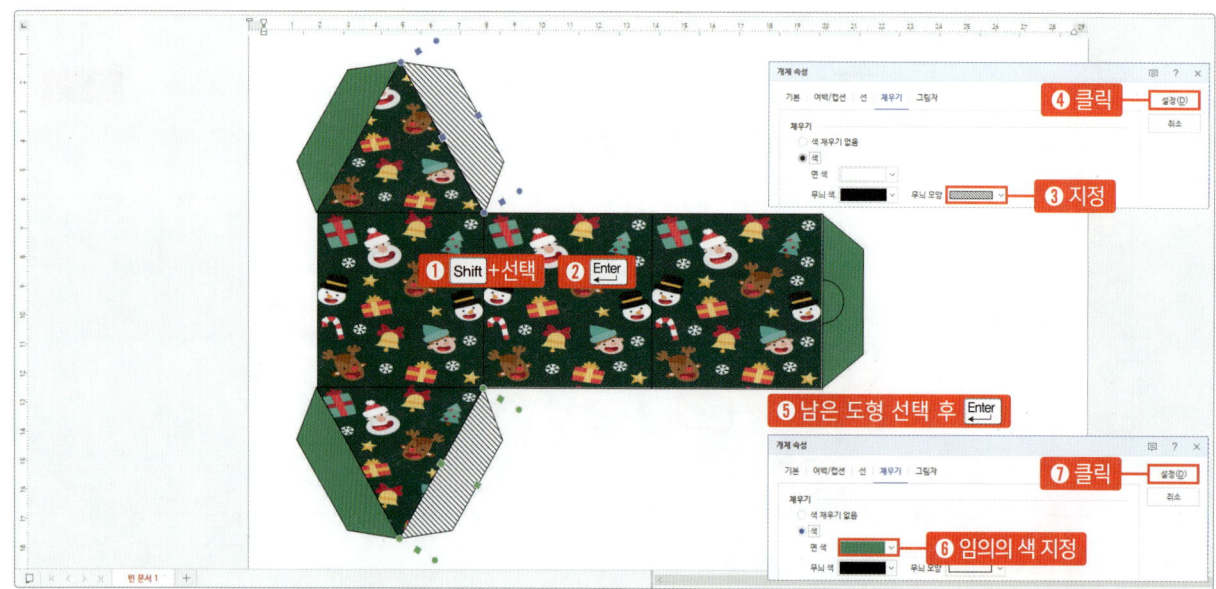

실력 쑥쑥! 창의력 쑥쑥!

1 다음과 같이 별상자를 완성해 보세요.

예제파일 별.jpg   완성파일 별상자(완성).hwpx

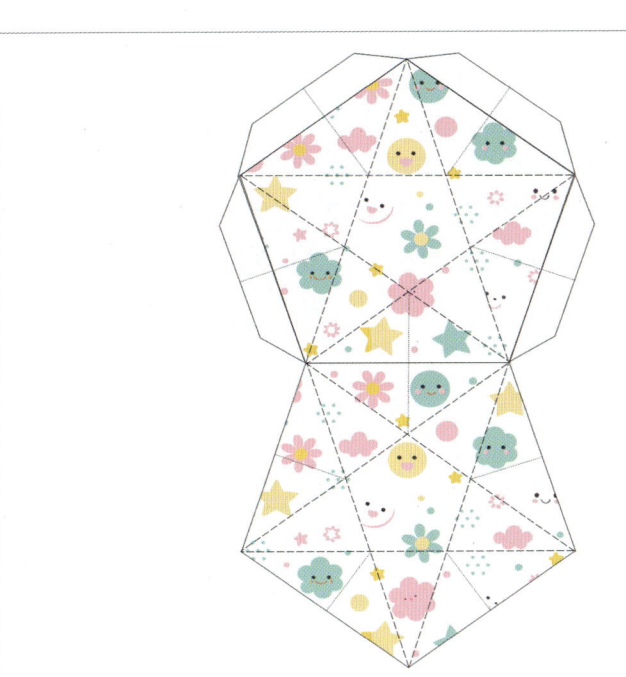

❶ 그리기 조각 삽입
- 선택할 꾸러미 : '기본도형'
- 개체 : '정오각형'
- 너비 : 임의값, 높이 : 임의값
- 채우기 : '별.jpg' 그림

❷ 그리기 조각 삽입
- 선택할 꾸러미 : '기본도형'
- 개체 : '사다리꼴'
- 너비 : 임의값, 높이 : 임의값

❸ '직선 연결선' 삽입
- 선 종류 : '점선', '긴 파선'

TIP Shift 키를 누른 채 드래그하면 정오각형을 삽입할 수 있어요.

2 문서를 출력해 별상자를 완성해 보세요.

최고의 친구상

오늘의 미션
- 쪽 배경으로 상장 테두리 만들고 내용 입력하기
- 텍스트 꾸미기
- 글상자로 도장 만들기

기대한 바를 달성하거나 칭찬과 격려를 받을 성과를 해낸 사람에게 수여하는 증서를 상장이라고 합니다. 상장의 종류에는 학업 태도와 성적이 우수한 학생에게 주는 우등상, 빠짐없이 출석한 학생에게 주는 개근상, 공로를 세운 사람에게 주는 공로상 등이 있습니다.

예제파일 테두리.jpg   완성파일 우정상(완성).hwpx

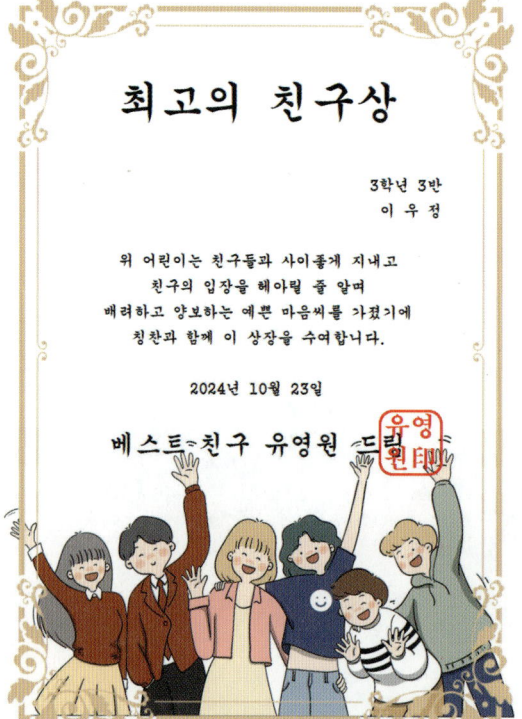

01 쪽 배경으로 상장 테두리 만들고 내용 입력하기

쪽 배경으로 그림을 추가하여 상장 테두리를 만들고 상장에 들어갈 내용을 입력합니다.

① 한글 2022를 실행한 다음 [쪽 테두리/배경]을 클릭합니다. [쪽 테두리/배경] 대화 상자의 [배경] 탭을 선택하고 '채우기'의 '그림'을 체크하여 활성화합니다. '그림 선택'을 클릭하여 '테두리.jpg'를 열고 [설정]을 클릭합니다.

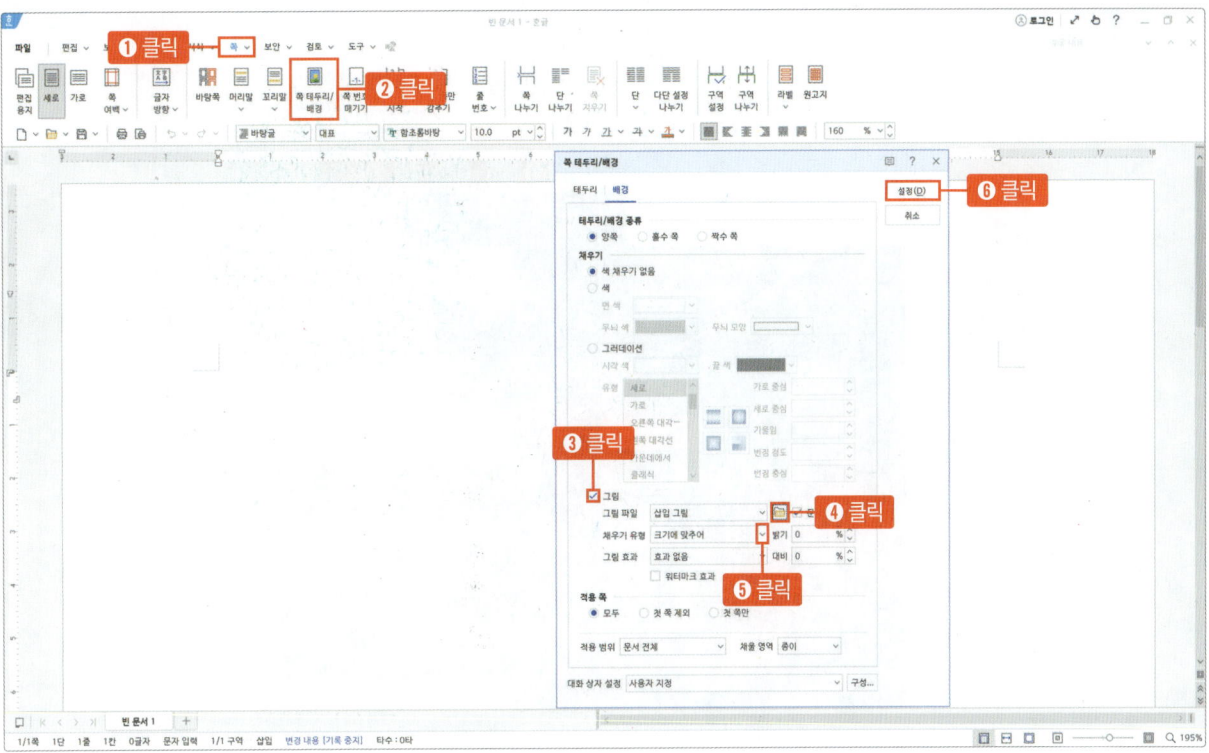

② 친구를 칭찬할 내용이나 격려하고 싶은 내용을 입력하여 우정상을 완성합니다.

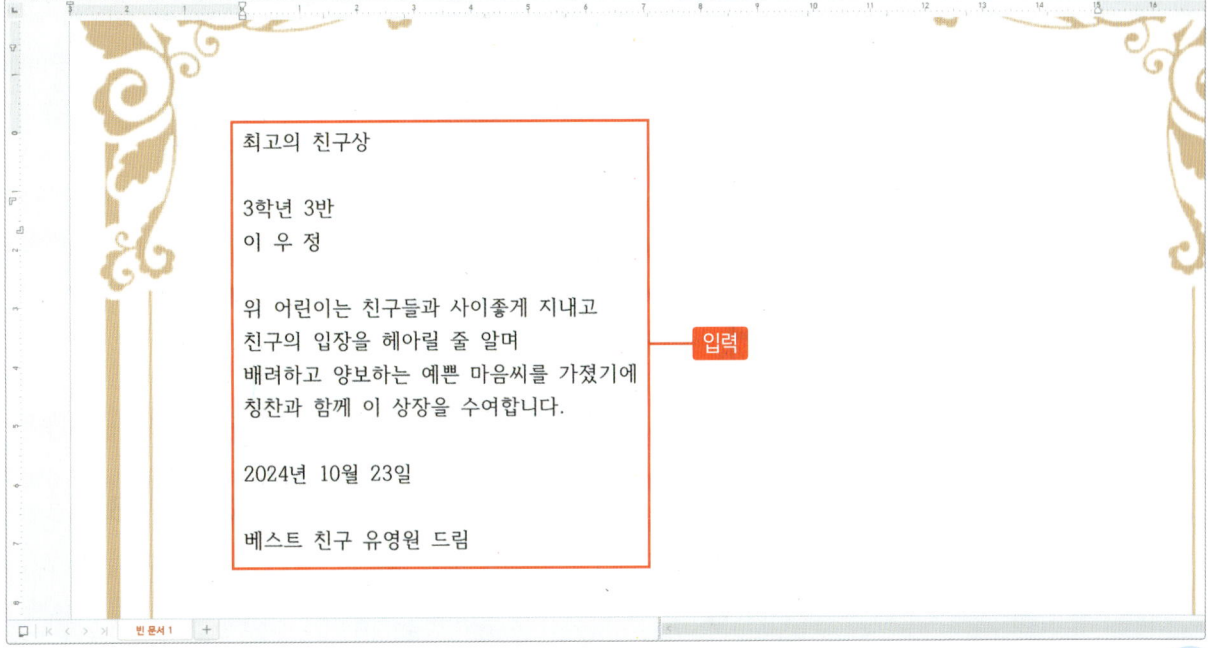

02 텍스트 꾸미기

입력한 텍스트를 글꼴 서식을 변경하여 꾸밉니다.

① 입력한 텍스트를 드래그하여 '글꼴'을 'HY궁서', '글자 크기'를 '18pt'로 지정하고 Ctrl+Shift+C 키를 눌러 가운데 정렬을 합니다.

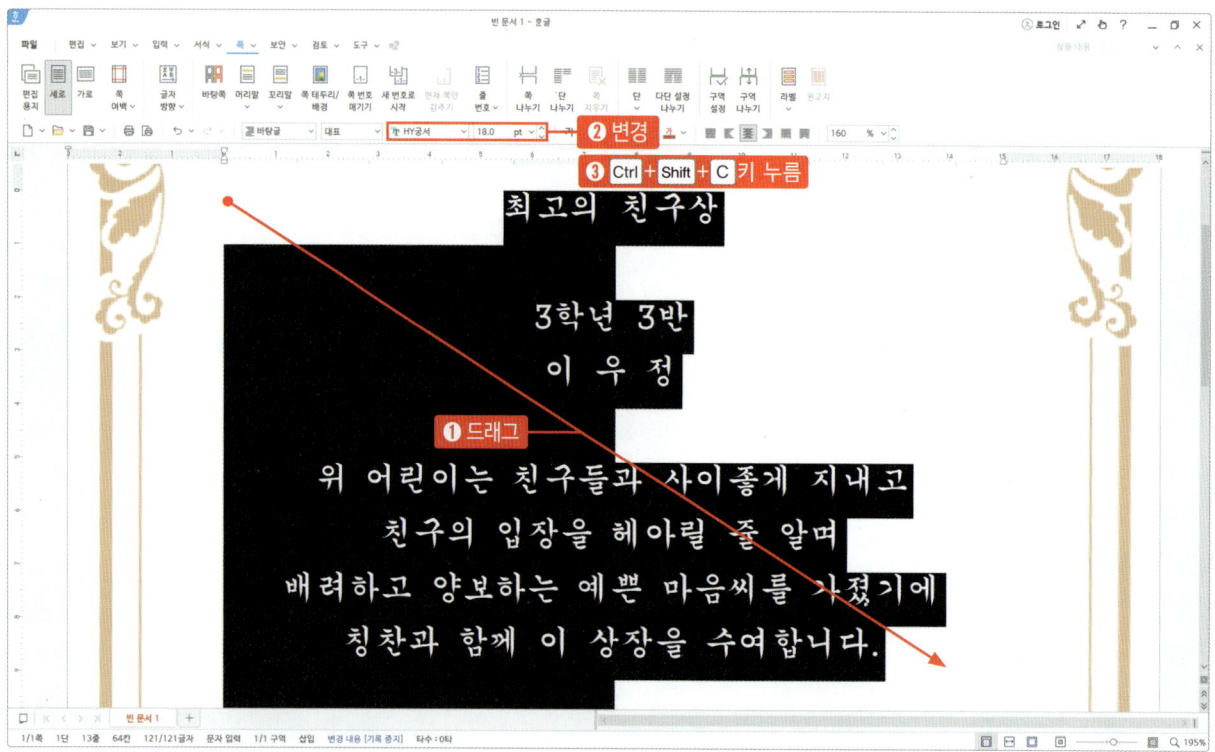

② '최고의 친구상'을 드래그한 후 '글자 크기'를 '50pt'로, '베스트 친구 유영원 드림'을 드래그한 후 '글자 크기'를 '30pt'로 변경합니다. 그 다음 '3학년 3반 이우정'을 전부 드래그하고 Ctrl+Shift+R 키를 눌러 오른쪽 정렬을 합니다.

03 글상자로 도장 만들기

글상자로 도장을 만들어 추가합니다.

① [입력] 탭의 '가로 글상자'를 클릭하고 원하는 위치에 드래그하여 글상자를 추가합니다.

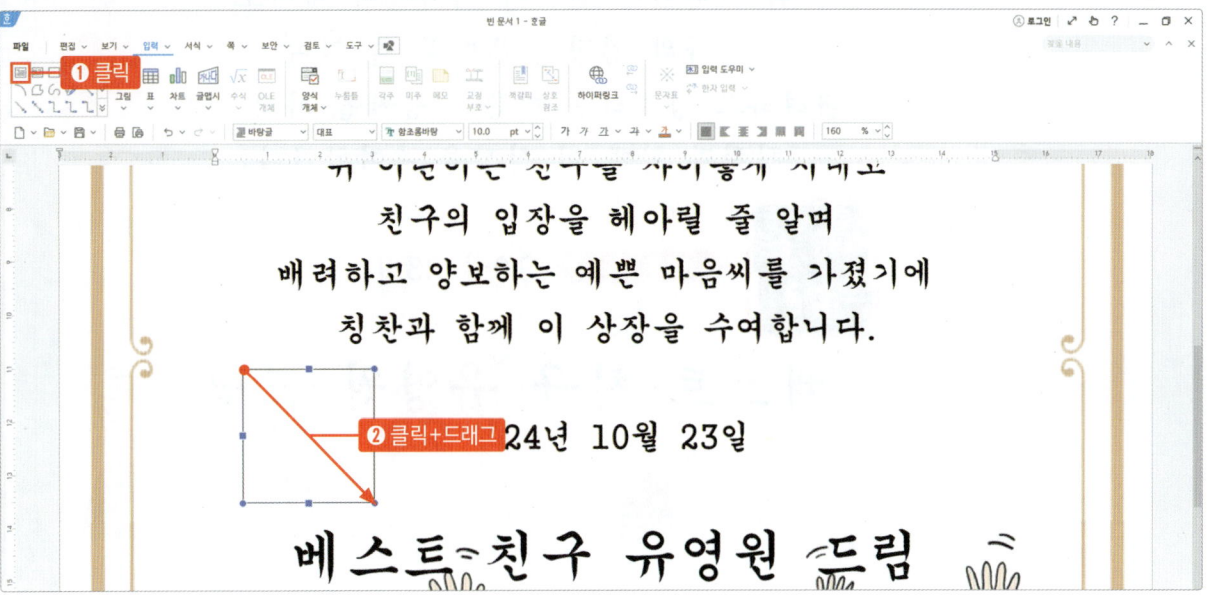

② 삽입한 가로 글상자를 더블클릭하여 개체 속성을 실행하고 [기본] 탭에서 '너비'와 '높이' 모두 '25mm'를 입력하고 [선] 탭에서 '색'-'빨강', '굵기'-'1mm'로 정하고 '사각형 모서리 곡률'을 '둥근 모양'으로 변경한 후 [설정]을 클릭합니다.

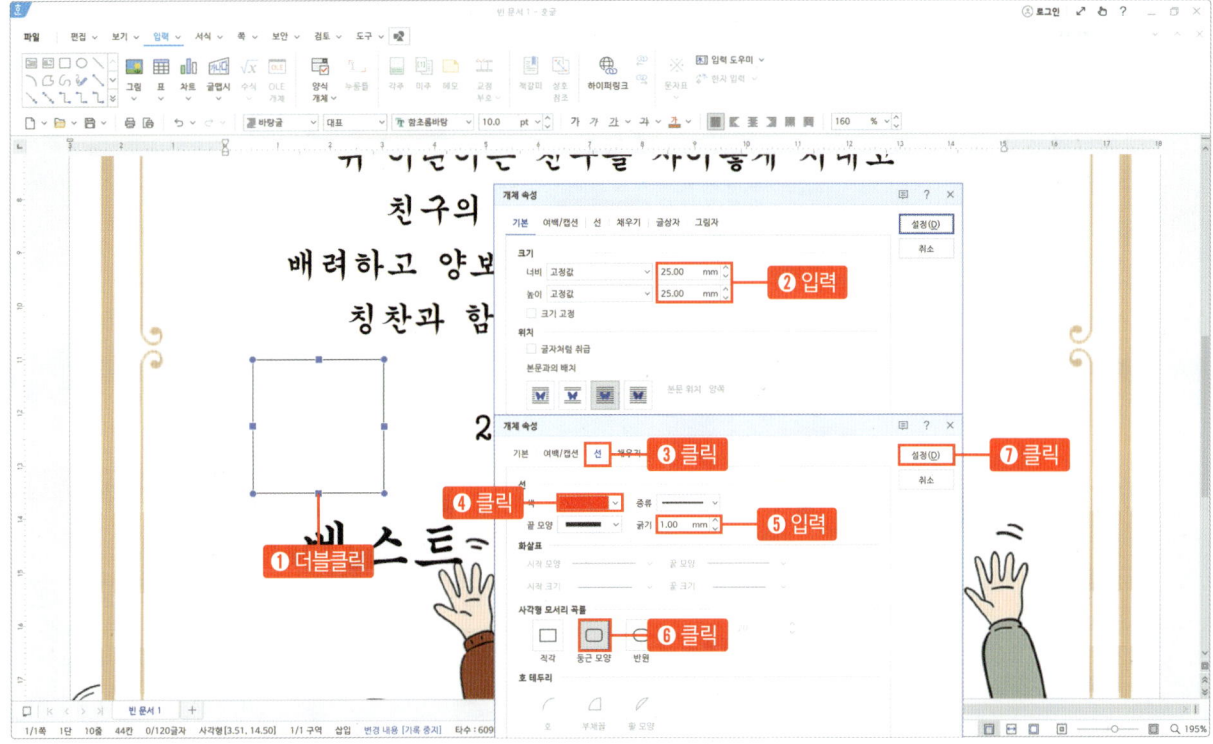

CHAPTER 10 - 최고의 친구상

❸ 글상자에 '유영원인'을 입력한 후 드래그하여 '글꼴'을 'HY견명조', '글자 크기'를 '30pt', '글자색'을 '빨강', '줄간격'을 '120%', '가운데 정렬'로 지정합니다.

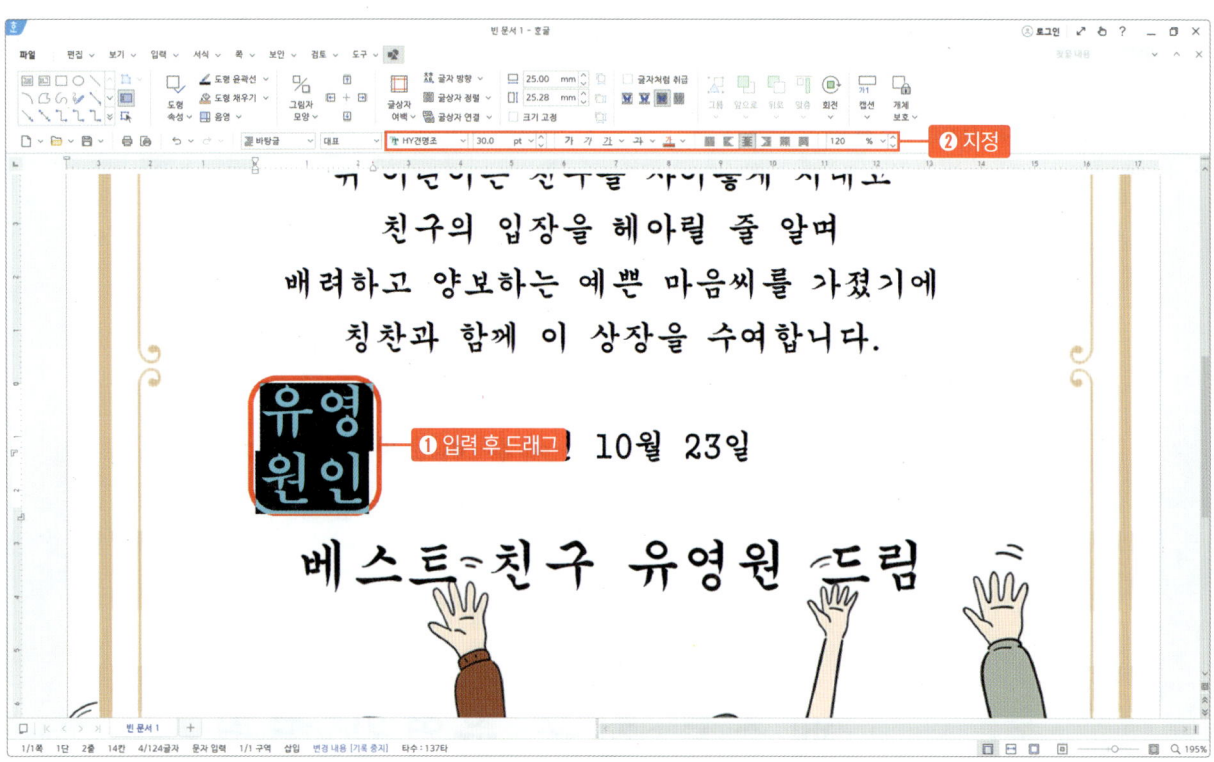

❹ 도형을 적절한 위치에 배치하고 '인'을 드래그하여 선택한 후 한자 키를 누릅니다. [한자로 바꾸기] 대화 상자에서 '印'을 선택한 후 입력형식을 '漢字'로 선택하고 [바꾸기]를 클릭합니다.

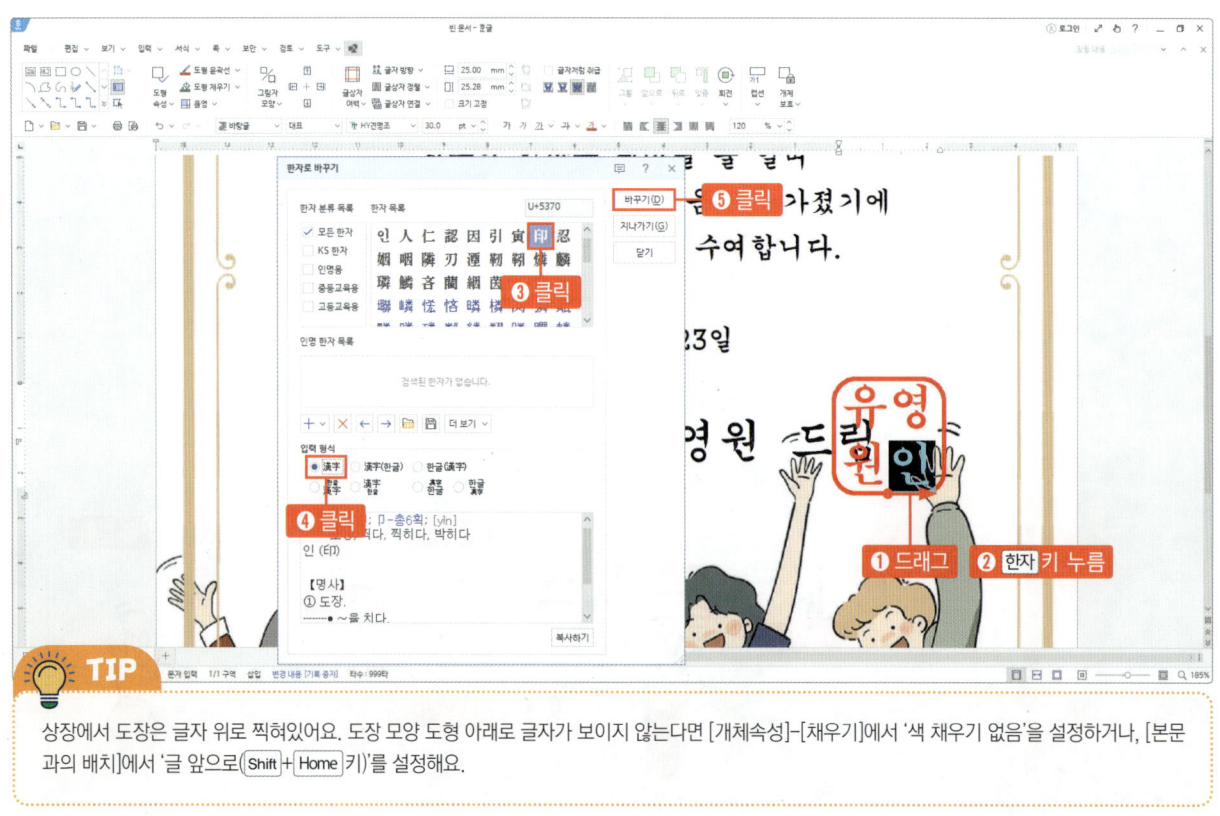

실력 쑥쑥! 창의력 쑥쑥!

1 다음과 같이 감사장을 완성해 보세요.

예제파일: 테두리1.jpg   완성파일: 감사장(완성).hwpx

① '테두리1.jpg' 배경 채우기
② 텍스트 입력
 - '궁서', '50pt', '18pt', '30pt'
③ '가로 글상자' 도형 삽입
 - 선 : '빨강', '1mm', '둥근 모양'
 - 'HY견명조', '30pt'
④ '가로 글상자' 도형 삽입
 - 도장 인 : '印'

2 문서를 출력해 상장을 전해 보세요.

CHAPTER 10 · 최고의 친구상

올록볼록 점자책

오늘의 미션
- 원고지 설정하고 글 입력하기
- 점자로 변환하기
- 그림 삽입하기
- 바탕쪽 제거하고 배경 삽입하기

 점자는 볼록하게 튀어나온 특수한 부호 글자로, 시각 장애인이 손가락으로 더듬어 읽도록 만든 문자입니다. 엘리베이터의 숫자, 안내 표지판 등에 표시되어 시각 장애인의 안내를 도와주거나 이야기를 읽을 수 있도록 점자책 등으로 만들어 사용하고 있습니다.

 작품 미리보기

예제파일 배경.png, 콩.png   **완성파일** 점자책(완성).hwpx

01 원고지 설정하고 글 입력하기

원고지를 설정하고 글을 입력합니다.

1 한글 2022를 실행한 다음 [쪽] 탭의 [원고지]를 클릭합니다. [원고지] 대화 상자의 '원고지 목록'에서 '400자 원고지 1-빨강'을 선택하고 [열기]를 클릭합니다.

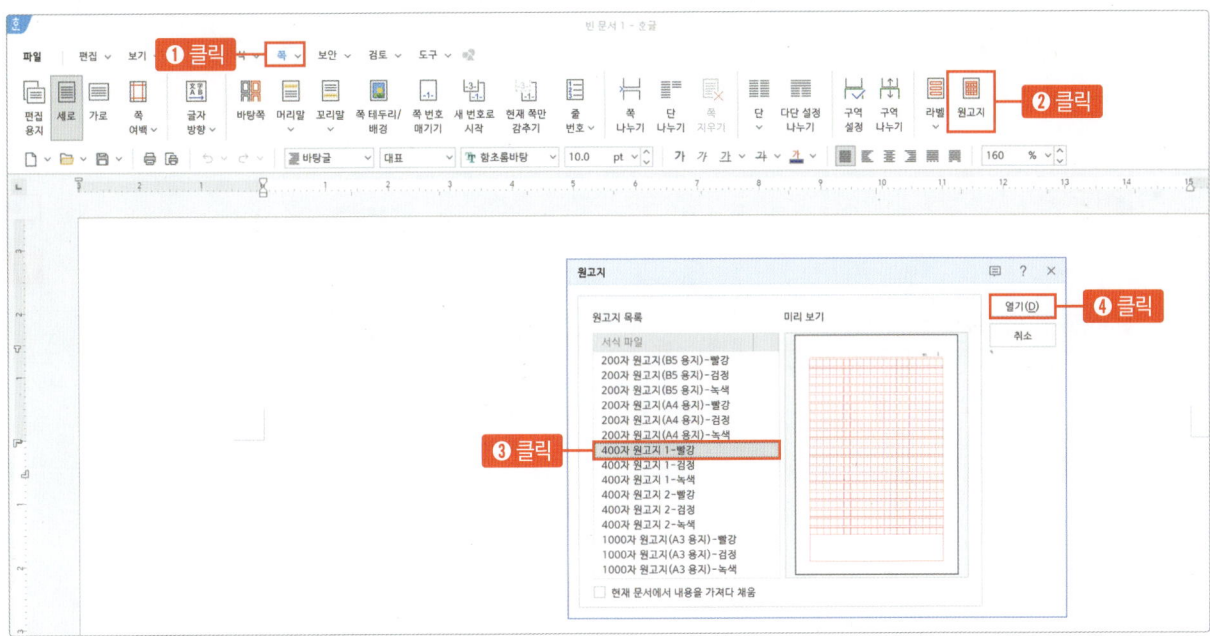

2 점자로 변경할 글을 입력합니다.

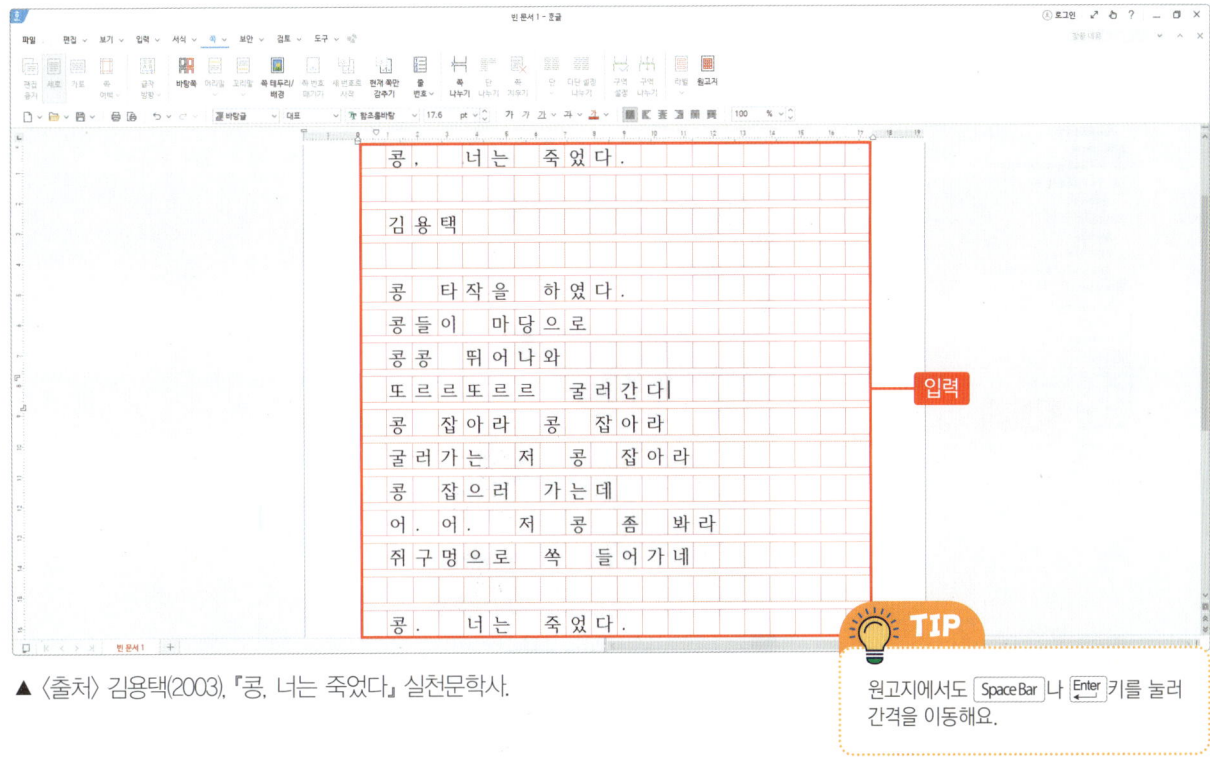

▲ 〈출처〉 김용택(2003), 『콩, 너는 죽었다』 실천문학사.

TIP 원고지에서도 Space Bar 나 Enter 키를 눌러 간격을 이동해요.

CHAPTER 11 · 올록볼록 점자책 **071**

점자로 변환하기

입력한 글을 점자로 변환합니다.

1 [파일] 탭을 클릭하고 [점자로 바꾸기]-[점자로 바꾸기 설정]을 클릭합니다. [점자로 바꾸기 설정] 대화 상자에서 '8점 점자 유니코드 변환'을 클릭한 후 [설정]을 클릭합니다.

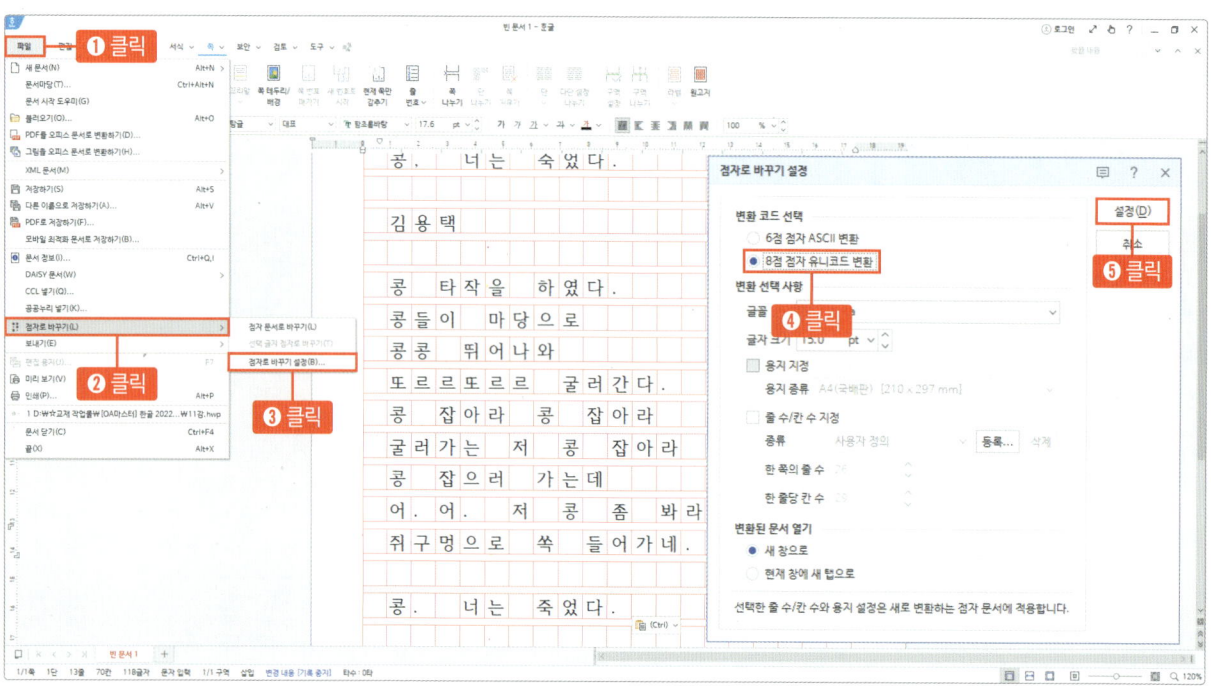

2 입력한 글을 드래그하여 선택한 후 [점자로 바꾸기]-[선택 글자 점자로 바꾸기]를 클릭합니다.

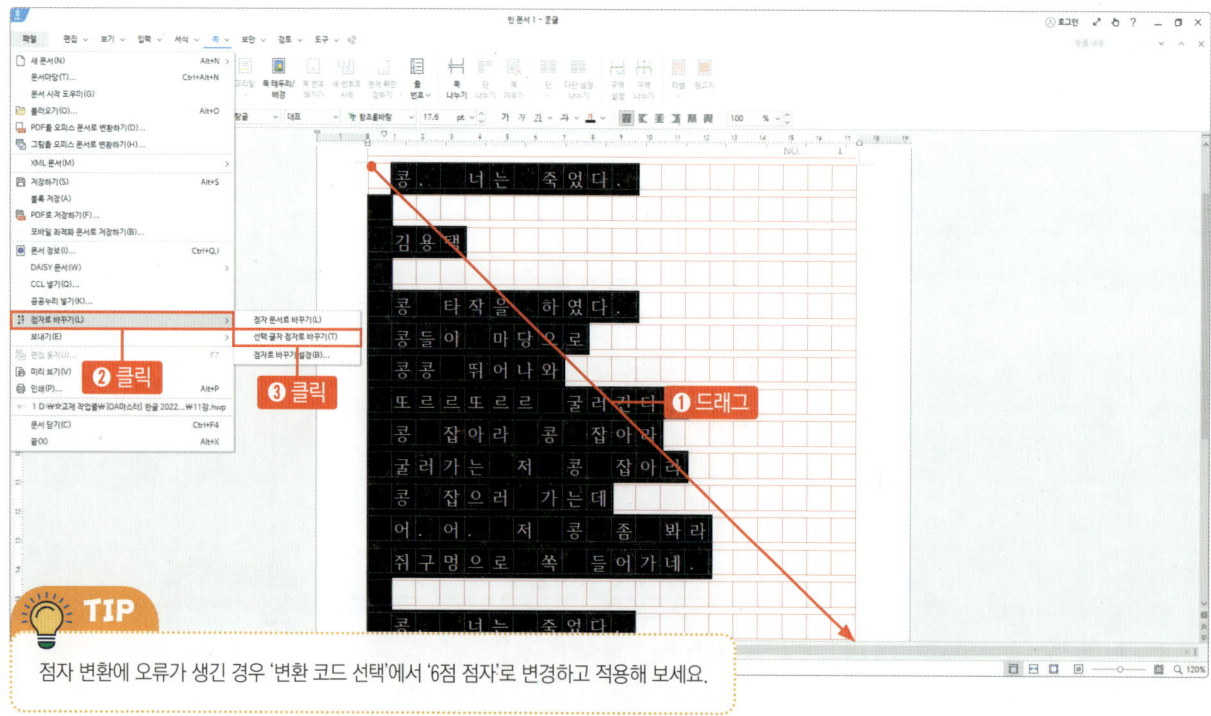

> **TIP** 점자 변환에 오류가 생긴 경우 '변환 코드 선택'에서 '6점 점자'로 변경하고 적용해 보세요.

03 그림 삽입하기

추가로 원고지의 여백에 그림을 삽입합니다.

① [입력] 탭의 [그림]을 클릭하여 [그림 넣기] 대화 상자를 통해 '콩.png'를 불러옵니다.

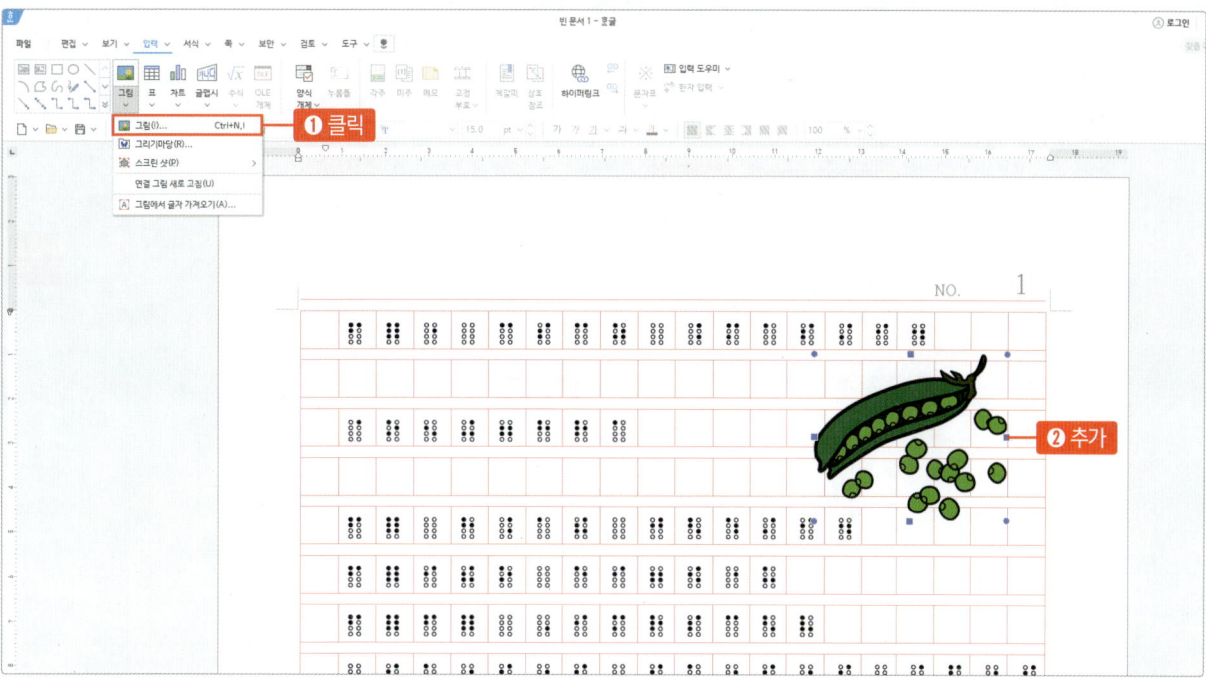

② 삽입한 그림을 더블클릭하여 [개체 속성]을 실행하여 '본문과의 배치'를 '글 앞으로'를 지정한 후 [설정]을 클릭합니다. 그리고 크기와 위치를 조절합니다.

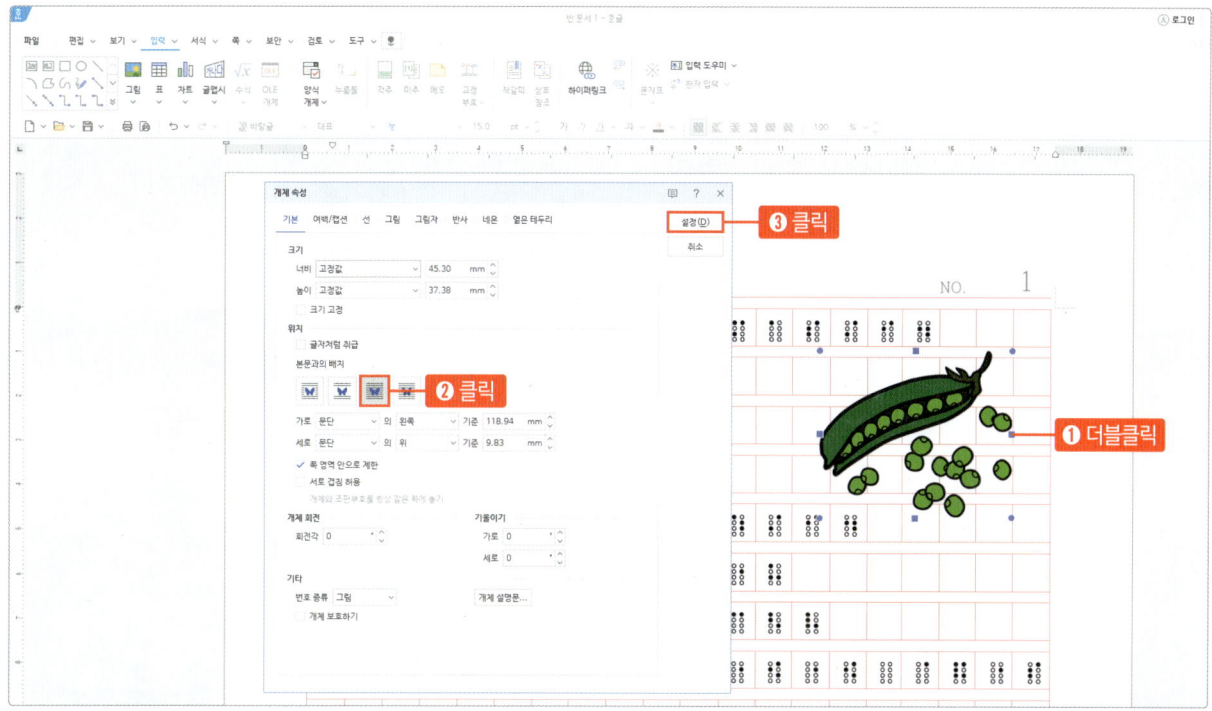

04 바탕쪽 제거하고 배경 삽입하기

바탕쪽을 제거하여 원고지 틀을 지우고 배경 그림을 삽입합니다.

1 [쪽] 탭의 [바탕쪽]을 클릭하여 실행된 [바탕쪽] 탭에서 [바탕쪽 지우기]-[현재 구역의 바탕쪽 지우기]를 클릭한 후 [바탕쪽] 대화상자의 [지움]을 클릭합니다.

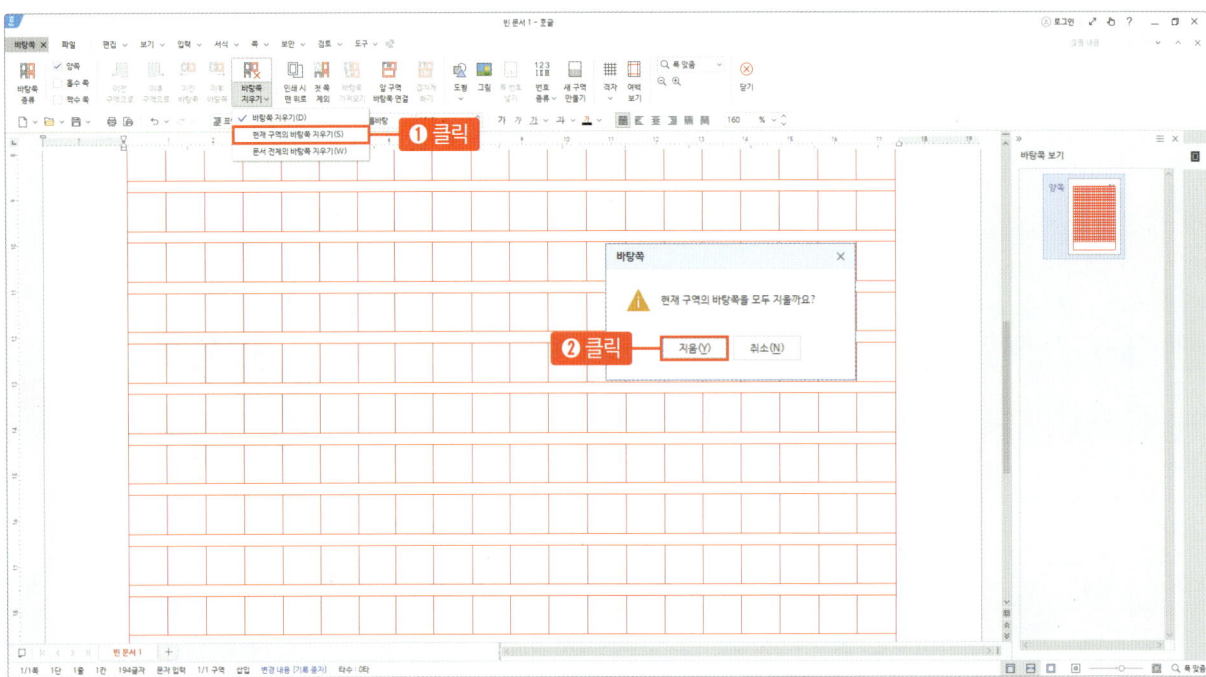

2 이어서 [쪽] 탭의 [쪽 테두리/배경]을 클릭하고 [쪽 테두리/배경] 대화 상자를 실행합니다. [배경] 탭을 클릭하고 '채우기'의 '그림'을 체크하여 활성화한 후 '그림 선택'을 클릭하여 '배경.png'를 삽입하고 [설정]을 클릭합니다.

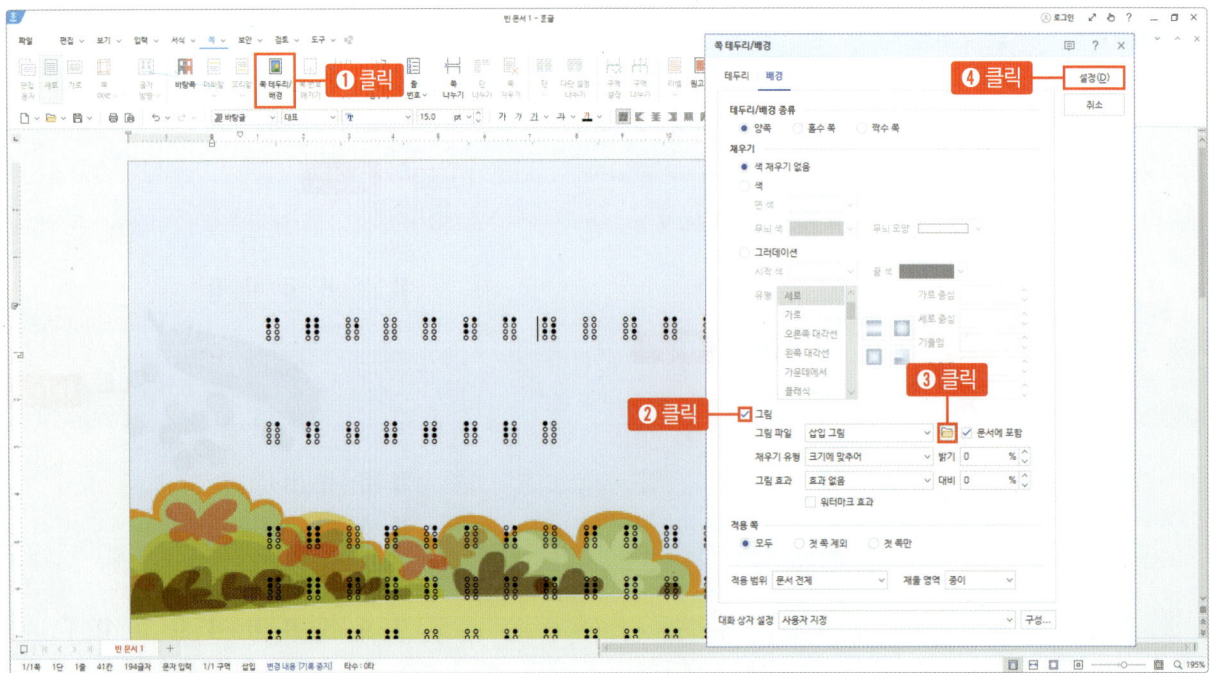

실력 쑥쑥! 창의력 쑥쑥!

1 다음과 같이 원고지 사용법에 맞게 동시를 완성해 보세요.

> 예제파일: 없음 / 완성파일: 줄넘기(완성).hwpx

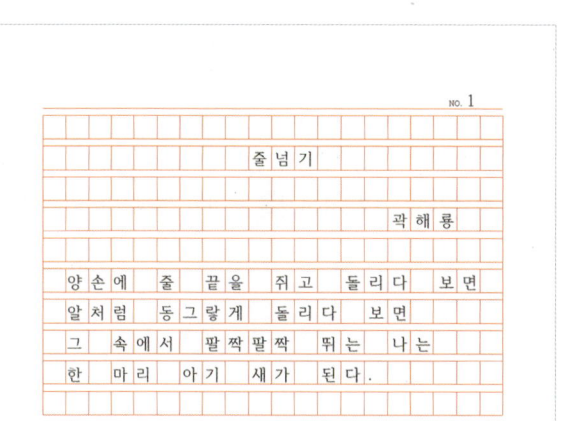
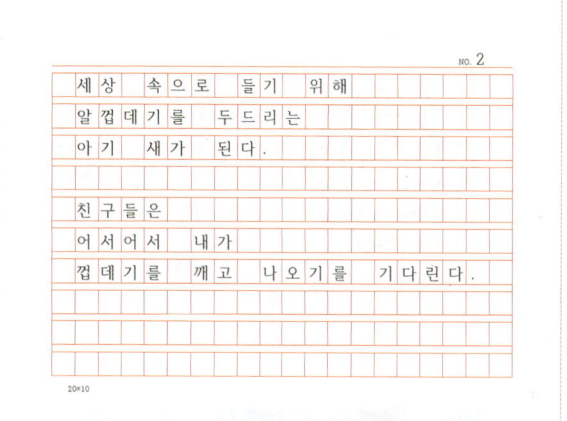

① 200자 원고지(A4 용지)-빨강
② 텍스트 입력
 - 제목 : 가운데 정렬
 - 이름 : 뒤에서 2칸 띄기

2 바탕쪽을 지우고 다음과 같이 동시를 완성해 보세요.

> 예제파일: 배경2.png / 완성파일: 줄넘기2(완성).hwpx

① '배경2.png' 배경 채우기
② '바탕쪽' 지우기

CHAPTER 12

칭찬 스티커

오늘의 미션
- 쪽 배경으로 스티커 판 만들기
- 글맵시를 이용하여 글자 입력하기
- 그리기 조각을 편집하여 붙이는 부분 만들기

칭찬 스티커는 주로 아이가 칭찬받을 일을 했을 때 **칭찬과 지지를 보여주는 수단**으로 사용합니다. 목표한 양을 모아 보상을 하는 경우가 많으며, 자신감을 높이고 성취감을 얻는 방법으로 사용합니다.

작품 미리보기

예제파일 배경.png **완성파일** 스티커판(완성).hwpx

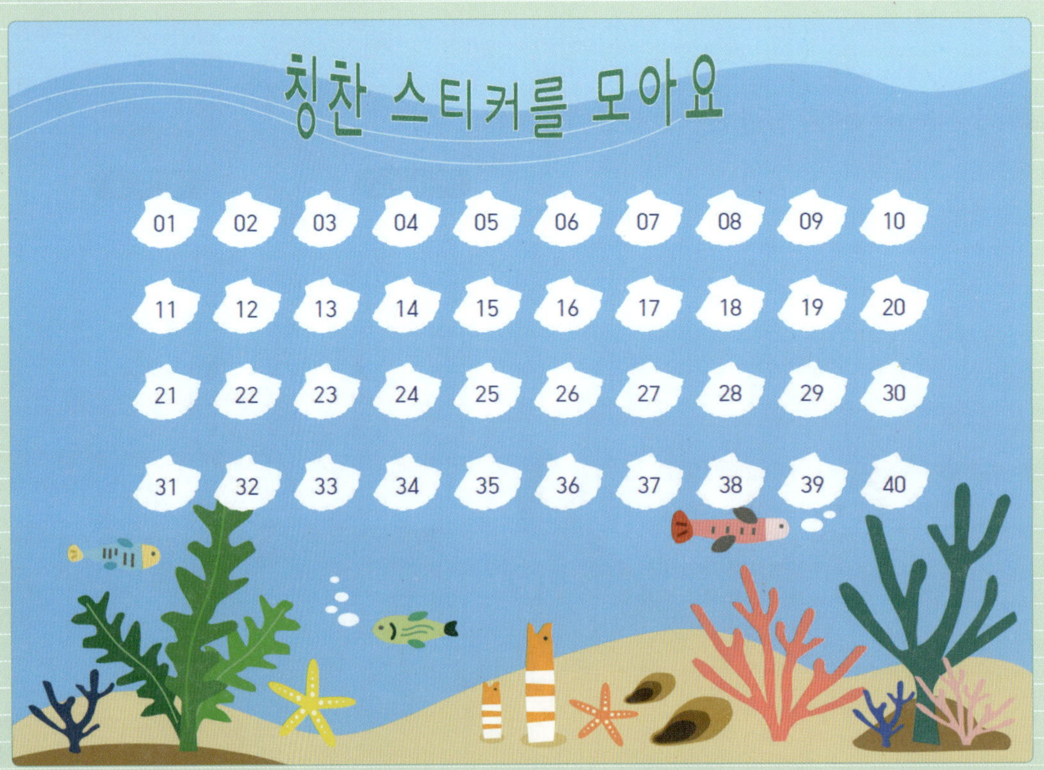

01 쪽 배경으로 스티커 판 만들기

쪽 배경을 이용하여 스티커 판의 배경을 추가합니다.

1 한글 2022를 실행한 다음 F7 키를 눌러 [편집 용지]를 실행하고 '용지 방향'을 '가로'로 설정합니다.

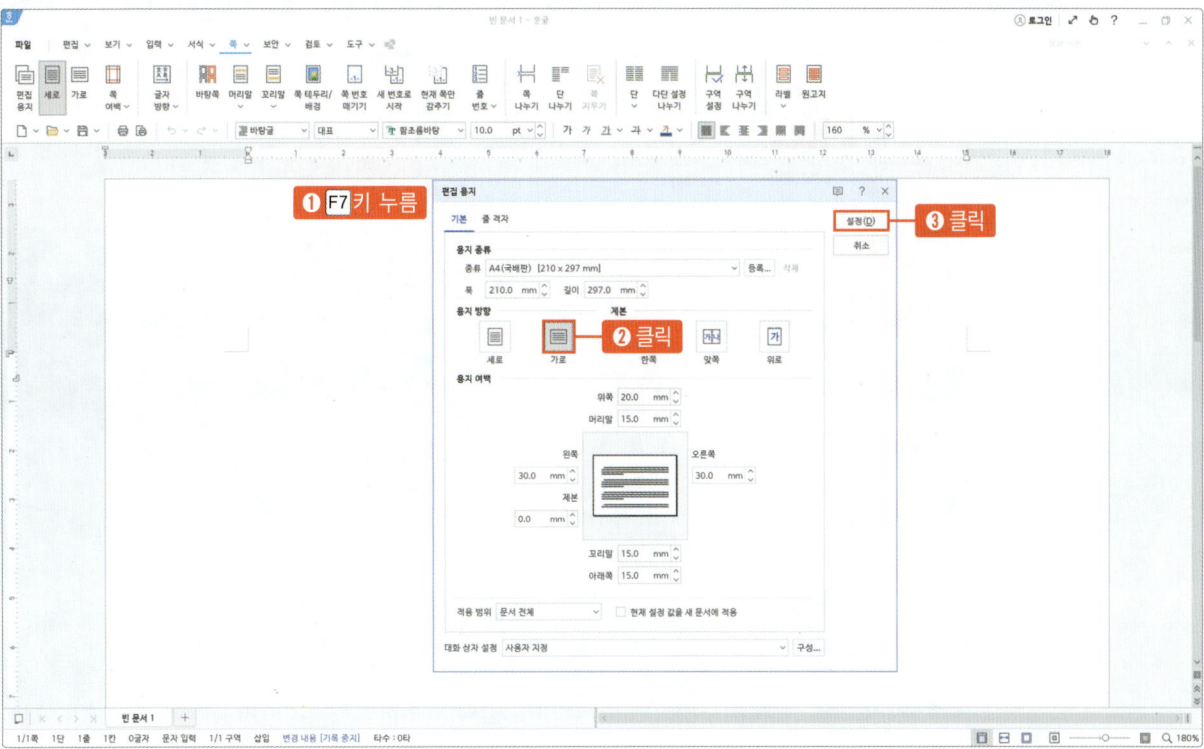

2 [쪽] 탭의 [쪽 테두리/배경]을 클릭합니다. [쪽 테두리/배경] 대화상자를 실행하여 [배경] 탭을 클릭하고 '채우기'의 '그림'을 체크하여 활성화한 후 '그림 선택'을 클릭하여 '배경.png'를 삽입하고 [설정]을 클릭합니다.

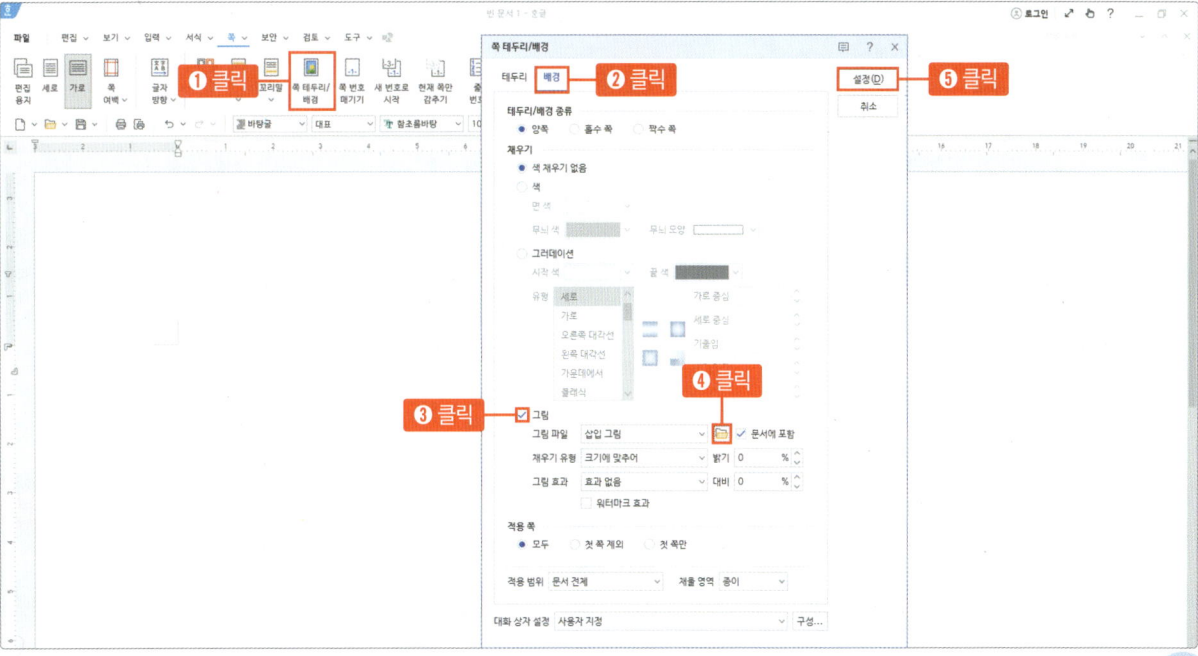

02 글맵시를 이용하여 글자 입력하기

칭찬 스티커의 제목을 글맵시를 이용하여 꾸밉니다.

1 [입력] 탭의 [글맵시]를 클릭하여 [글맵시 만들기] 대화상자를 실행합니다. '내용'의 입력칸에 '칭찬 스티커를 모아요'를 입력하고 '글맵시 모양'을 '위쪽 리본 사각형'으로, '글꼴'을 'HY강B'로 지정한 후 [설정]을 클릭합니다.

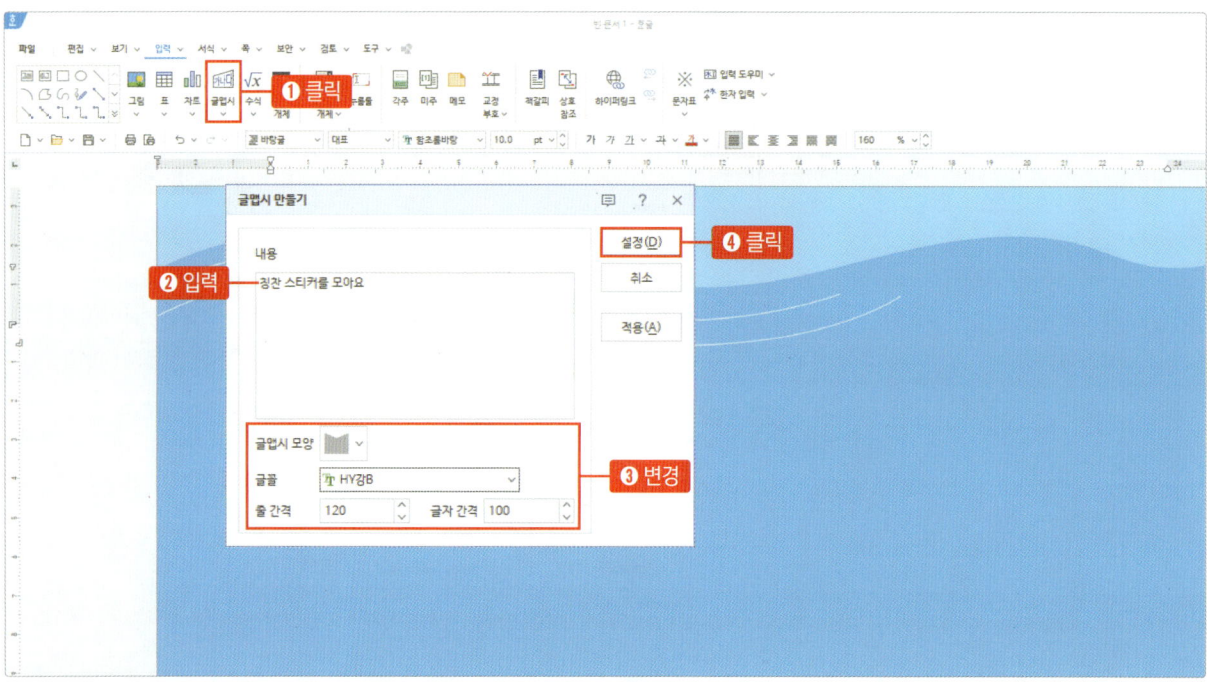

2 추가된 글맵시를 더블클릭하여 [개체 속성]을 실행하고 [기본] 탭에서 위치의 '쪽 영역 안으로 제한'의 체크를 해제합니다. [선] 탭에서 '선'을 임의의 색, '종류'를 '실선', '굵기'를 '0.3mm'로 지정한 후 [채우기] 탭에서 '면 색'을 임의의 색을 선택하고 [설정]을 클릭합니다. 추가된 글맵시의 크기를 변경하고 적절한 위치에 배치합니다.

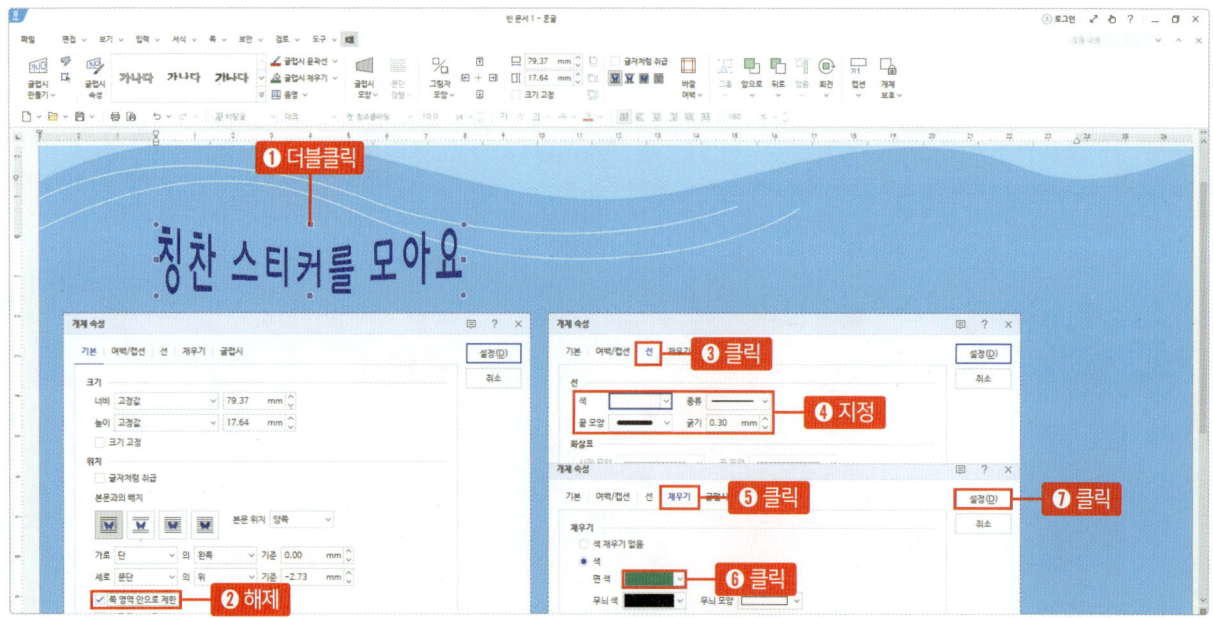

03 그리기 조각 편집하기

그리기마당의 그리기 조각을 편집하여 스티커를 붙이는 부분을 꾸밉니다.

① [입력] 탭의 [그림]-[그리기마당]을 클릭하고 [그리기마당] 대화 상자에서 [클립아트 다운로드]를 클릭합니다. [그리기 조각] 탭을 선택하고 검색창에 '조개'를 검색하여 내려받기 한 후 창을 닫고 [내려받은 그리기마당]-[그리기 조각]에서 '조개'를 선택해 삽입합니다.

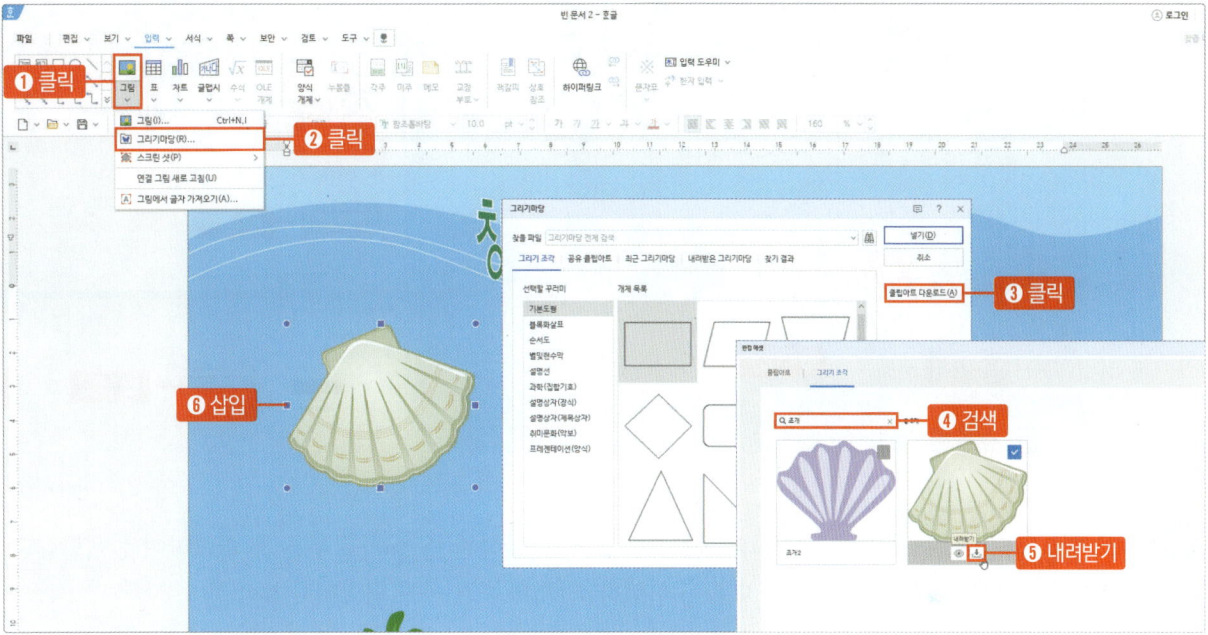

② 추가한 그리기 조각을 더블클릭하여 [개체 속성]을 실행하고 [기본] 탭에서 '너비'의 입력칸에 '20mm', '높이'의 입력칸에 '16mm'으로 입력하고 [선] 탭에서 '종류'를 '선 없음'으로 선택한 후 [채우기] 탭에서 '면 색'을 '하양' 으로 지정하고 [설정]을 클릭합니다.

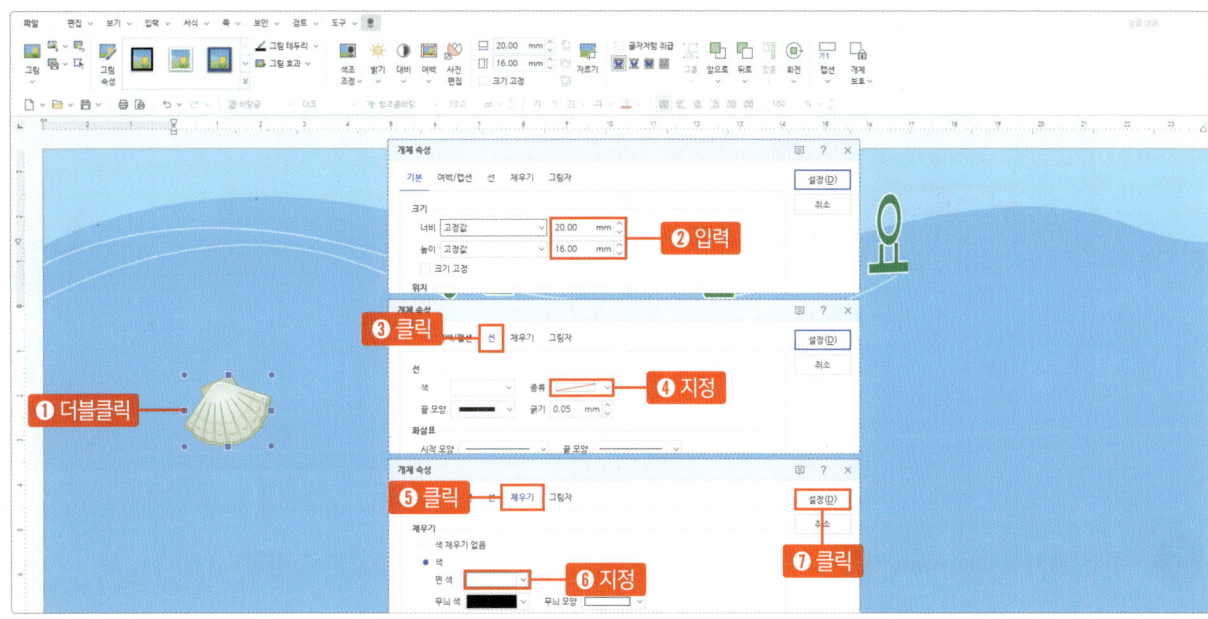

③ [입력] 탭의 '가로 글상자'를 클릭하여 추가하고 '01'을 입력한 후 '글꼴'을 '함초롬돋움', '글자 크기'를 '18pt', '글자색'은 임의의 색, '정렬'을 '가운데 정렬'로 지정합니다. 그 다음 글상자를 더블클릭하여 [개체 속성]을 실행하고 [선] 탭에서 '종류'를 '선 없음', [채우기] 탭에서 '색 채우기 없음'을 지정합니다.

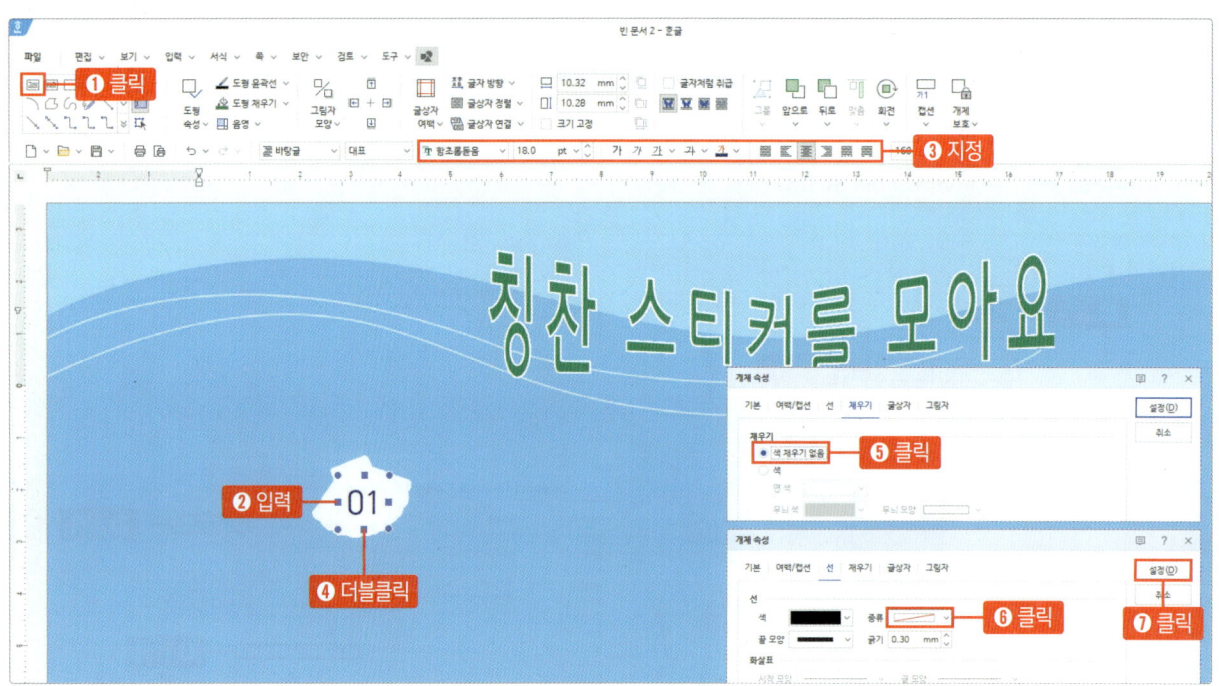

④ '조개' 그리기 조각 위로 '글상자'를 배치한 후 '조개'와 '글상자'를 Shift 를 누른 채 클릭하여 선택합니다. 마우스 오른쪽 버튼을 클릭하여 바로가기 메뉴를 실행하고 [개체 묶기]를 클릭합니다.

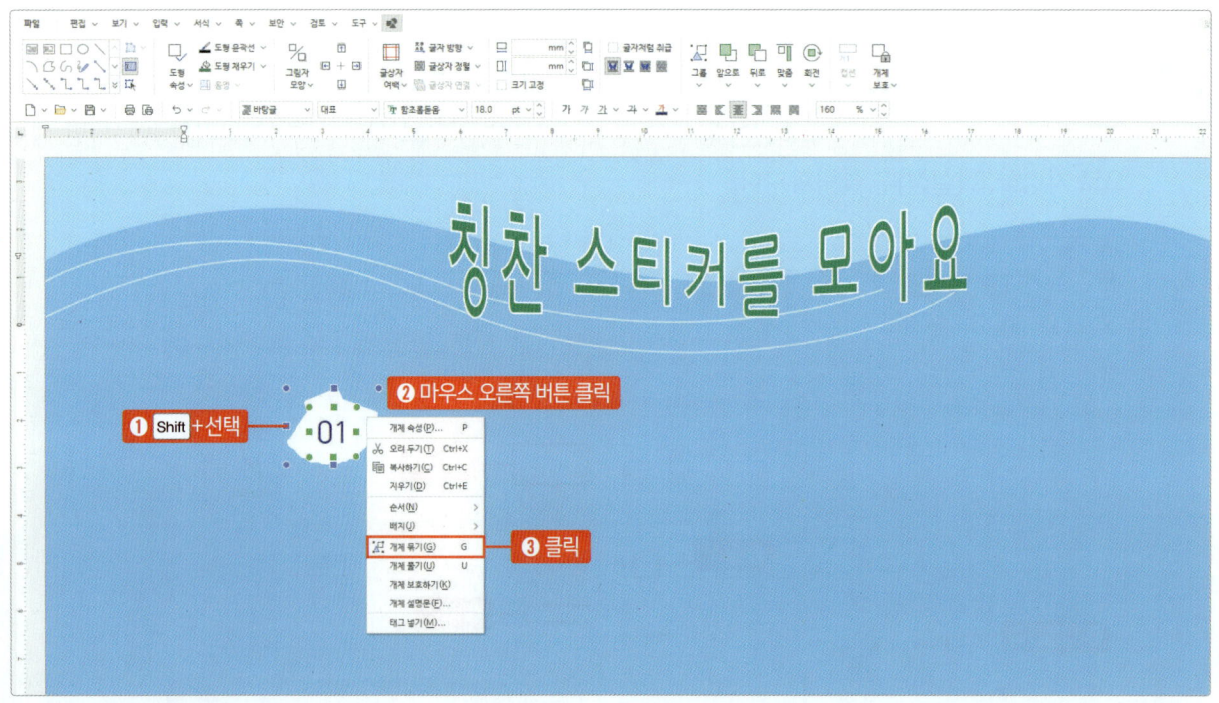

⑤ 묶은 개체를 Ctrl + Shift 키를 누른 채 드래그하여 복사하고 배치한 후 숫자를 수정합니다.

① 다음과 같이 스티커판에 붙일 스티커를 완성해 보세요.

예제파일 없음   완성파일 스티커(완성).hwpx

❶ 글맵시 삽입
 - 글맵시 모양 : '직사각형'
 - 글꼴 : 'HY동녘M'
 - 면 색 : 임의의 색
 - 선 색 : 임의의 색
❷ 그리기마당 삽입
 - 그리기 조각 : '조개'

② 다음과 같이 우측 통행을 완성해 보세요.

예제파일 없음   완성파일 우측통행(완성).hwpx

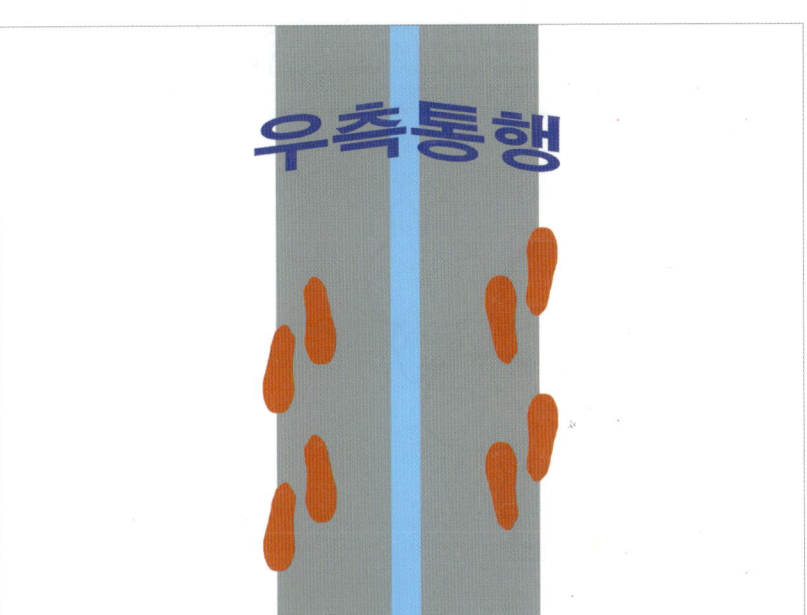

❶ 글맵시 삽입
 - 글맵시 모양 : '갈매기형 수장'
 - 글꼴 : 'HY견고딕'
 - 면 색 : 임의의 색
❷ 그리기마당 삽입
 - 그리기 조각 : 버스전용도로, 여자구두1
 - 면 색 : 임의의 색

CHAPTER 12 - 칭찬 스티커 081

CHAPTER 13 나만의 동물 사전

오늘의 미션
- 도형 안에 글자 넣기
- 문단 번호 넣기
- 연결선으로 연결하기

사전은 특정 언어의 단어들을 모아 그 의미, 발음, 어원 등을 설명하는 책이나 전자 형식의 자료입니다. 전통적인 종이 사전 외에도 디지털 사전이 많이 사용되고 있으며, 이는 검색이 용이하고 업데이트가 간편한 장점이 있습니다.

작품 미리보기

예제파일 동물들.png **완성파일** 동물사전(완성).hwpx

01 도형 안에 글자 넣기

직사각형 도형의 모양을 변경하고 도형 안에 글자를 삽입합니다.

1 한글 2022를 실행한 다음 F7 키를 눌러 [편집 용지] 대화상자를 실행하고 '용지 여백'을 '위쪽', '아래쪽', '왼쪽', '오른쪽'은 '15mm', '머리말', '꼬리말'은 '10mm', '제본'은 '0mm'로 지정한 후 [설정]을 클릭합니다.

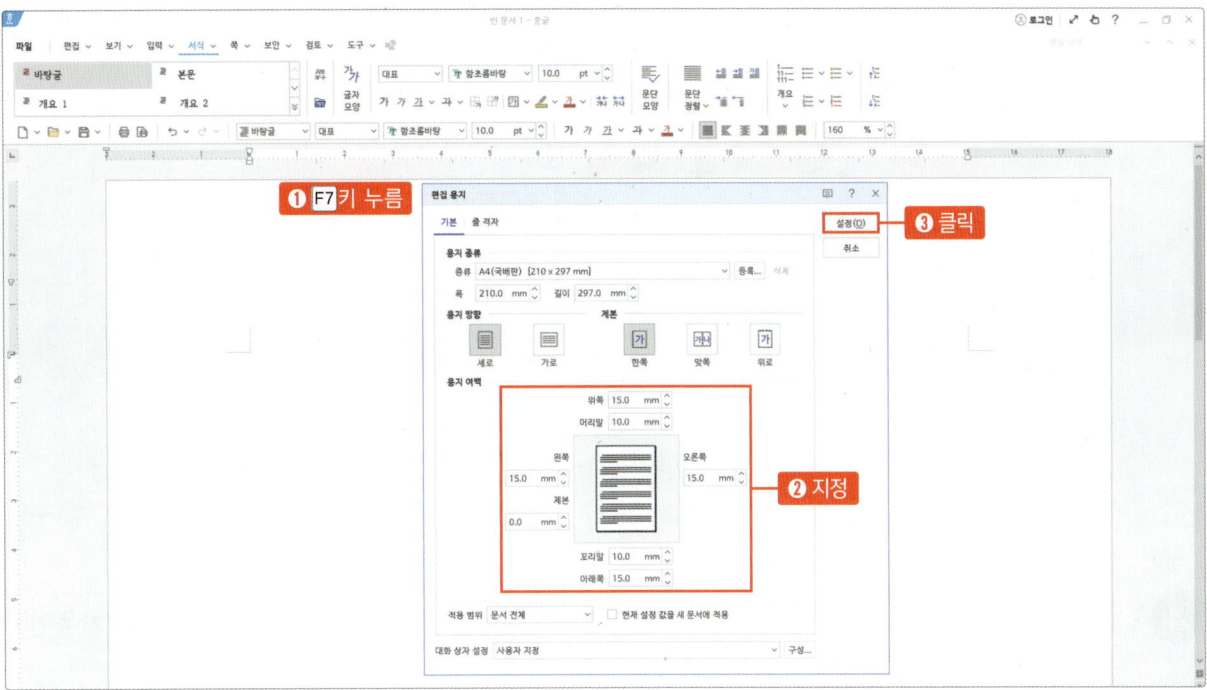

2 [입력] 탭의 '직사각형'을 클릭하여 추가합니다. 추가된 직사각형을 더블클릭하여 [개체 속성]을 실행하고 [선] 탭에서 '사각형 모서리 곡률'을 '반원', '종류'를 '선없음'으로 지정하고 [채우기] 탭을 클릭하여 '면 색'을 임의의 색을 지정하고 [설정]을 클릭합니다.

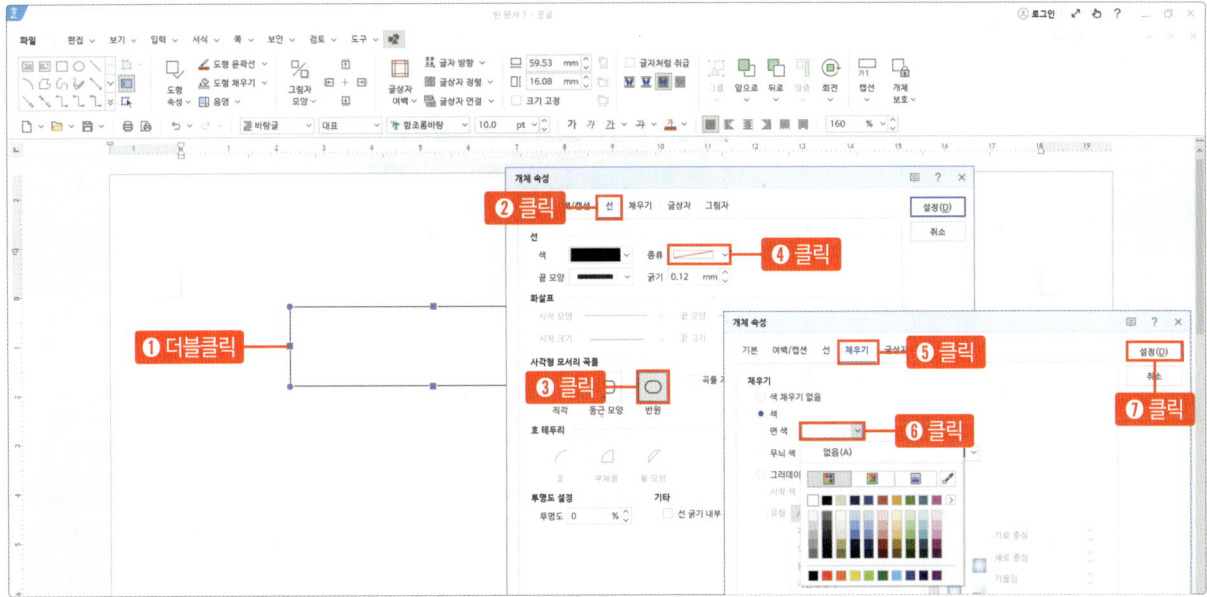

❸ 서식이 변경된 직사각형 도형을 선택하고 마우스 오른쪽 버튼을 클릭하여 바로가기 메뉴를 실행하고 **[도형 안에 글자 넣기]**를 클릭합니다.

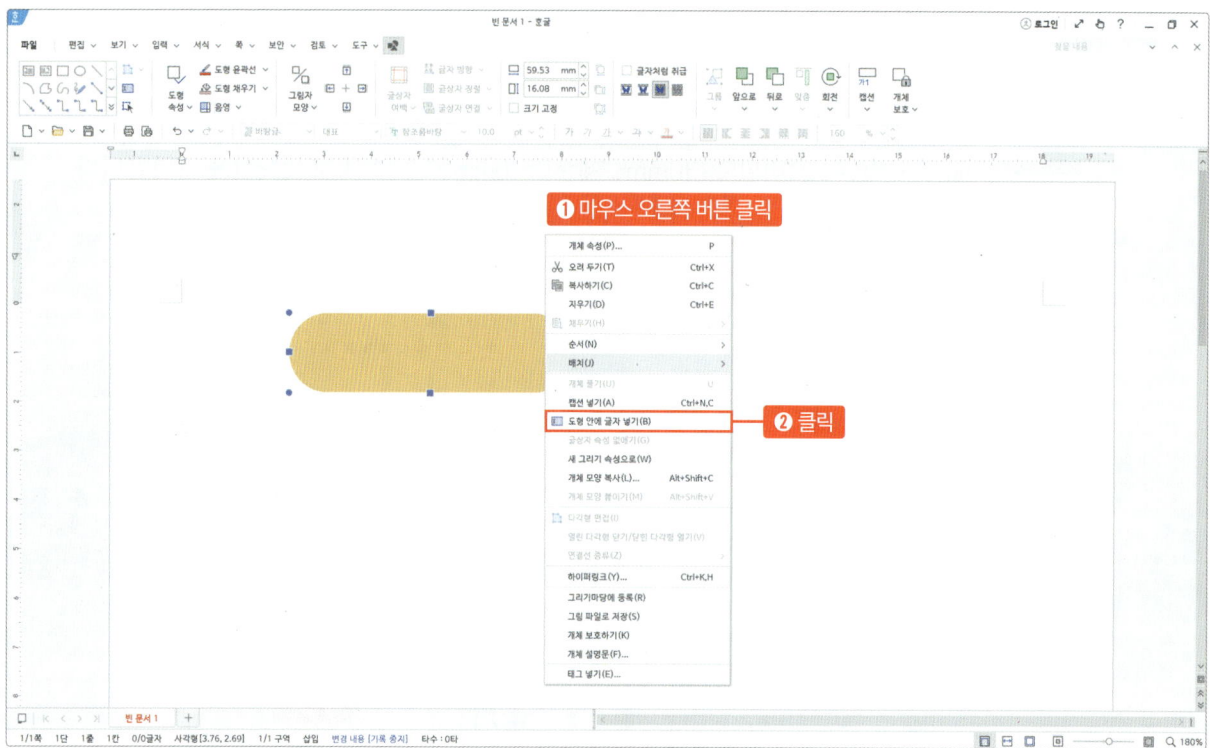

❹ '나만의 동물 사전'을 입력하고 드래그하여 '글자 크기'를 '25pt', '글꼴'을 'HY헤드라인M', '기울임', '가운데 정렬'을 지정한 후 크기 및 위치를 조절합니다.

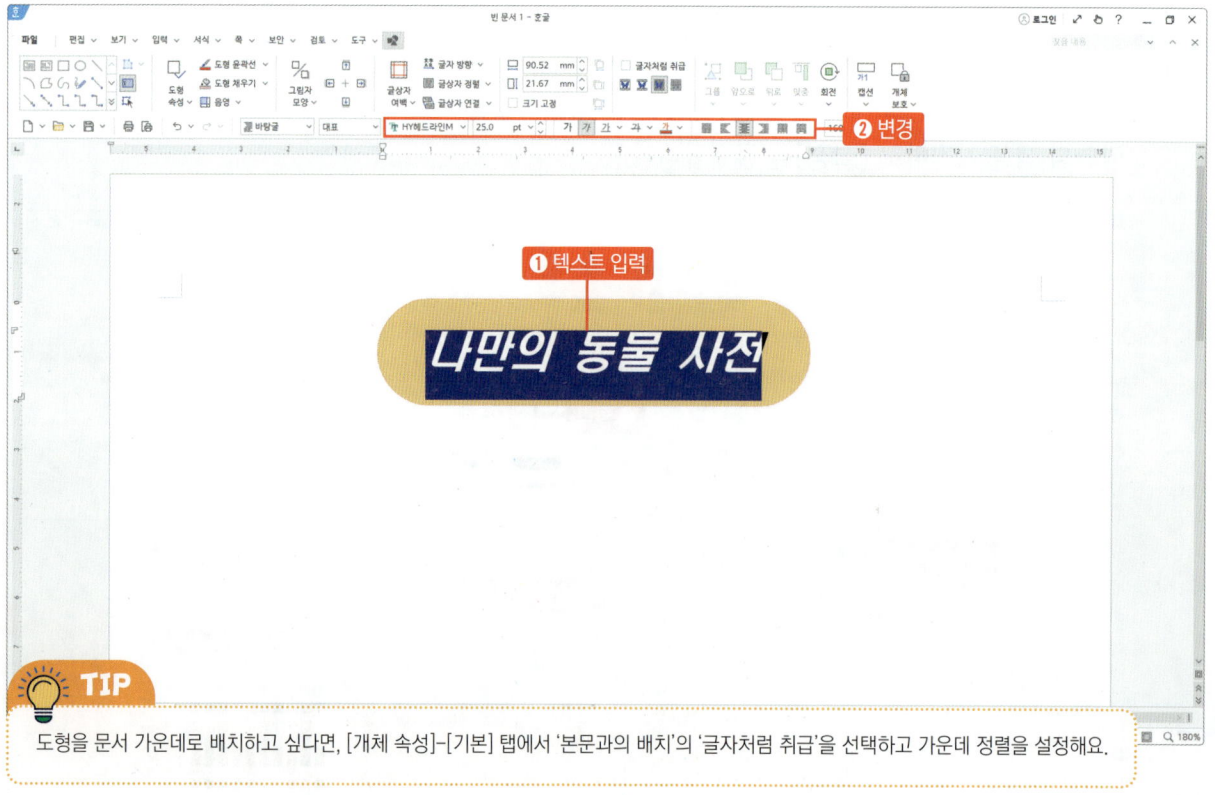

> **TIP**
> 도형을 문서 가운데로 배치하고 싶다면, [개체 속성]-[기본] 탭에서 '본문과의 배치'의 '글자처럼 취급'을 선택하고 가운데 정렬을 설정해요.

문단 번호 넣기

글자를 입력하고 문단 번호 기능으로 번호를 추가합니다.

① 나만의 동물 사전 내용을 아래와 같이 입력한 후 드래그하여 '글자 크기'를 '12pt', '글꼴'을 'HY동녘M'으로 변경합니다.

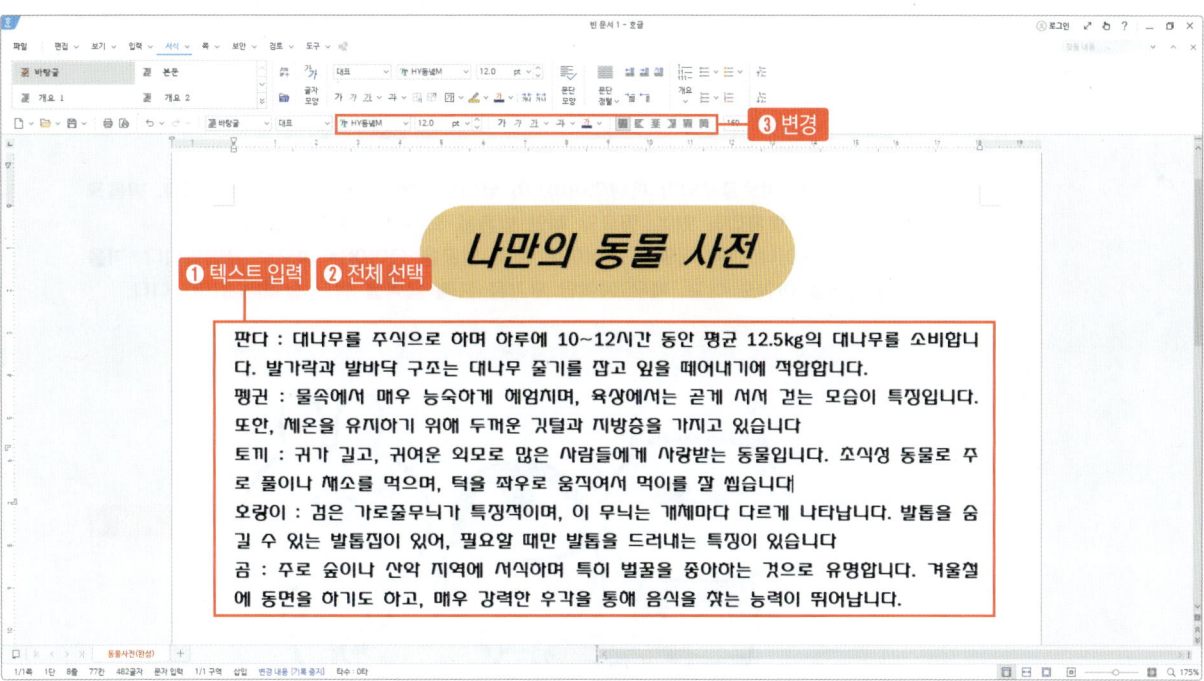

② 계속해서 텍스트를 모두 선택한 상태에서 [서식] 탭의 [문단 번호]의 자세히 버튼을 클릭하고 임의의 문단 번호를 클릭하여 지정합니다.

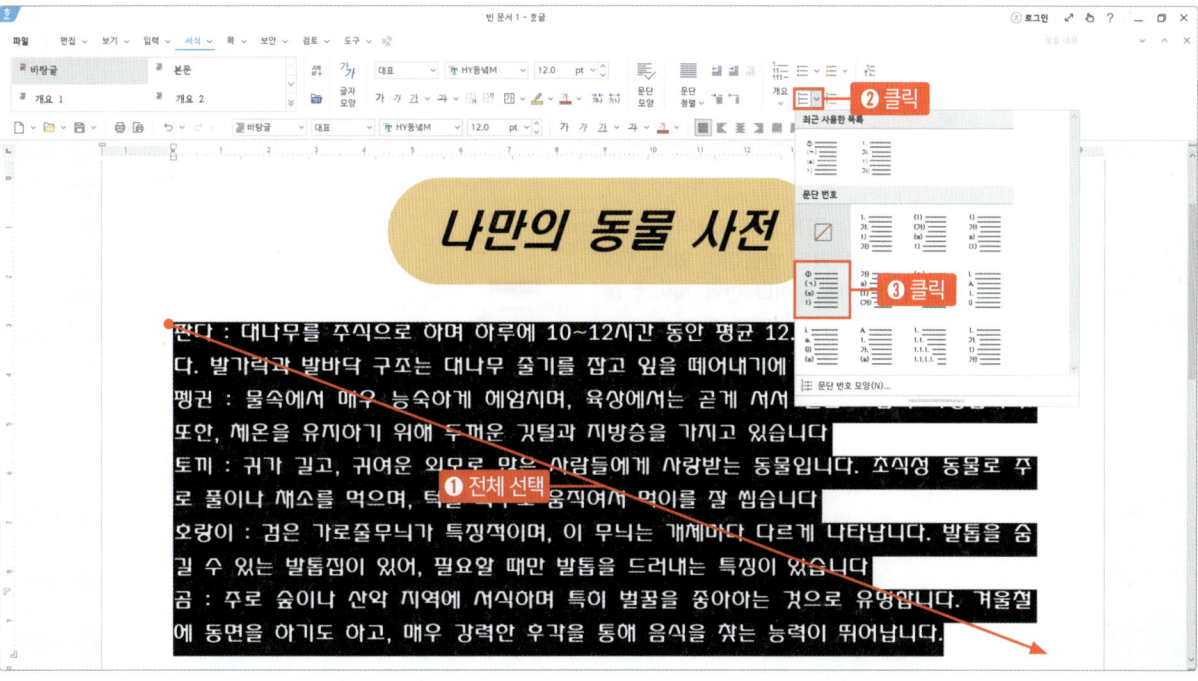

연결선으로 연결하기

그림과 도형을 삽입한 후 연결선으로 연결합니다.

1 [입력] 탭의 [그림]을 클릭하여 '동물들.png'를 선택하고 '마우스로 크기 지정'을 체크한 후 [넣기]를 클릭합니다. 그리고 마우스로 드래그하여 그림을 추가합니다.

2 [입력] 탭의 '직사각형'을 클릭하고 추가합니다. 추가된 직사각형을 더블클릭하여 [개체 속성]을 실행하고 [선] 탭에서 '사각형 모서리 곡률'을 '둥근 모양', '종류'를 '선없음'으로 지정하고 [채우기] 탭을 클릭하여 '면 색'을 임의의 색을 지정하고 [설정]을 클릭합니다.

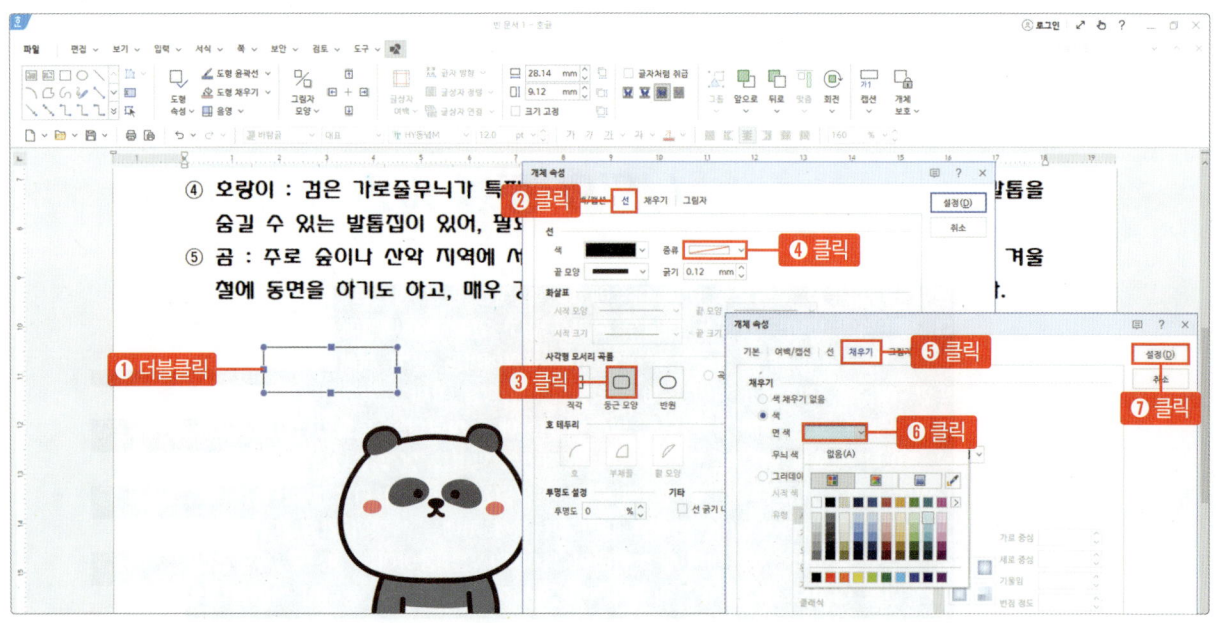

③ 서식이 변경된 직사각형 도형을 선택하고 마우스 오른쪽 버튼을 클릭하여 바로가기 메뉴를 실행하고 [도형 안에 글자 넣기]를 클릭합니다.

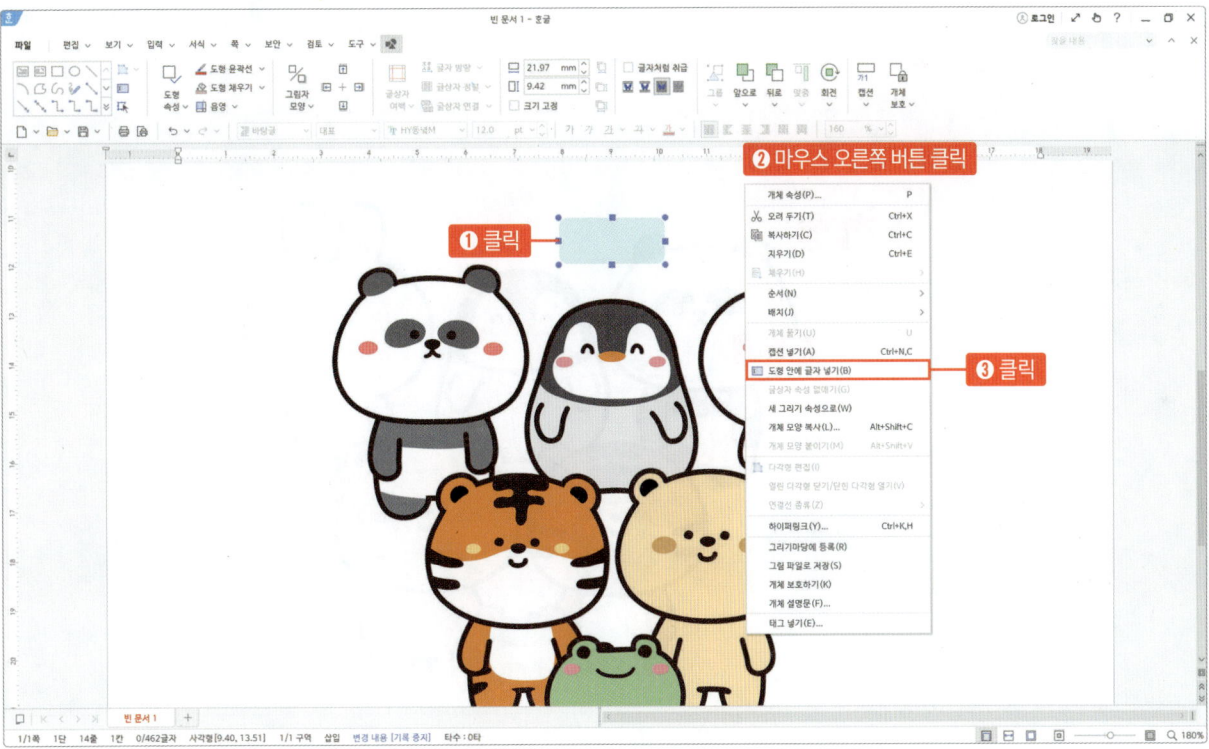

④ 글상자의 '글꼴'을 'HY강B', '가운데 정렬'을 지정합니다. 글상자를 Ctrl+드래그하여 복사하고 아래와 같이 배치한 후 각각 동물의 이름을 입력합니다.

5 [입력] 탭의 '직선 연결선'을 클릭하고 동물의 이름 도형과 해당 동물의 부분에 연결합니다.

6 5와 같은 방법으로 나머지 부분도 '직선 연결선', '꺾인 연결선'을 이용하여 연결한 후 선 색 및 선 굵기를 임의로 변경하여 완성합니다.

실력 쑥쑥! 창의력 쑥쑥!

1. 다음과 같이 현미경 사용법을 완성해 보세요.

예제파일 현미경.jpg **완성파일** 현미경사용법(완성).hwpx

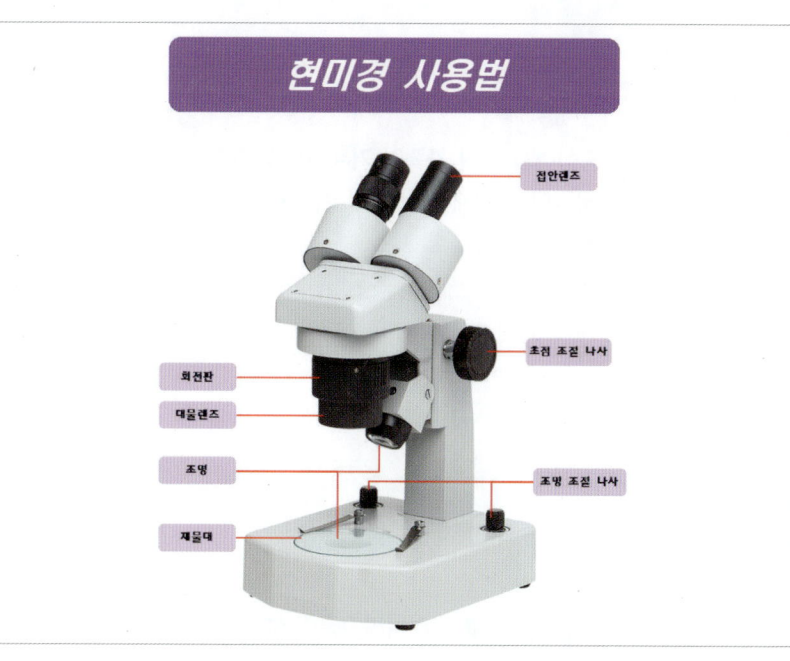

① '직사각형' 도형 삽입
- 면 색 : 임의의 색
- 글꼴 : 'HY헤드라인M', 'HY강B'
- 글자 크기 : '30pt', '10pt'
- '기울임'
- 사각형 모서리 곡률 : '둥근 모양'

② '직선 연결선', '꺾인 연결선' 삽입
- 선 굵기 : '0.4mm'
- 선 색 : '빨강'

③ '현미경.jpg' 그림 삽입

2. 다음과 같이 팬 케이크 만드는 법을 완성해 보세요.

예제파일 팬케이크.png, 블루베리.png **완성파일** 팬케이크(완성).hwpx

블루베리 팬 케이크 만드는 법

1. 블루베리를 식초 탄 물에 잘 씻어 두세요.
2. 계란 1개를 큰 볼에 풀어주세요.
3. 우유 150~160ml 정도 넣고 풀어주세요.
4. 핫케익가루를 종이컵으로 두 컵 반 정도 넣어주세요.
5. 반죽을 잘 섞어 주세요.
6. 약불로 팬을 예열하고 기름을 두른 후 한국자를 동그랗게 올려주세요.
7. 블루베리를 올린 후 기포가 생기면 뒤집개로 바닥을 확인하고 노릇해지는지 보세요.
8. 노릇해지면 뒤집어서 익혀주세요.
9. 접시에 담은 후 블루베리나 메이플 시럽을 올려서 장식합니다.

① '가로 글상자' 도형 삽입
- 글꼴 : '양재참숯체B', '함초롬돋움'
- 글자 크기 : '20pt', '12pt'
- 면 색 : 임의의 색
- '가운데 정렬'
- 사각형 모서리 곡률 : '둥근 모양'

② '직선 연결선' 삽입
- 선 굵기 : '0.5mm'
- 선 색 : 임의의 색
- 화살표 모양 : '날카로운 화살표'

아름다운 한국의 5대 궁궐

오늘의 미션
- 셀의 배경을 그림으로 채우기
- 반투명 도형 삽입하기
- 책갈피를 만들어 하이퍼링크 연결하기

궁궐은 정치, 외교, 문화의 중심이자 황실 가족이 거주하는 공간으로 유교적 정치이념과 풍수지리 사상에 바탕하여 궁궐터가 정해졌습니다. 왕은 시대적 상황이나 필요에 따라 여러 궁궐을 옮겨가며 사용했습니다.

예제파일 우리나라고궁.hwpx, 지도.png　　**완성파일** 우리나라고궁(완성).hwpx

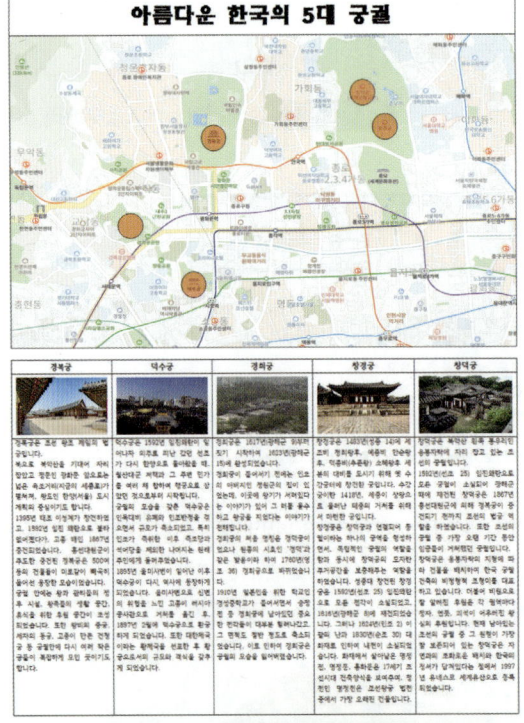

01 셀의 배경을 그림으로 채우기

표를 만들고 하나의 셀의 배경에 그림을 채웁니다.

① 한글 2022를 실행한 다음 [내 컴퓨터에서 불러오기]에서 '우리나라고궁.hwpx' 파일을 불러온 후 [입력] 탭의 [표]를 클릭하여 [표 만들기]를 실행합니다. '줄 개수'의 입력칸에 '2', '칸 개수'의 입력칸에 '1'을 입력하고 [만들기]를 클릭합니다.

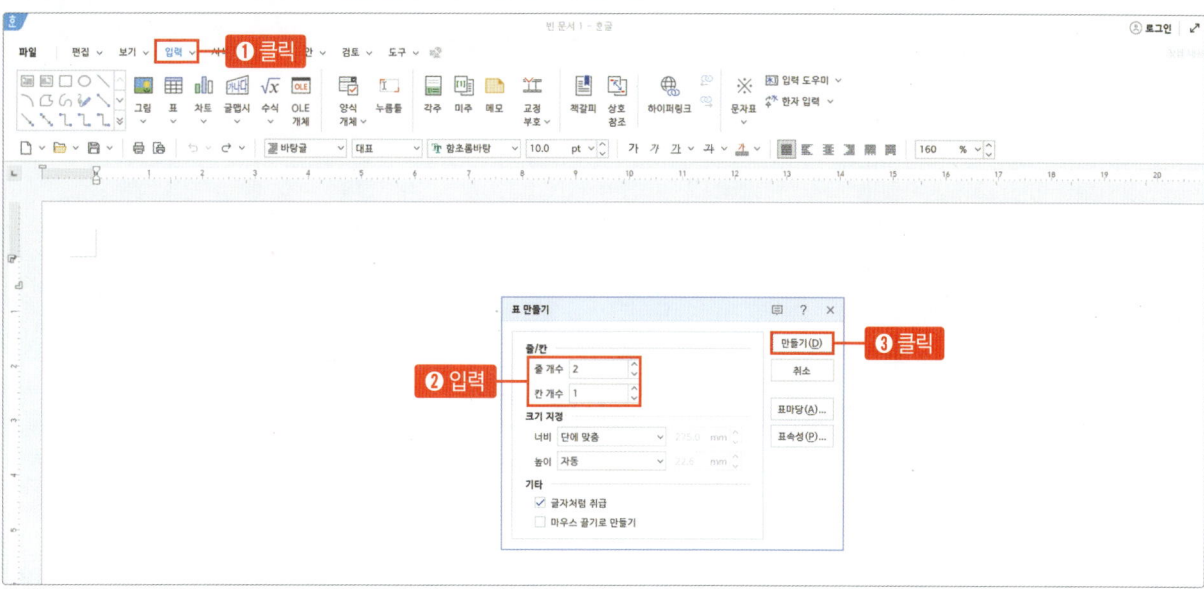

② F5 키를 눌러 표 안의 셀이 선택되면 Ctrl 키와 방향키(↑, ↓)를 눌러 셀의 높이를 조절합니다.

CHAPTER 14 · 아름다운 한국의 5대 궁궐

3 첫 번째 셀에 '아름다운 한국의 5대 궁궐'을 입력하고 드래그하여 '글꼴'을 '양재참숯B', '글자 크기'를 '32pt', '진하게', '가운데 정렬'을 설정합니다.

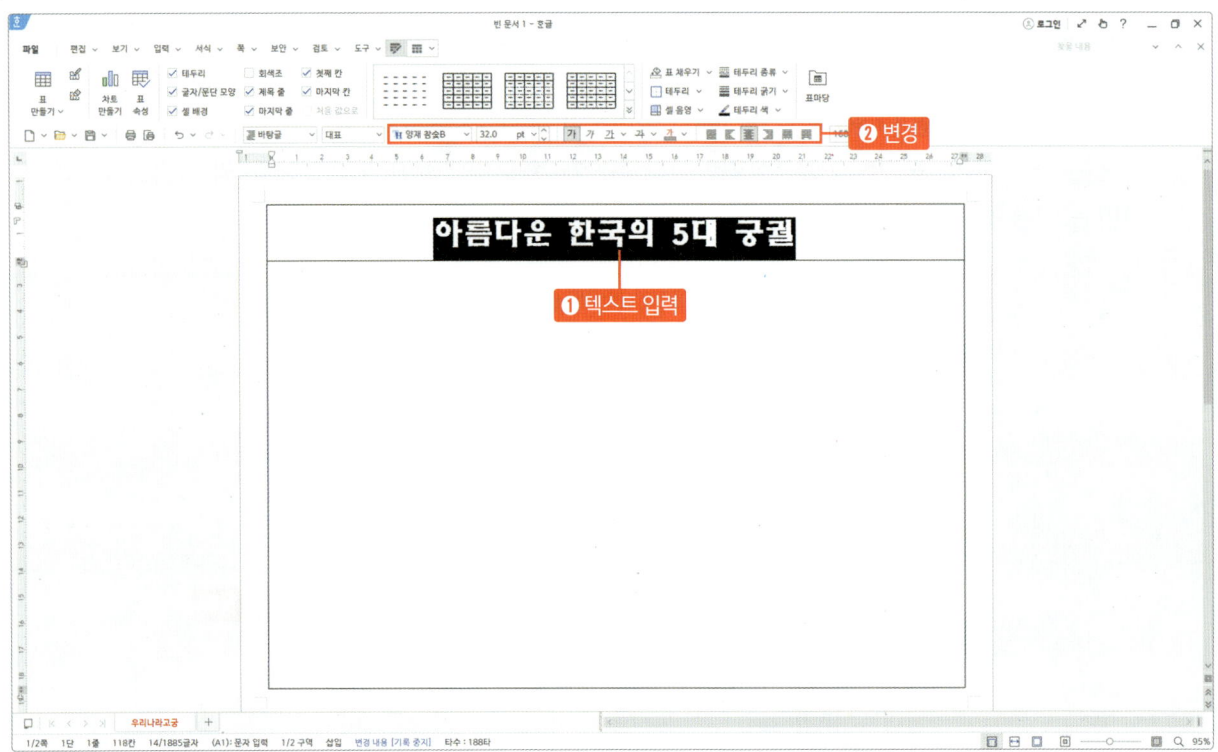

4 두 번째 셀에 커서를 위치시킨 후 F5 키를 누르고 C 키를 눌러 [셀 테두리/배경] 대화상자를 실행하고 [배경] 탭을 클릭합니다. '그림'을 체크하여 활성화하고 '그림 선택'을 클릭하여 '지도.png'를 삽입한 다음 '채우기 유형'을 '크기에 맞추어'로 지정한 후 [설정]을 클릭합니다.

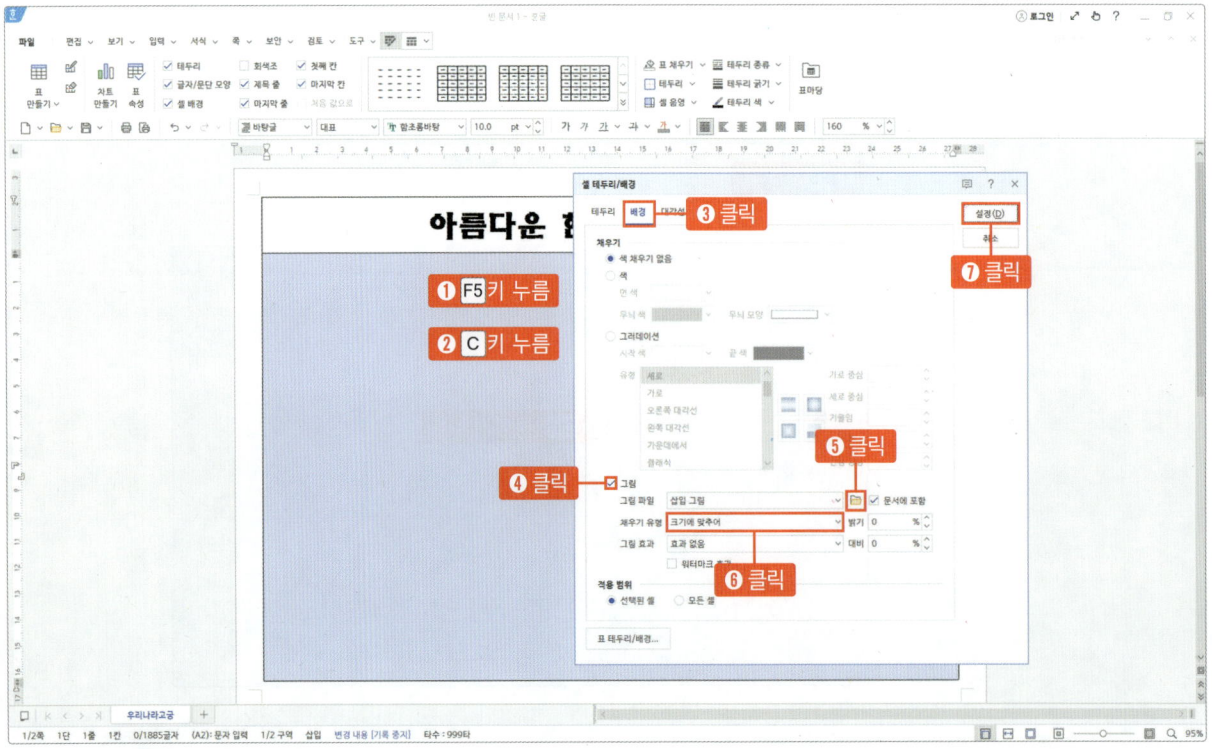

02 반투명 도형 삽입하기

도형을 삽입하고 서식을 지정하여 반투명 도형으로 변경합니다.

① [입력] 탭의 '타원'을 선택하고 드래그하여 삽입합니다. 삽입된 타원을 더블클릭하여 [개체 속성] 대화상자가 실행되면 [채우기] 탭을 클릭하고 '면 색'을 임의의 색으로 지정하고 '투명도' 입력칸에 '50%'를 입력한 후 [설정]을 클릭합니다.

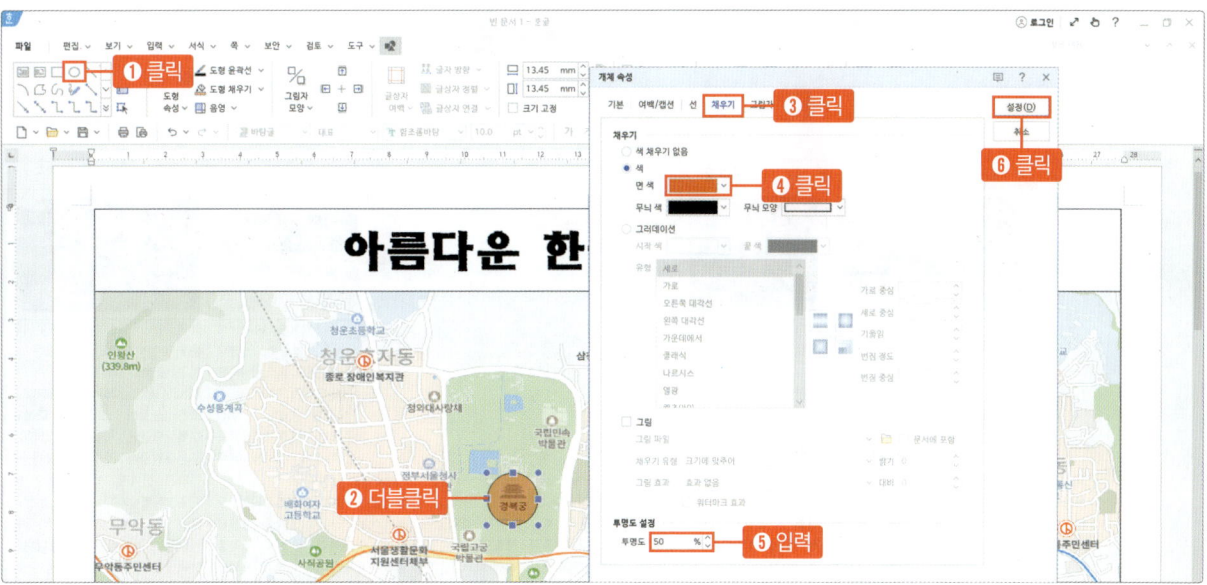

② 반투명 타원 도형을 Ctrl 키를 누른 채 드래그하여 아래와 같이 궁궐의 위치에 복사하여 배치합니다.

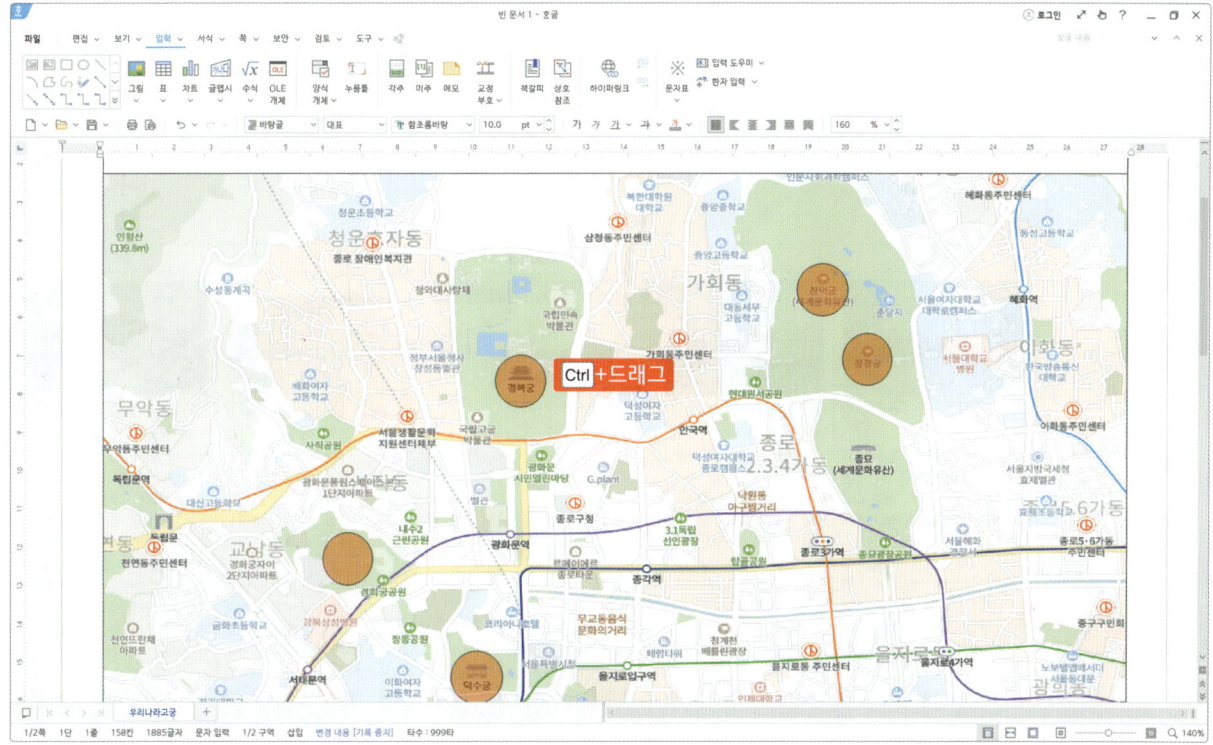

03 책갈피를 만들어 하이퍼링크 연결하기

궁궐 설명 위치에 책갈피를 만들고 도형을 클릭하면 해당 궁궐 설명으로 이동되도록 하이퍼링크를 연결합니다.

① 2쪽의 '경복궁' 텍스트 앞에 커서를 위치시킨 후 [입력] 탭의 [책갈피]를 클릭합니다. [책갈피] 대화상자가 실행되면 '책갈피 이름'의 입력칸에 '경복궁'을 입력하고 [넣기]를 클릭합니다.

② ①과 같은 방법으로 궁궐 이름 앞에 각각의 궁궐 이름으로 책갈피를 추가합니다.

TIP 책갈피는 글자만 설정할 수 있고 그림이나 도형은 설정할 수 없어요.

③ 1쪽의 타원 도형을 선택하고 마우스 오른쪽 버튼을 클릭하여 바로가기 메뉴를 실행하고 [하이퍼링크]를 클릭합니다.

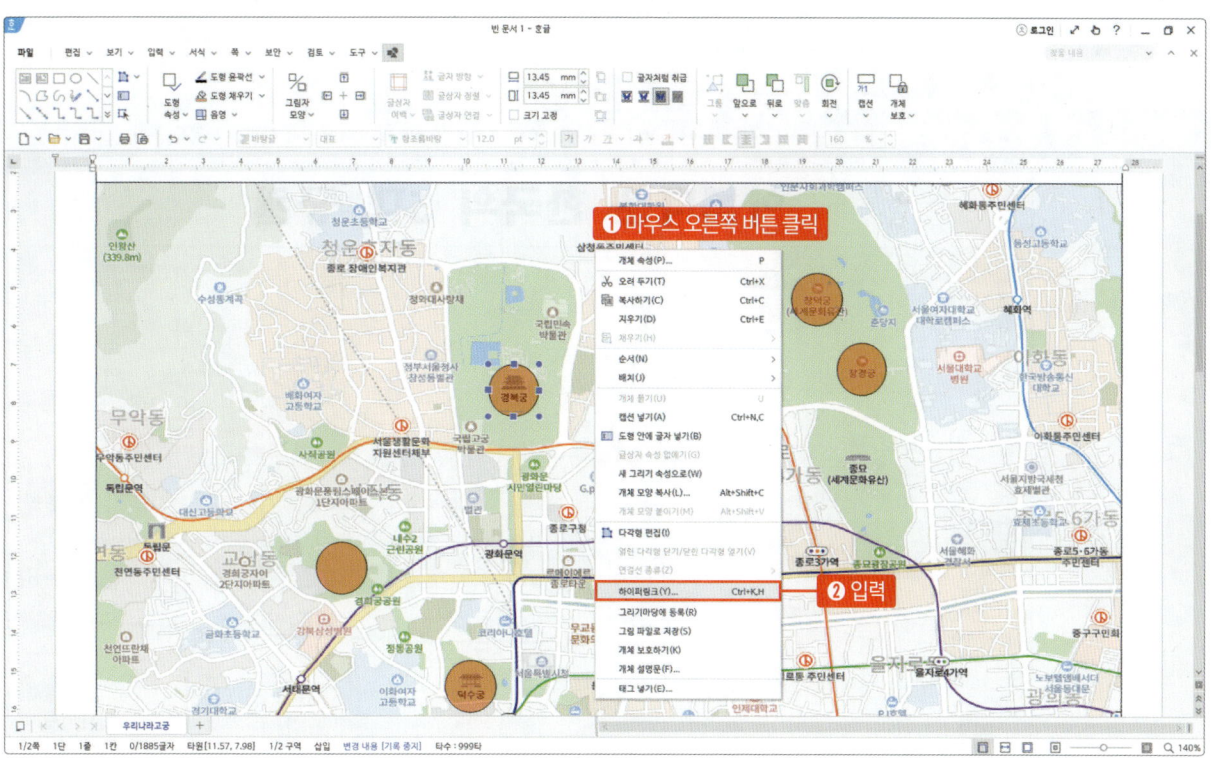

④ [하이퍼링크] 대화상자가 실행되면 [한글 문서] 탭을 클릭하고 위치에 맞는 이름의 책갈피를 선택한 후 [넣기]를 클릭합니다.

TIP 도형을 클릭하고 Ctrl 키를 누른 채 K, H 키를 차례로 누르면 하이퍼링크 메뉴를 빠르게 실행할 수 있어요!

CHAPTER 14 - 아름다운 한국의 5대 궁궐

5 **3**~**4**와 같은 방법으로 나머지 도형에 각각의 책갈피로 하이퍼링크를 연결한 후 Ctrl 키를 누른 채 도형을 클릭하여 해당 책갈피로 이동하는지 확인합니다.

> **TIP**
>
> 글자에 하이퍼링크를 적용하면 해당 책갈피로 바로 연결이 가능하지만 도형에 하이퍼링크를 적용했을 때는 Ctrl 키를 누른 채 클릭을 해야 책갈피로 연결할 수 있어요.

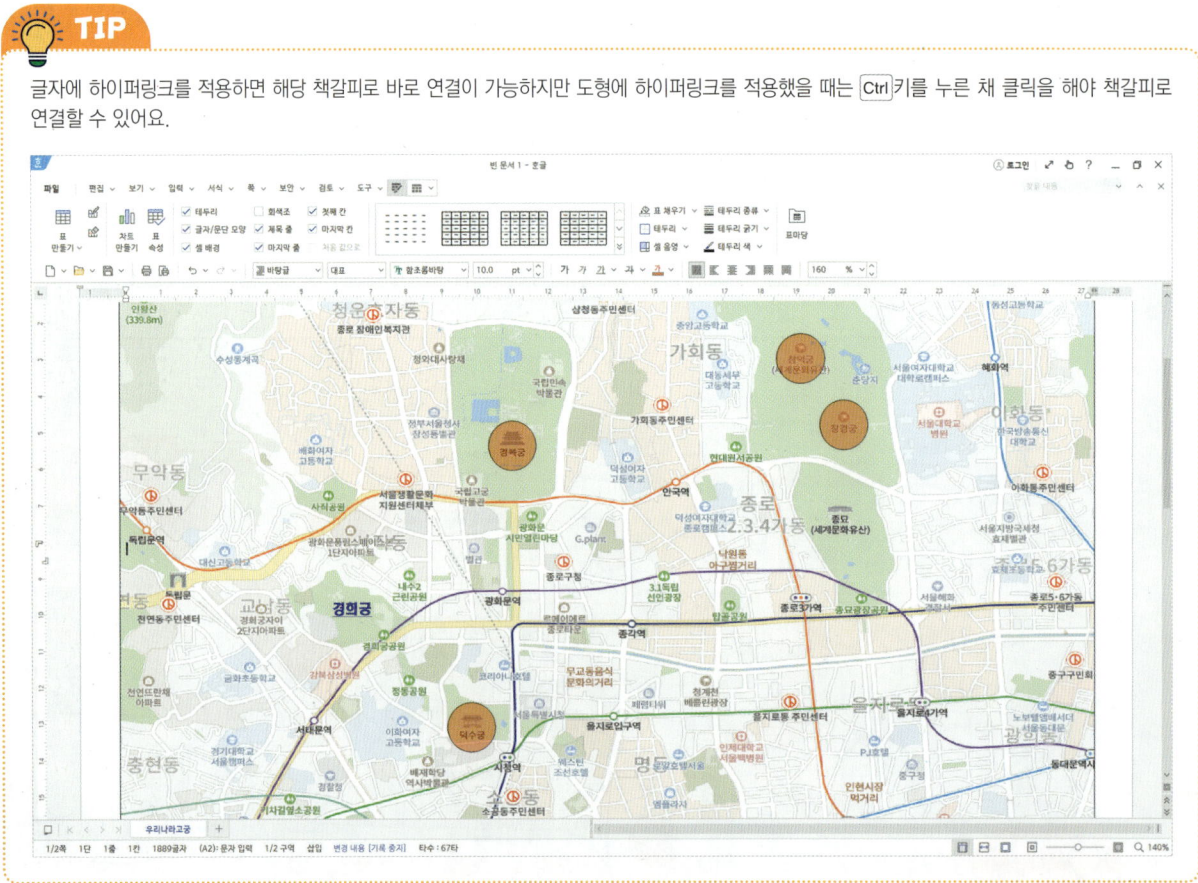

실력 쑥쑥! 창의력 쑥쑥!

1 다음과 같이 책갈피와 하이퍼링크를 삽입해 퀴즈를 완성해 보세요.

예제파일 퀴즈.hwpx **완성파일** 퀴즈(완성).hwpx

❶ '책갈피' 삽입
- 위치 : 2쪽 글상자
- 이름 : '정답'

❷ '책갈피' 삽입
- 위치 : 3쪽 글상자
- 이름 : '오답'

❸ '하이퍼링크' 삽입
- ①,②,④ : '오답' 책갈피로 연결
- ③ : '정답' 책갈피로 연결

2 다음과 같이 책갈피와 하이퍼링크를 삽입해 퀴즈를 완성해 보세요.

예제파일 퀴즈1.hwpx **완성파일** 퀴즈1(완성).hwpx

❶ '책갈피' 삽입
- 위치 : 1쪽 글상자
- 이름 : '문제'

❷ '하이퍼링크' 삽입
- '문제로 되돌아 가기' : '문제' 책갈피로 연결

음표와 쉼표

CHAPTER 15

오늘의 미션
- 그리기 조각 삽입하기
- 그리기 조각 수정하기
- 그리기 마당에 등록하기

음악에서 소리를 내는 것을 표기한 기호를 음표라고 하고, **음을 내지않고 쉬는 때를 표기한 기호를 쉼표**라고 합니다. 음표는 머리, 기둥, 꼬리, 점의 네 부분으로 구분하여 음의 길이와 높낮이를 알려줍니다.

예제파일 악보.hwpx   완성파일 악보(완성).hwpx

01 그리기 조각 삽입하기

그리기마당에 등록되어 있는 그리기 조각을 삽입합니다.

1. 한글 2022를 실행한 다음 [내 컴퓨터에서 불러오기]를 클릭하여 '악보.hwpx' 파일을 불러온 후 [입력] 탭의 [그림]-[그리기마당]을 클릭하고 '취미문화(악보)'의 '높은음자리'를 선택한 후 [넣기]를 클릭합니다.

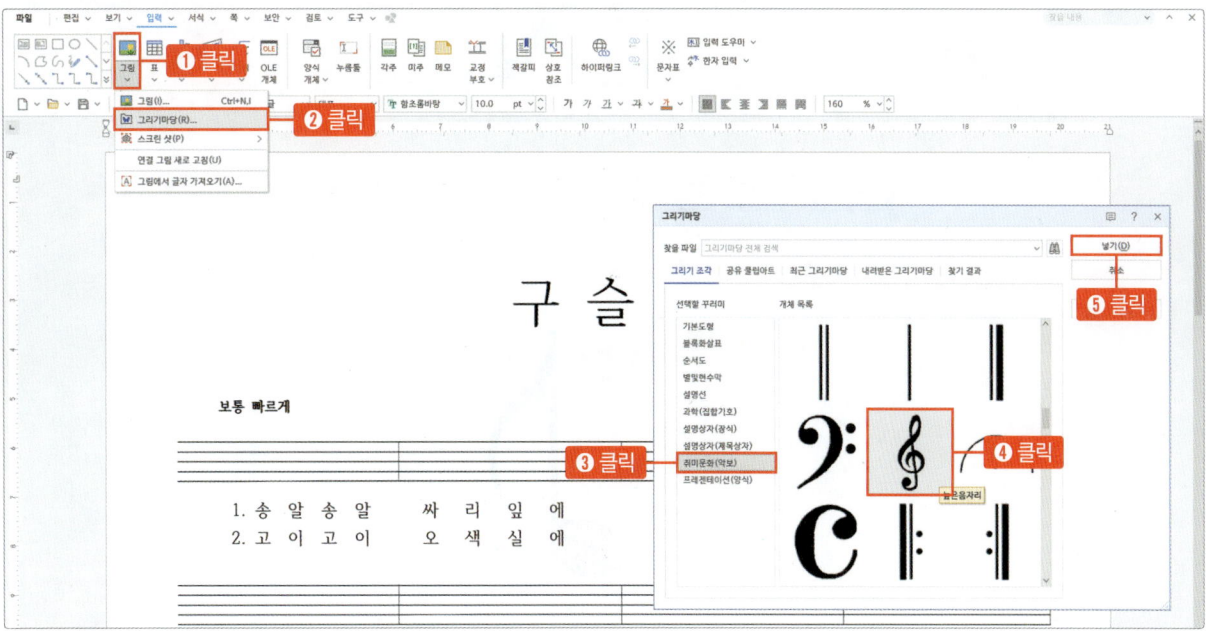

2. '2', '4', '4분음표1', '8분음표1', '점4분음표', '끝세로줄'을 삽입하여 다음과 같이 악보를 완성합니다.

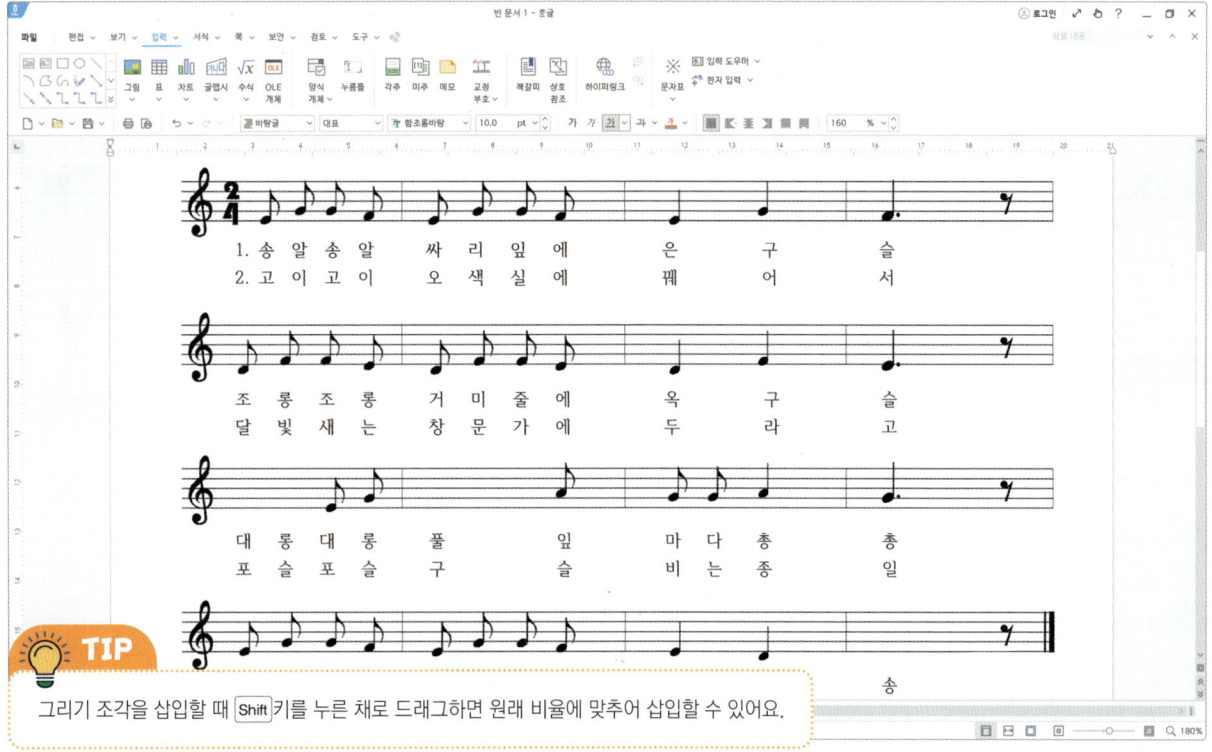

TIP 그리기 조각을 삽입할 때 Shift 키를 누른 채로 드래그하면 원래 비율에 맞추어 삽입할 수 있어요.

02 그리기 조각 수정하기

그리기마당에 등록되어 있는 그리기 조각을 수정합니다.

1 그리기마당에서 '8분음표1'을 선택해 삽입하고 [입력] 탭의 '직선'을 선택한 후 8분음표머리쪽에 드래그하며 삽입하여 낮은 도를 표현합니다.

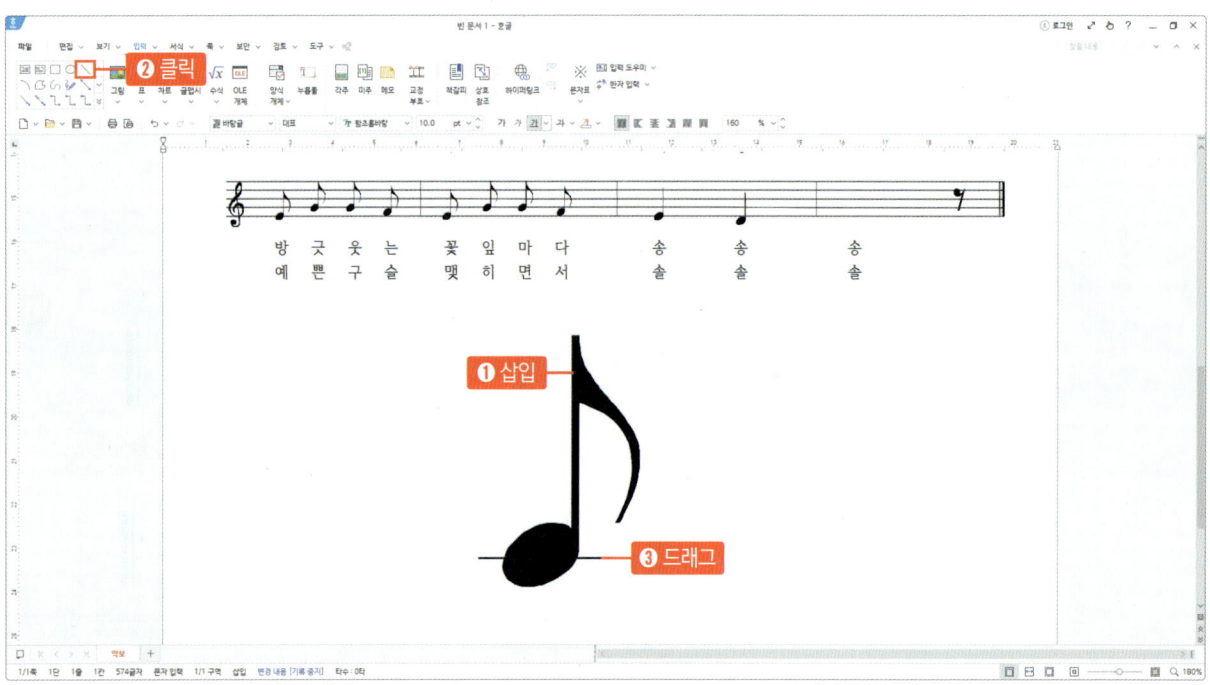

2 Shift 키를 누른 채로 직선과 8분 음표를 선택한 후 마우스 오른쪽 버튼을 클릭하여 [개체 묶기]를 클릭하고 크기를 조절하여 비어있는 '대롱'의 위치에 배치합니다.

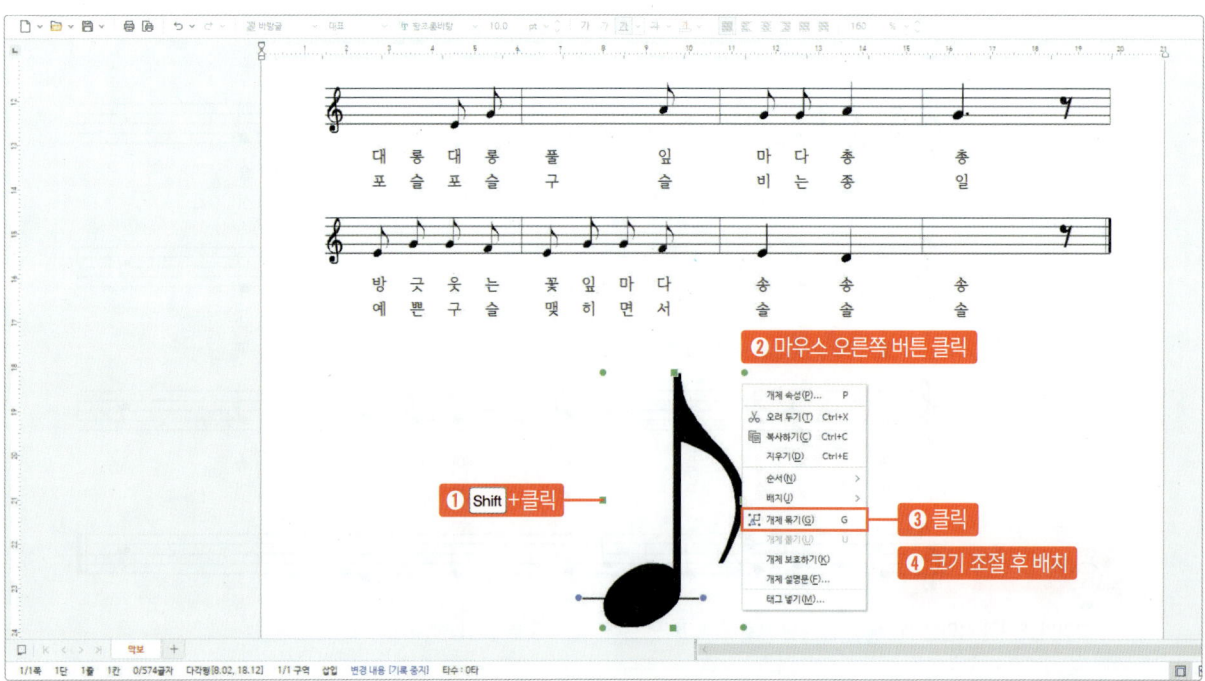

100 한글 2022 작품만들기

3 ❷와 같은 방법으로 '점4분음표'와 '직선'을 개체 묶기하고 크기를 조절하여 '송'의 위치에 배치합니다.

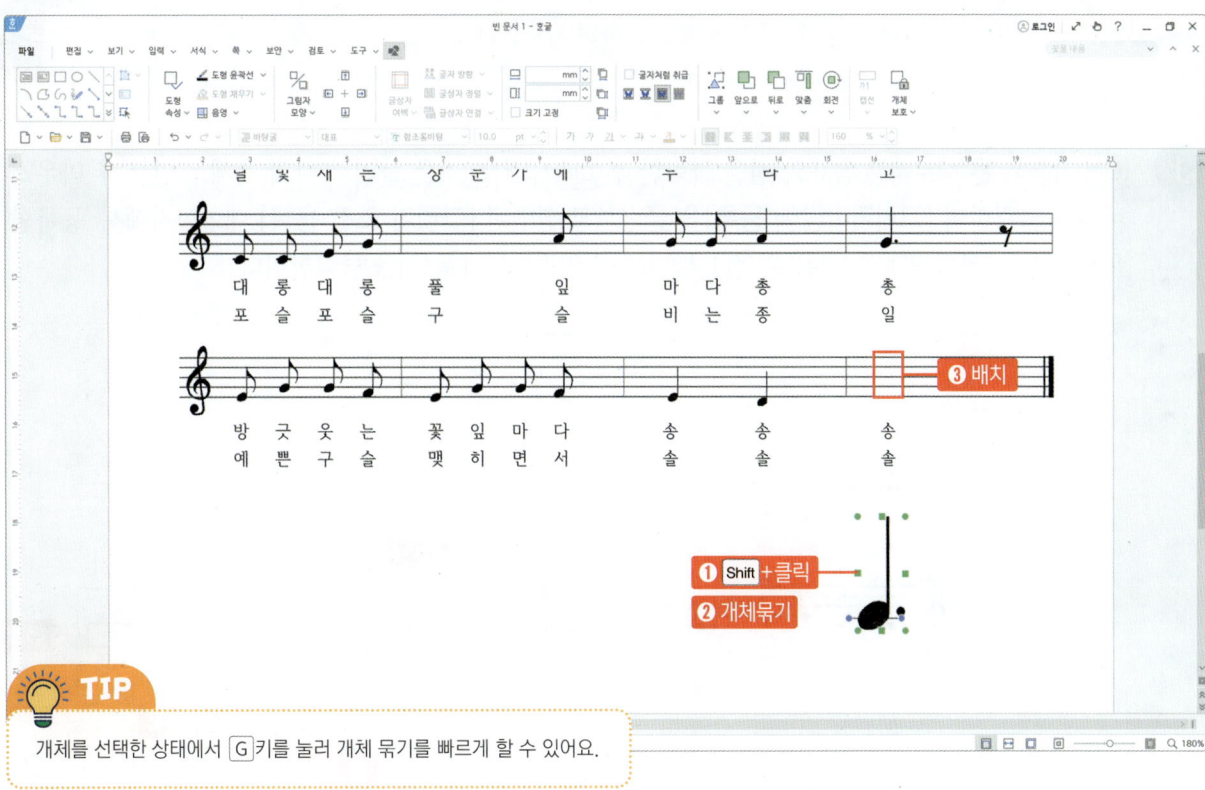

> **TIP** 개체를 선택한 상태에서 G 키를 눌러 개체 묶기를 빠르게 할 수 있어요.

4 '점4분음표'를 삽입하고 개체를 선택한 후 [회전]-[좌우 대칭], [상하 대칭]을 차례로 실행합니다. U 키를 눌러 개체를 풀고 점을 이동시켜 높은 음을 나타내는 점4분음표로 수정합니다.

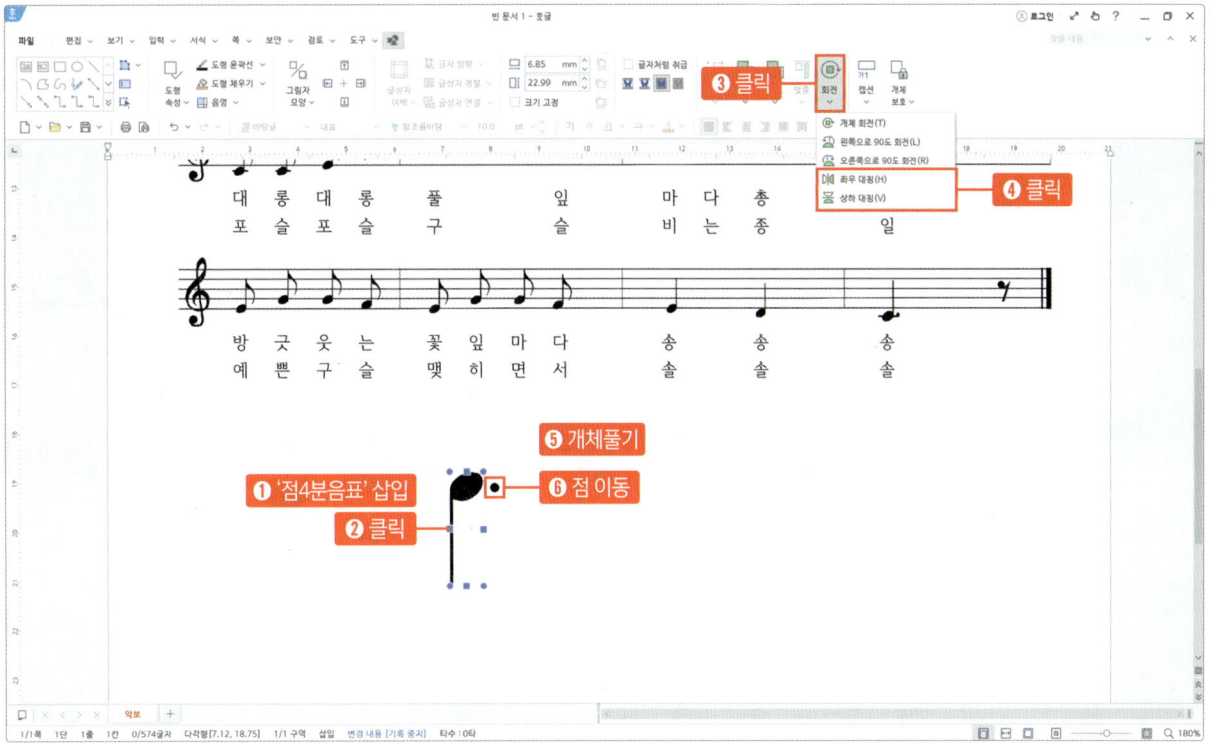

CHAPTER 15 · 음표와 쉼표 **101**

03 그리기마당에 등록하기

수정한 그리기 조각을 그리기마당에 등록하여 사용합니다.

① Shift 키를 누른 채로 4분 음표와 점을 클릭한 후 Ctrl 키와 G 키를 눌러 하나의 개체로 만든 후 마우스 오른쪽 버튼을 클릭하여 [그리기마당에 등록]을 클릭하고 실행된 [그리기 조각 등록] 대화상자에서 '등록할 꾸러미 목록'은 '취미문화(악보)', '이름'은 '점4분음표2'를 입력한 후 [등록]을 클릭합니다.

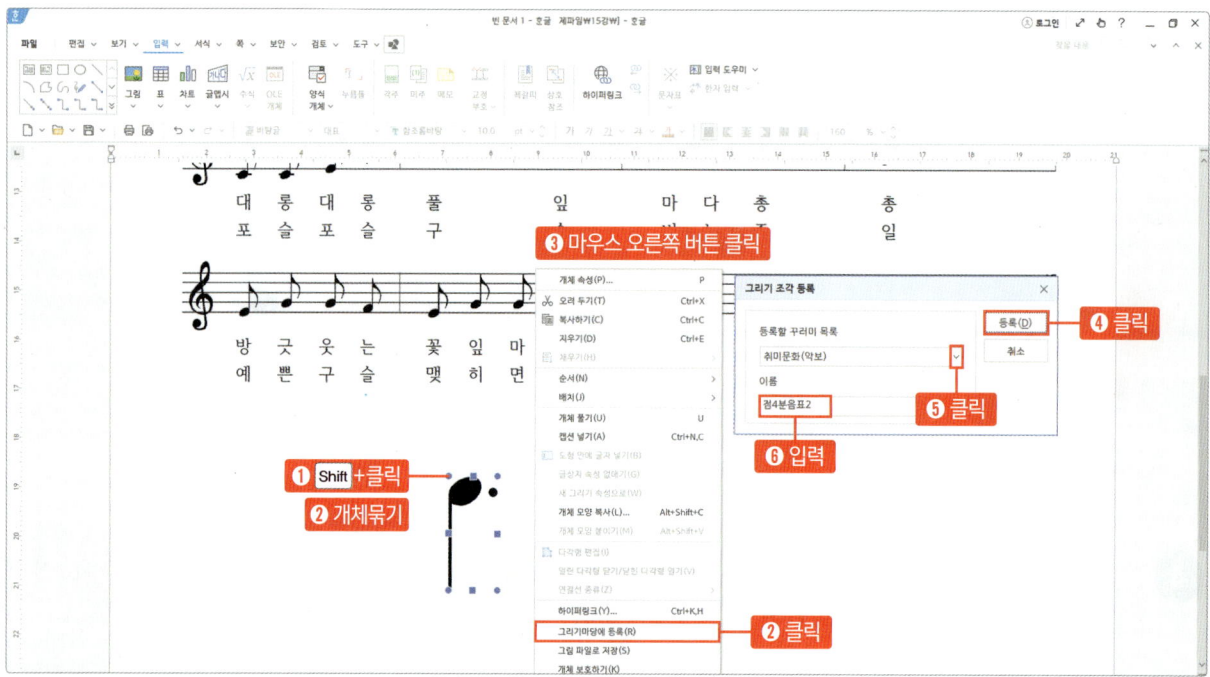

② [그리기 마당]을 클릭하여 등록된 '점4분음표2'를 추가하여 크기를 조절하고 해당 위치에 배치합니다.

실력 쑥쑥! 창의력 쑥쑥!

1. 다음과 같이 동요 악보를 완성해 보세요.

   예제파일: 자전거.hwpx   완성파일: 자전거(완성).hwpx

   ① '그리기 조각' 삽입

2. 다음과 같이 악보를 완성해 보세요.

   예제파일: 눈을굴려서.hwpx   완성파일: 눈을굴려서(완성).hwpx

   ① '그리기 조각' 삽입

CHAPTER 16 알쏭달쏭 분수 퀴즈

오늘의 미션
- 파일 불러오기
- 수식 입력하기
- 셀 배경 채우기

분수는 부분이 전체를 차지하는 비율을 나타내는 수식입니다. 가로줄을 기준으로 위에 쓰여지는 정수를 분자라고 하고 가로줄 아래에 쓰여지는 0이 아닌 정수를 분모라고 합니다.

작품 미리보기

예제파일 수학시험지.hwpx   **완성파일** 수학시험지(완성).hwpx

01 파일 불러오기

이미 저장되어 있는 파일을 불러와 텍스트를 입력합니다.

① 한글 2022를 실행한 다음 [내 컴퓨터에서 불러오기]를 클릭하여 '수학시험지.hwpx' 파일을 불러옵니다.

② '학교', '학년/반' 및 '이름' 칸에 텍스트를 입력합니다.

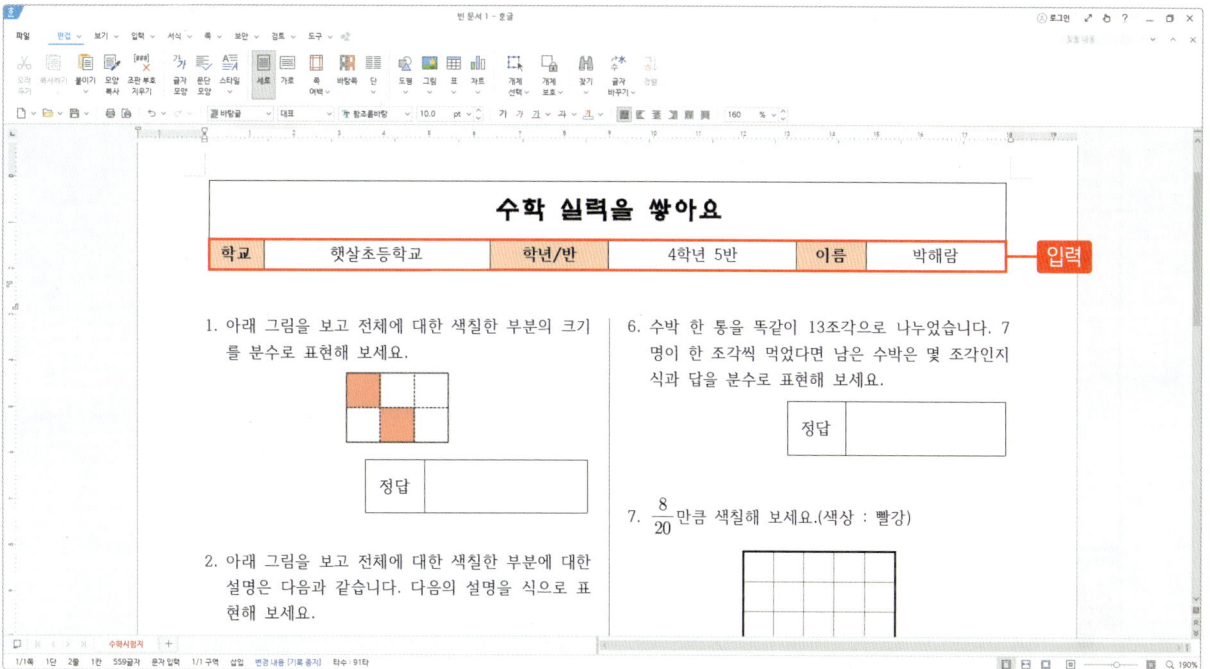

CHAPTER 16 - 알쏭달쏭 분수 퀴즈

수식 입력하기

수식 편집기로 분수와 같은 수식을 입력합니다.

① 1번 문제의 정답 입력칸에 커서를 위치시킨 후 [입력] 탭의 [수식]을 클릭하여 [수식 입력기]를 실행합니다.

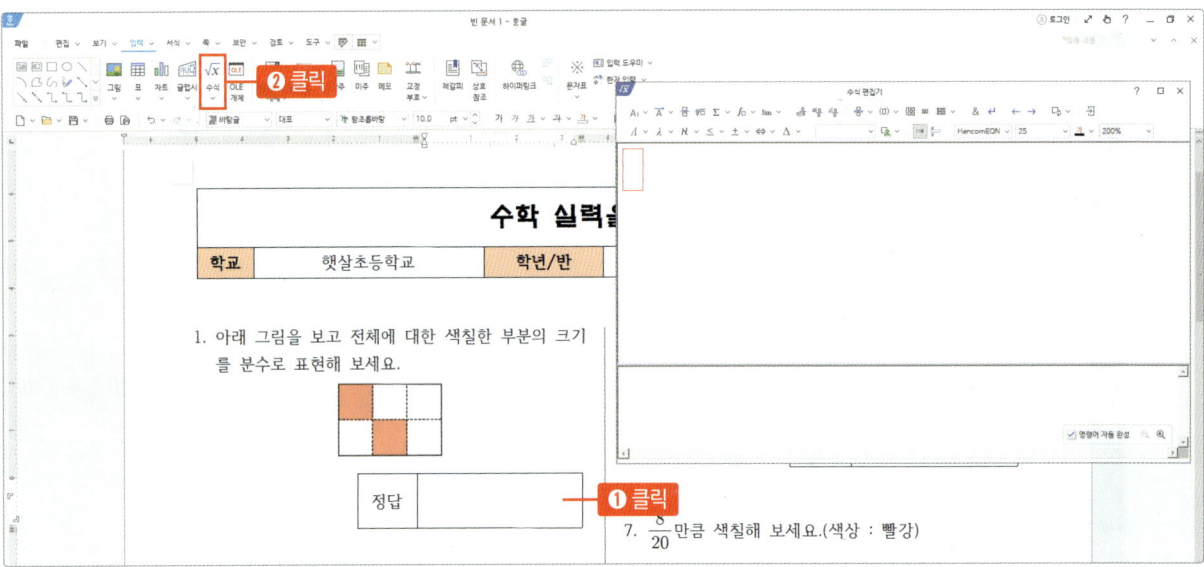

② '분수'를 클릭한 후 생성된 분수의 가로 막대 위의 입력칸에는 '2', 아래의 입력칸에는 '6'을 입력한 후 크기를 '10pt'로 설정하고 [넣기]를 클릭합니다.

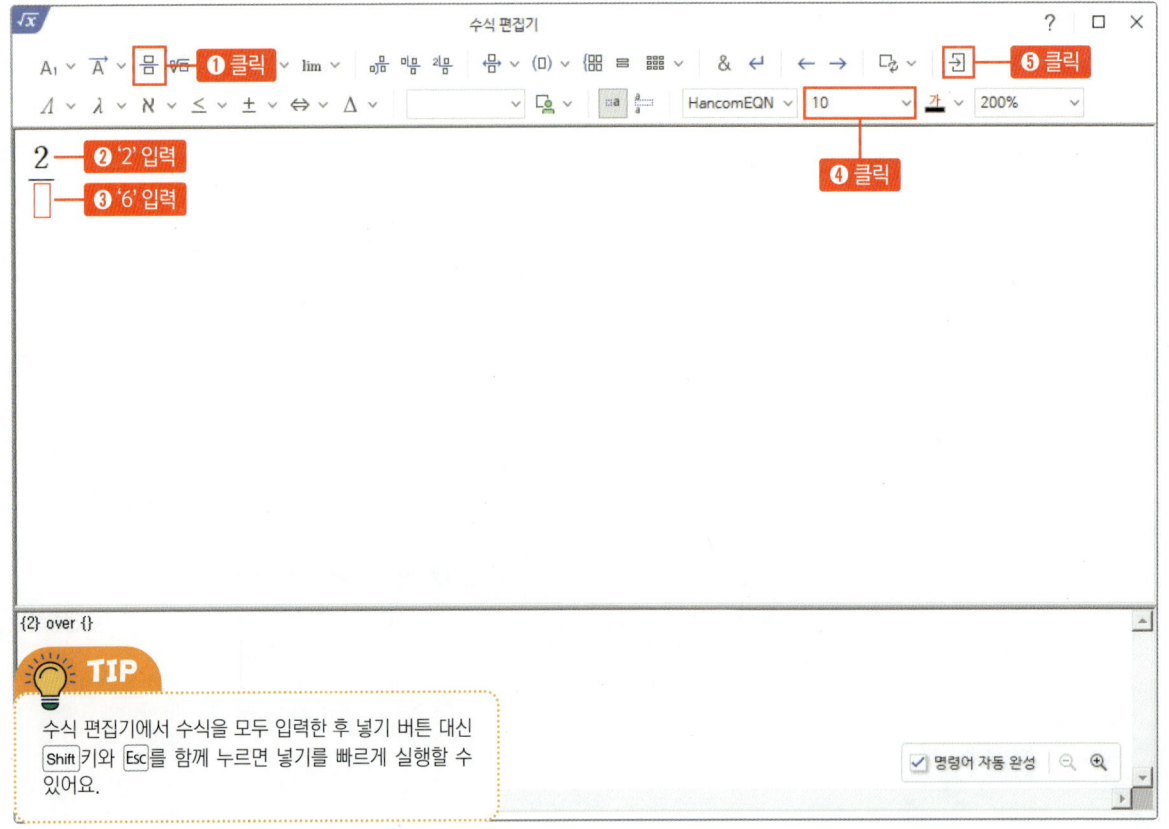

TIP
수식 편집기에서 수식을 모두 입력한 후 넣기 버튼 대신 Shift 키와 Esc를 함께 누르면 넣기를 빠르게 실행할 수 있어요.

③ 이어서 2번 문제의 정답 입력칸에 커서를 위치시킨 후 Ctrl 키와 N, M 키를 차례로 눌러 [수식 편집기]를 실행하여 식을 입력하고 [넣기]를 클릭합니다.

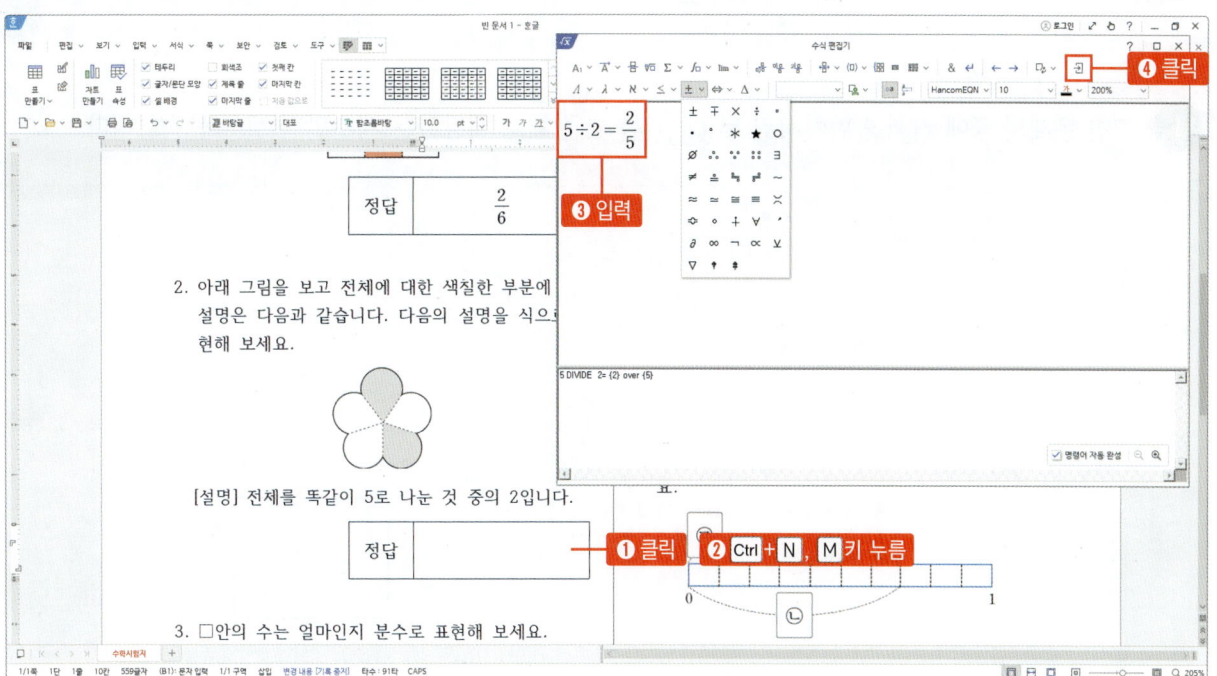

TIP 수식을 입력할 때 커서를 이동하려면 ↹ 키를 눌러 이동해요.

④ ❷~❸과 같은 방법으로 수학 문제의 정답을 수식 편집기로 입력합니다.

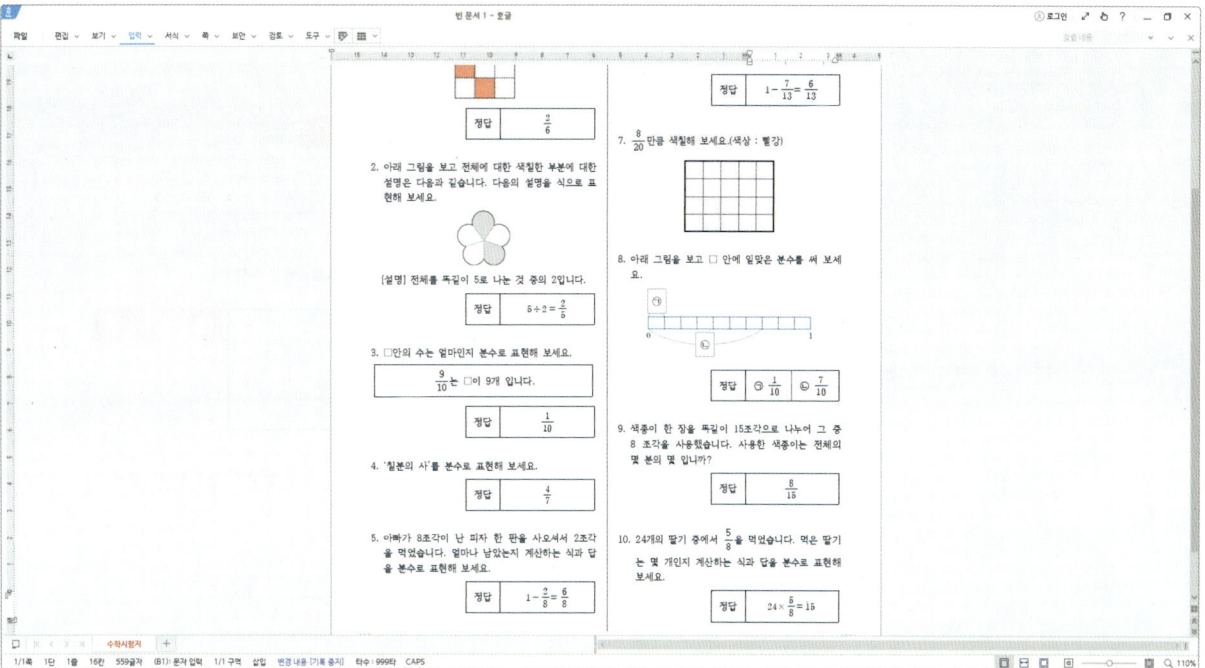

CHAPTER 16 · 알쏭달쏭 분수 퀴즈 **107**

셀 배경 채우기

Ctrl 키를 누른 채로 해당하는 셀을 선택한 후 셀 배경 채우기로 색을 채웁니다.

1 7번 문제의 표에 커서를 위치시킨 후 Ctrl 키를 누른 채로 해당하는 개수만큼 셀을 선택합니다.

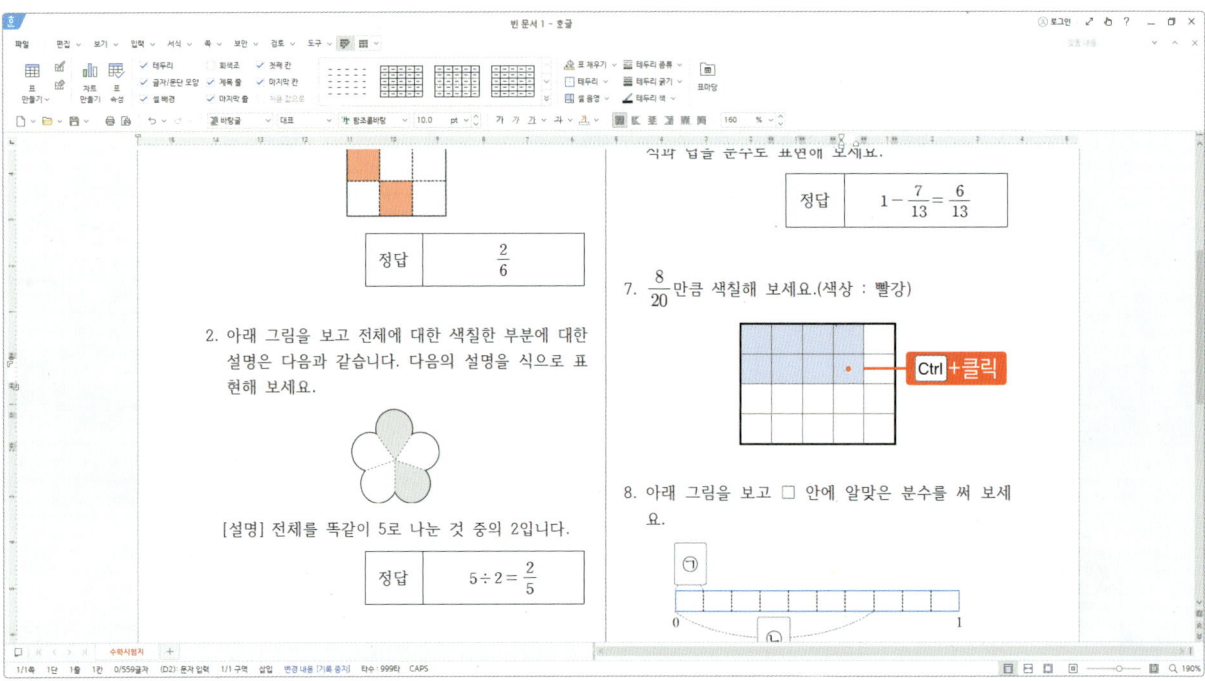

2 C 키를 눌러 [셀 테두리/배경]을 실행하여 [배경] 탭의 '면 색'을 '빨강'으로 지정하고 [설정]을 클릭합니다.

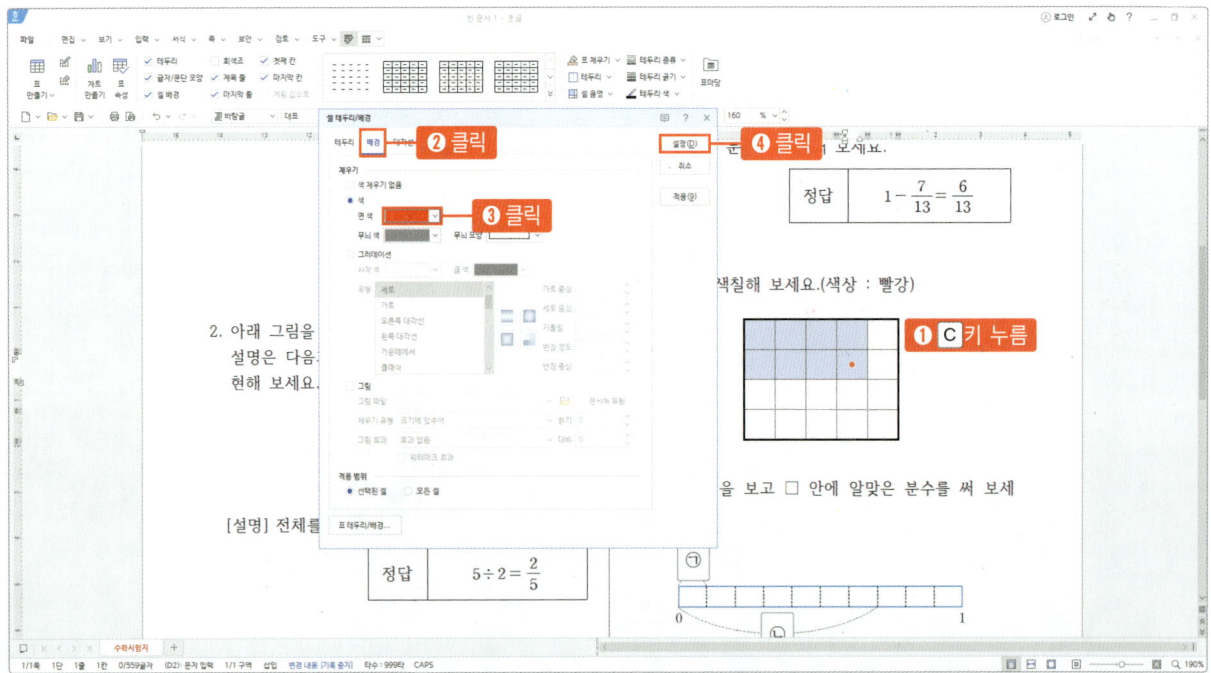

실력 쑥쑥! 창의력 쑥쑥!

1 다음과 같이 수학능력평가 수학 문제를 완성해 보세요.

예제파일: 수능문제.hwpx   완성파일: 수능문제(완성).hwpx

❶ '수식' 삽입

2021학년도 수학능력평가
[수학]

20. 함수 $f(x) = \pi \sin 2\pi x$에 대하여 정의역이 실수 전체의 집합이고 치역이 집합 {0,1}인 함수 $g(x)$와 자연수 n이 다음 조건을 만족할 때, n의 값은? [4점]

함수 $h(x) = f(nx)g(x)$는 실수 전체의 집합에서 연속이고
$$\int_{-1}^{-} h(x)dx = 2, \int_{-1}^{1} xh(x)dx = -\frac{1}{32}$$
이다

① 8   ② 10   ③ 12   ④ 14   ⑤ 16

2 다음과 같이 수학능력평가 수학 문제 풀이를 완성해 보세요.

예제파일: 수능문제풀이.hwpx   완성파일: 수능문제풀이(완성).hwpx

❶ '수식' 삽입

2021학년도 수학능력평가
[수학]

20. 함수 $f(x) = \pi \sin 2\pi x$에 대하여 정의역이 실수 전체의 집합이고 치역이 집합 {0, 1}인 함수 $g(x)$와 자연수 n이 다음 조건을 만족할 때, n의 값은? [4점]

함수 $h(x) = f(nx)g(x)$는 실수 전체의 집합에서 연속이고
$$\int_{-1}^{-} h(x)dx = 2, \int_{-1}^{1} xh(x)dx = -\frac{1}{32}$$
이다

① 8   ② 10   ③ 12   ④ 14   ⑤ 16

[답] 16
[문제풀이 방법]
$$\int_{-1}^{1} xh(x)dx = \int_{0}^{1} xf(nx)dx = \int_{0}^{1} x\pi \sin 2n\pi x dx$$
$$= \left[-\frac{x}{2n}\cos 2n\pi x\right]_{0}^{1} - \int_{0}^{1}\left(-\frac{1}{2n}\cos 2n\pi x\right)dx$$
$$= \left(-\frac{1}{2n}\right) + \frac{1}{2n} \times \left[\frac{1}{2n\pi}\sin 2n\pi x\right]_{0}^{1}$$
$$= -\frac{1}{2n} = -\frac{1}{32}$$
따라서 $n = 16$

CHAPTER 17

나만의 봉투 꾸미기

오늘의 미션

- 다각형을 추가하고 편집하기
- 그림 삽입하기
- 누름틀로 주소 입력하기

편지나 카드 등을 넣는 종이주머니를 뜻하는 봉투는 다양한 형태의 모양을 갖추고 있습니다. 편지 봉투의 경우에는 보내는 사람과 받는 사람의 위치가 정해져 있습니다.

작품 미리보기

예제파일 봉투.hwpx, 귀1~5.png, 얼굴1~5.jpg, 리본1~5.png **완성파일** 고양이봉투(완성).hwpx

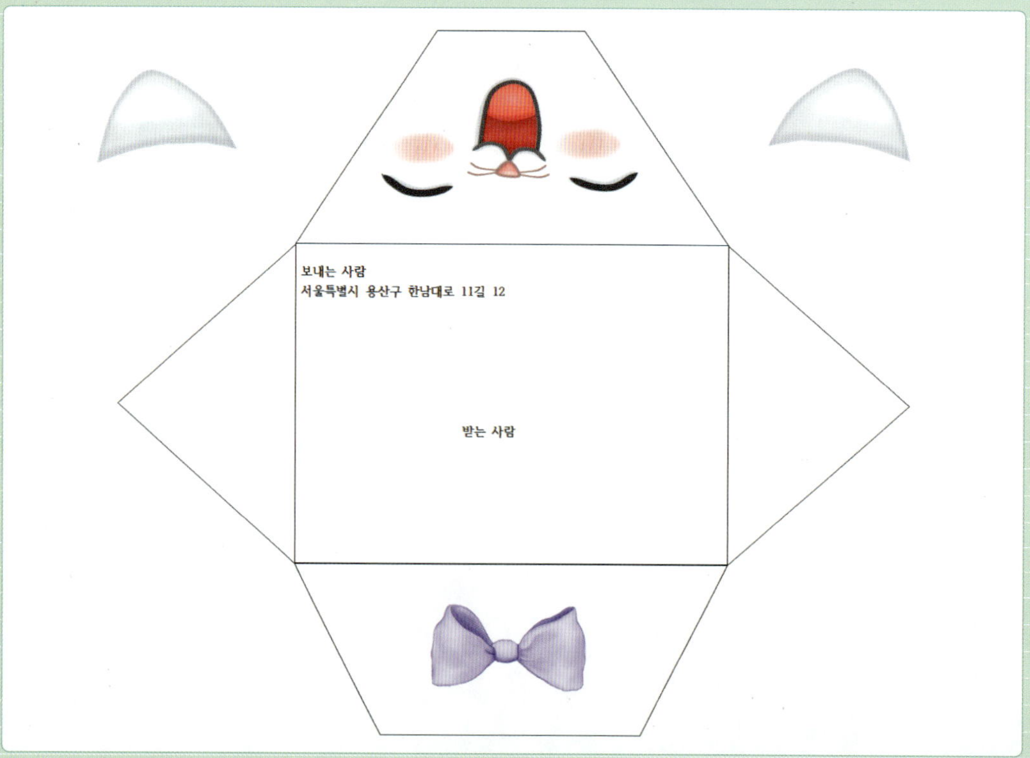

다각형을 추가하고 편집하기

봉투의 전개도를 만들기 위해 다각형을 추가하고 편집합니다.

① 한글 2022를 실행한 다음 [내 컴퓨터에서 불러오기]를 클릭하여 '봉투.hwpx' 파일을 불러온 후 [입력] 탭의 [그림]-[그리기마당]을 클릭하고 '기본도형' 꾸러미에서 '사다리꼴'을 클릭하여 추가합니다.

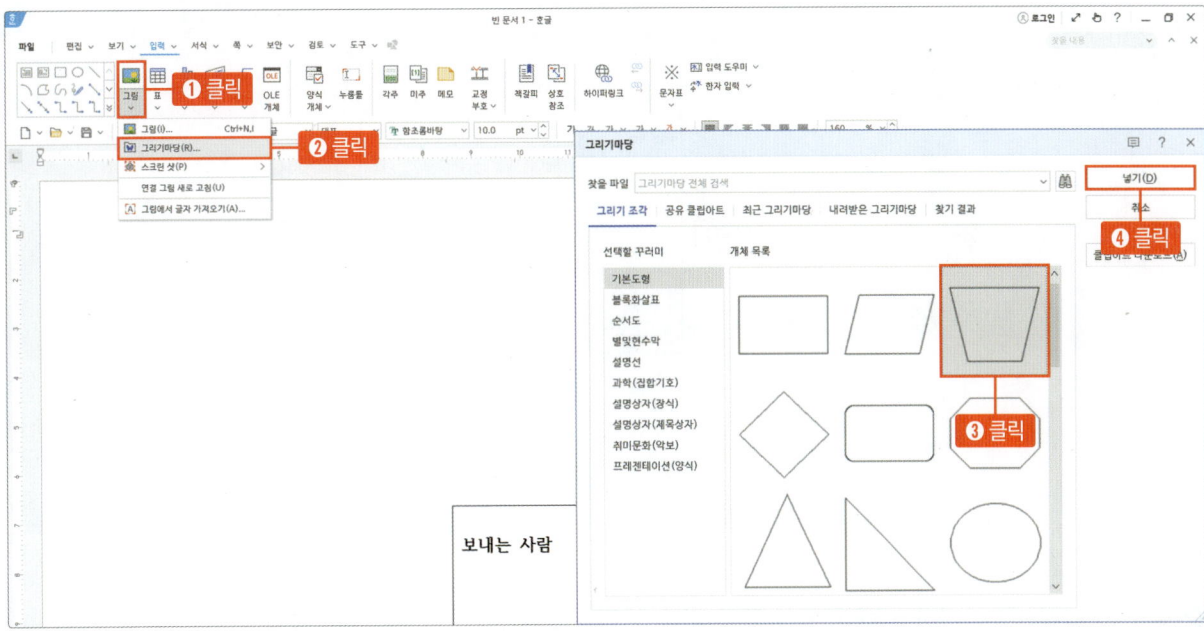

② 추가된 사다리꼴을 더블클릭하여 [개체 속성]을 실행합니다. [기본] 탭에서 '너비'의 입력칸에 '126mm', '높이'의 입력칸에 '60mm'를 입력한 후 [설정]을 클릭합니다. 이어서 [회전]의 [상하 대칭]을 클릭한 후 기존에 삽입되어 있는 표 위쪽으로 배치합니다.

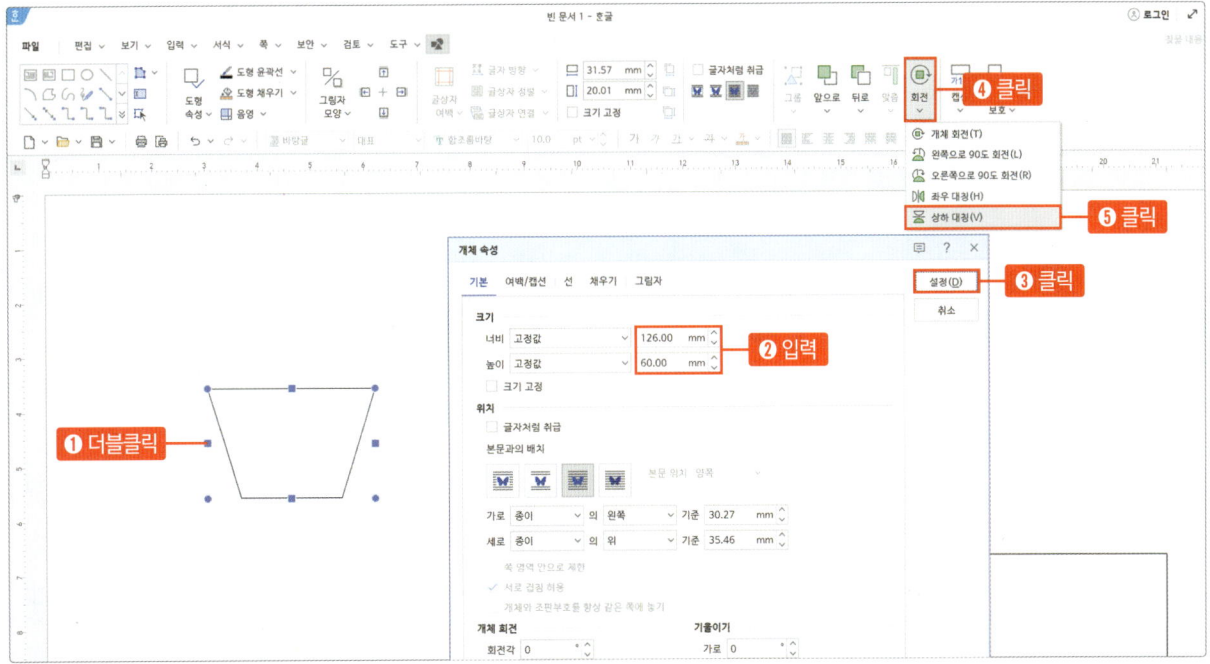

CHAPTER 17 - 나만의 봉투 꾸미기 111

3. ①~②와 같은 방법으로 '사다리꼴', '이등변 삼각형'을 추가하여 크기를 정하고 회전 기능을 이용하여 아래와 같이 배치합니다.

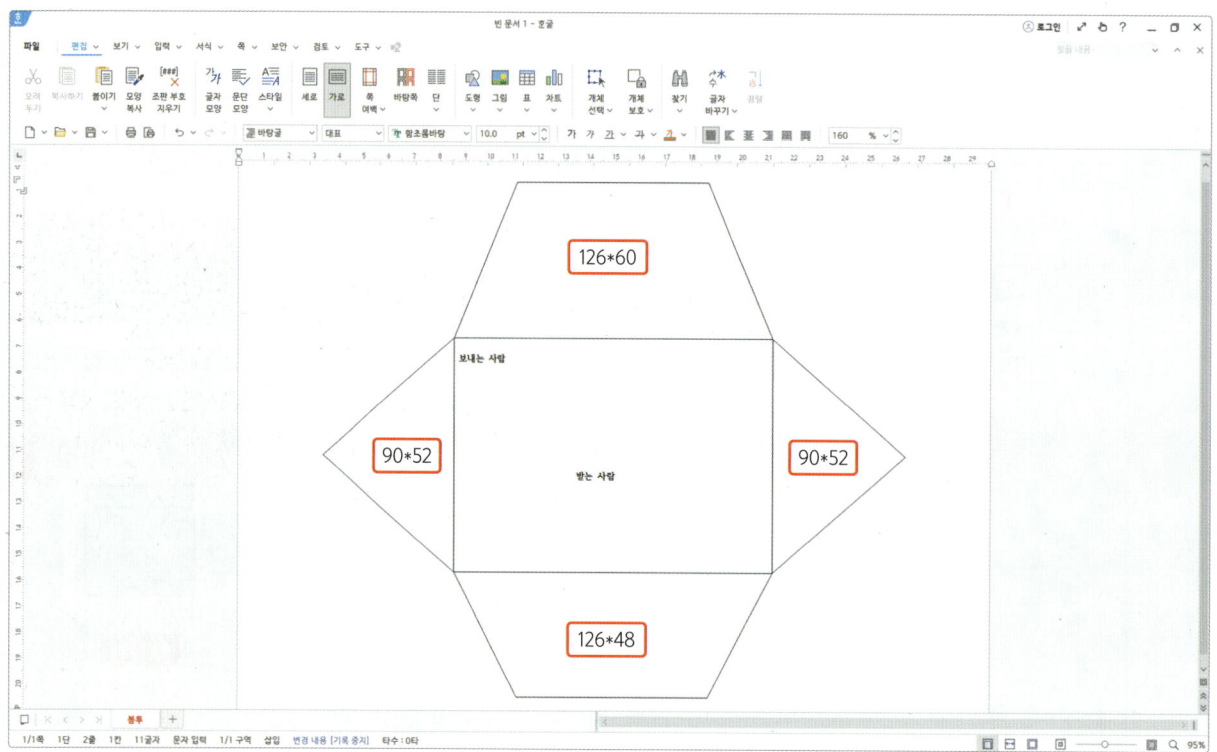

4. 사다리꼴을 선택하고 마우스 오른쪽 버튼을 클릭하여 [다각형 편집]을 클릭하고 모양 변경점을 이동하여 위쪽이 좁은 사다리꼴 모양으로 변경합니다.

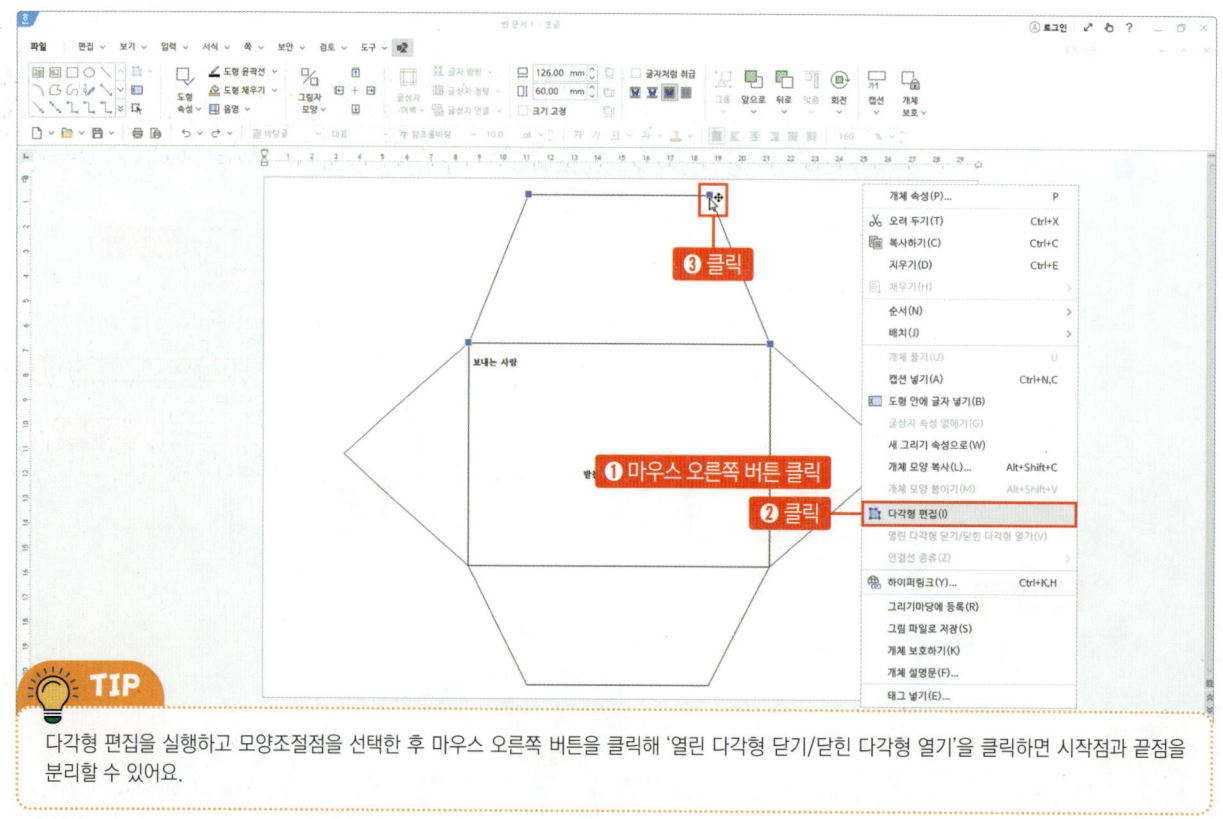

TIP
다각형 편집을 실행하고 모양조절점을 선택한 후 마우스 오른쪽 버튼을 클릭해 '열린 다각형 닫기/닫힌 다각형 열기'을 클릭하면 시작점과 끝점을 분리할 수 있어요.

02 그림 삽입하기

다각형에 그림을 채우고, 빈 공간에 그림을 삽입하여 편지 봉투를 꾸밉니다.

① 위쪽 사다리꼴을 선택한 후 P 키를 눌러 [개체 속성]을 실행합니다. [채우기] 탭의 '그림'을 체크하여 활성화한 후 '그림 선택'을 클릭하고 사용하고 싶은 얼굴 그림을 열고 [설정]을 클릭합니다.

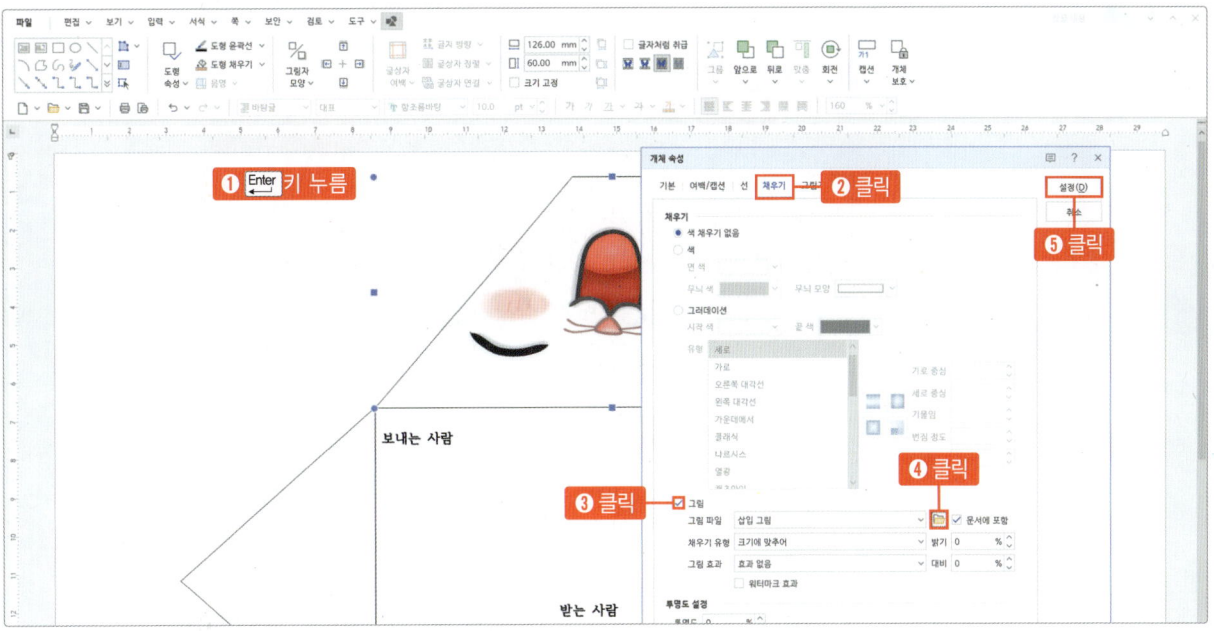

② [입력] 탭의 [그림]을 클릭하여 리본 그림과 귀 그림을 선택하여 아래와 같이 삽입하고 방향에 맞추어 회전을 적용합니다.

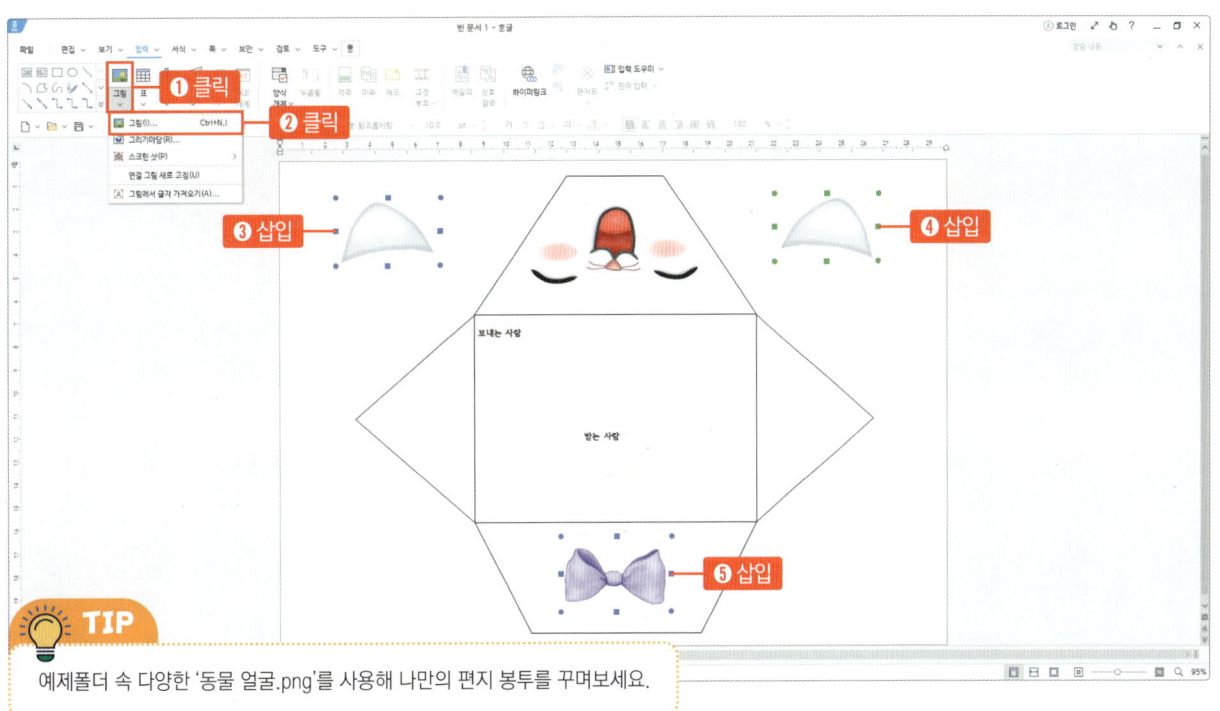

TIP 예제폴더 속 다양한 '동물 얼굴.png'를 사용해 나만의 편지 봉투를 꾸며보세요.

03 누름틀로 주소 입력하기

누름틀을 삽입한 후 누름틀에 주소를 입력하여 편지 봉투를 완성합니다.

1. '보내는 사람' 아래에 커서를 위치시킨 후 [입력] 탭의 [누름틀]을 클릭해 삽입합니다. 동일하게 '받는 사람' 아래에도 커서를 위치시키고 누름틀을 삽입합니다.

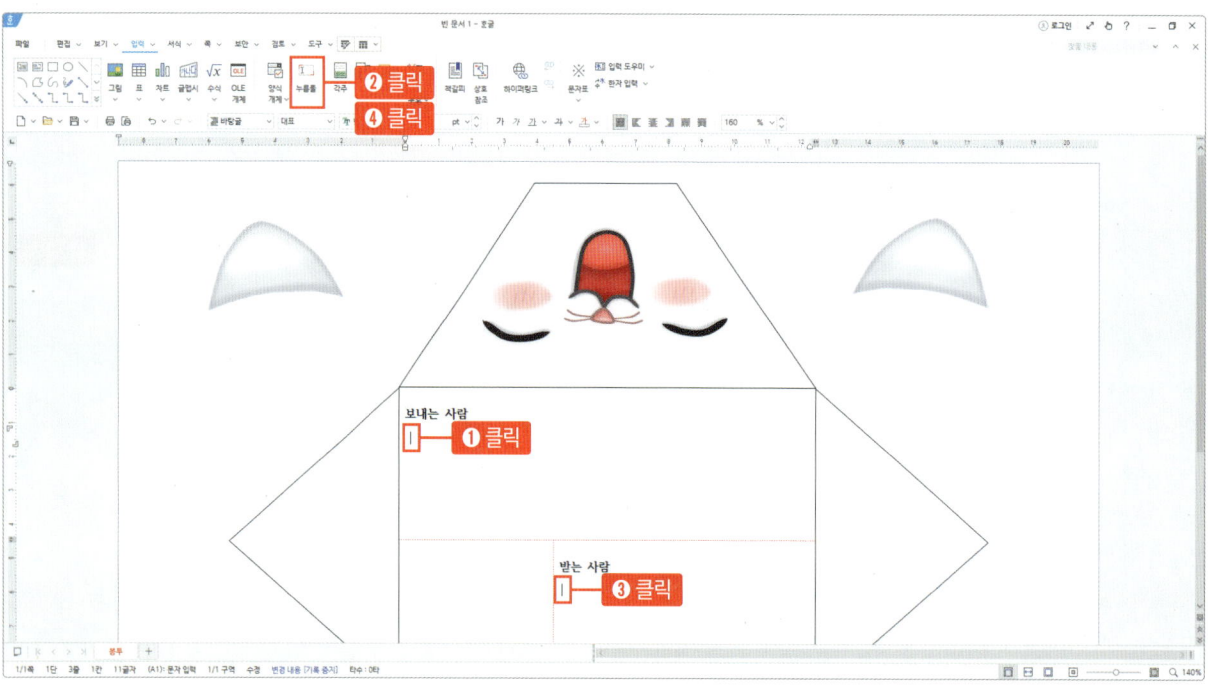

2. 추가된 누름틀을 클릭하고 보내는 사람과 받는 사람의 주소를 입력합니다.

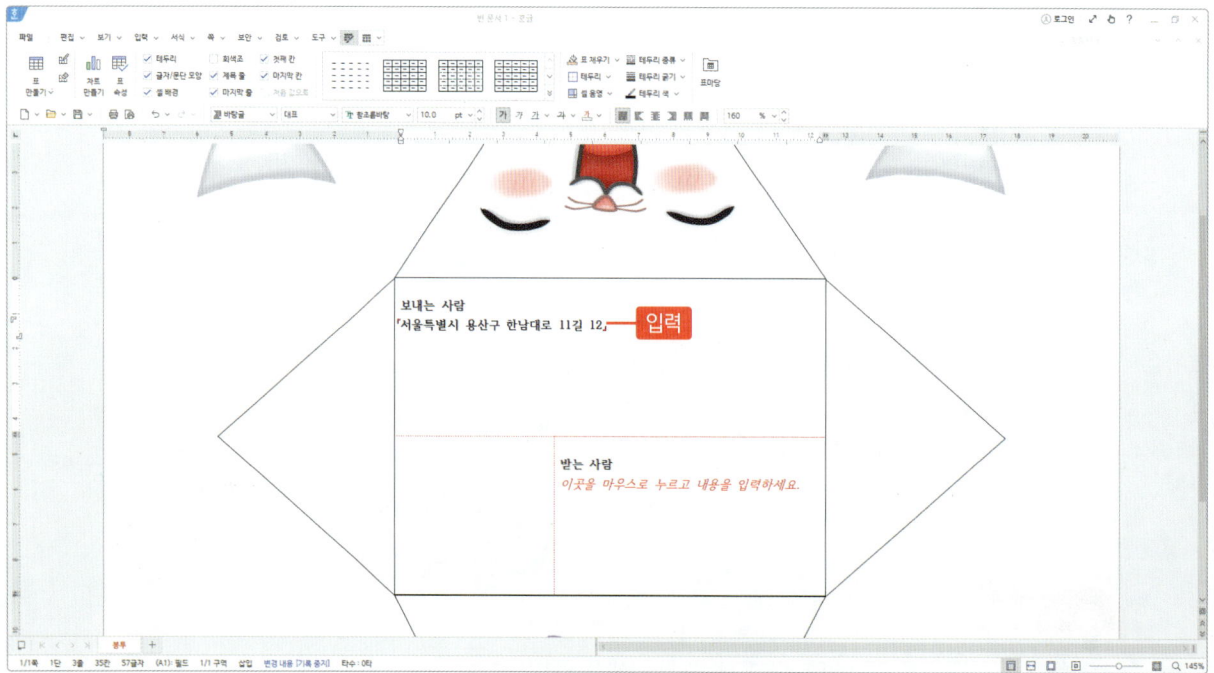

실력 쑥쑥! 창의력 쑥쑥!

1 다음과 같이 규격 봉투의 전개도를 완성해 보세요.

예제파일 규격봉투.hwpx   완성파일 규격봉투(완성).hwpx

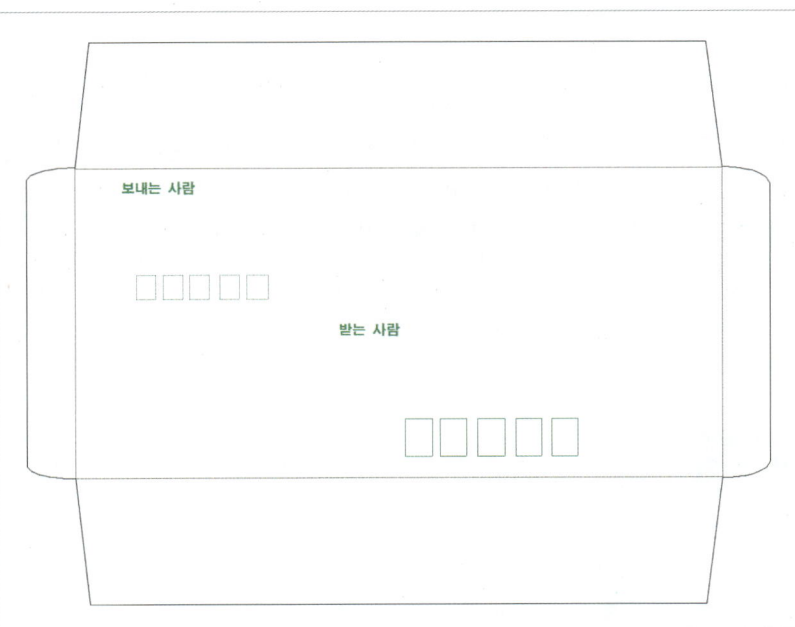

1. 그리기마당 삽입
   - 기본도형 꾸러미 : '왼쪽 대괄호', '오른쪽 대괄호'
   - 너비 '15mm', 높이 '95mm'
2. '누름틀' 삽입
3. 표의 선모양 변경

2 다음과 같이 축하카드의 전개도를 완성해 보세요.

예제파일 카드봉투.hwpx, 카드배경.jpg, 봉투조각.png   완성파일 축하카드(완성).hwpx

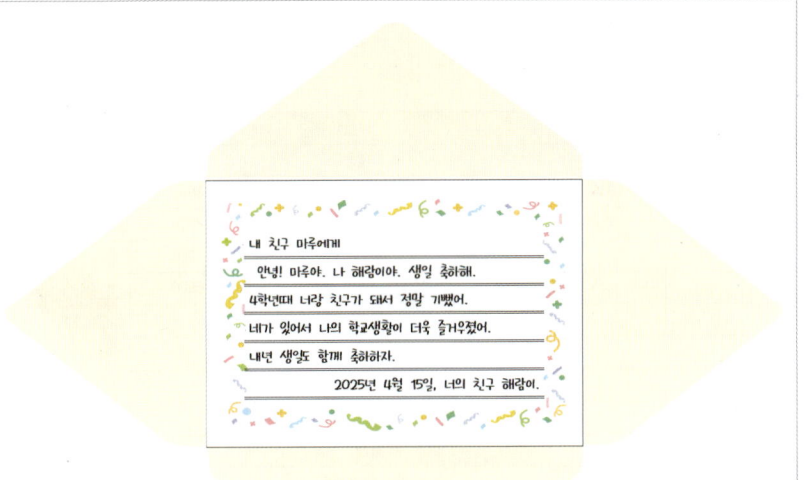

1. '카드배경' 그림 채우기
2. '봉투조각' 삽입
   - 너비 '130mm', 높이 '53mm' (상하 대칭)
   - 너비 '90mm', 높이 '70mm' (90도 회전)

CHAPTER 18
알뜰살뜰 용돈기입장

오늘의 미션
- 글맵시 삽입하고 수정하기
- 표 합치기 및 셀 배경색 채우기
- 계산식을 이용해 계산하기

계획적이며 합리적인 용돈 관리를 위해 용돈기입장을 작성합니다. 용돈기입장으로 작성하면 사용된 돈의 내용을 기록하여 관리하며 언제, 어떤 사유로 사용했는지 알 수 있어 소비생활을 반성할 수 있고 앞으로의 지출 계획을 세울 때 도움이 됩니다.

작품 미리보기

예제파일 용돈기입장.hwpx   **완성파일** 용돈기입장(완성).hwpx

알뜰이의 용돈기입장

들어온 돈			나간 돈		
날짜	내용	금액	날짜	내용	금액
4/1	지난 달 남은 돈	5000	4/2	공책 등 학용품	3800
4/1	이번 달 용돈	10000	4/3	군것질	3000
			4/9	따릉이 대여	1000
			4/15	엄마 생일 선물	5000
들어온 돈 합계		15,000	나간 돈 합계		12,800
총액					2,200

01 글맵시 삽입하고 수정하기

지정된 모양의 글맵시를 삽입하고 수정합니다.

① 한글 2022를 실행한 다음 [내 컴퓨터에서 불러오기]에서 '용돈기입장.hwpx' 파일을 불러온 후 [입력] 탭에서 [글맵시]의 '채우기-연두색 그러데이션, 볼록하게 위쪽으로 팽창 모양'을 클릭합니다.

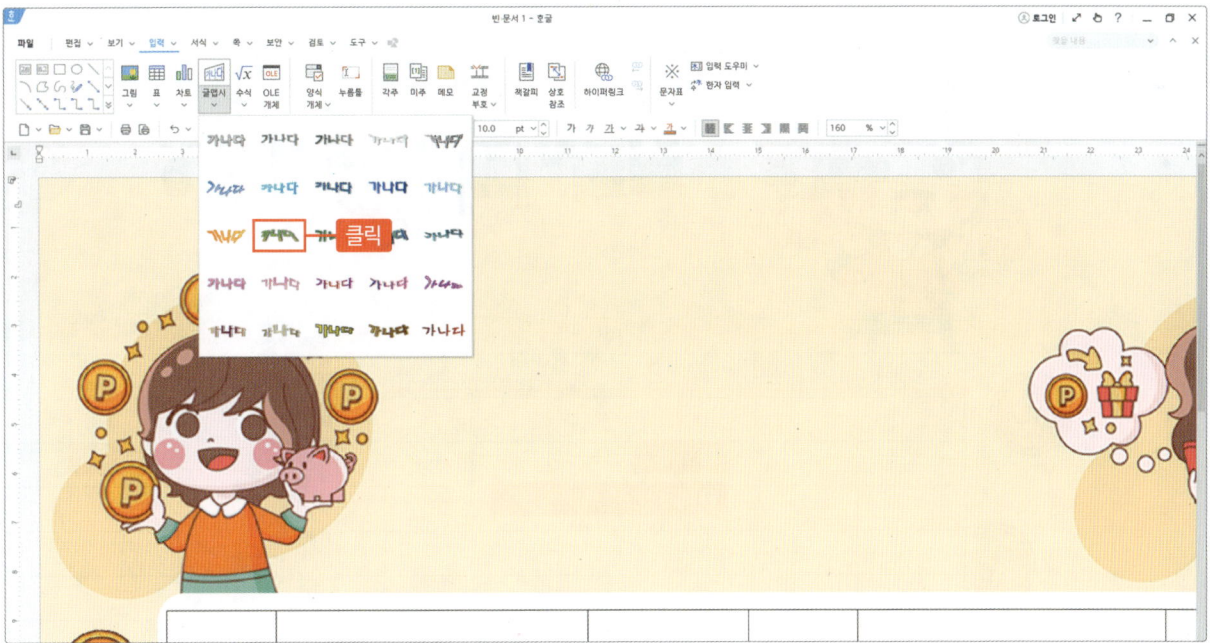

② [글맵시 만들기] 대화 상자에서 내용을 '알뜰이의 용돈기입장'으로 입력하고 '글맵시 모양'을 '육각형'으로 선택한 후 [설정]을 클릭합니다. 삽입된 글맵시의 크기를 조절하고 적절한 위치에 배치합니다.

CHAPTER 18 · 알뜰살뜰 용돈기입장 117

02 표 합치기 및 셀 배경색 채우기

셀을 드래그하여 합치고 배경색을 채웁니다.

① 아래와 같이 셀을 드래그하여 선택한 후 마우스 오른쪽 버튼을 클릭하여 바로가기 메뉴의 [셀 합치기]를 클릭하여 하나의 셀로 합칩니다.

② 아래와 같이 나머지 셀도 셀 합치기 기능을 이용하여 만듭니다.

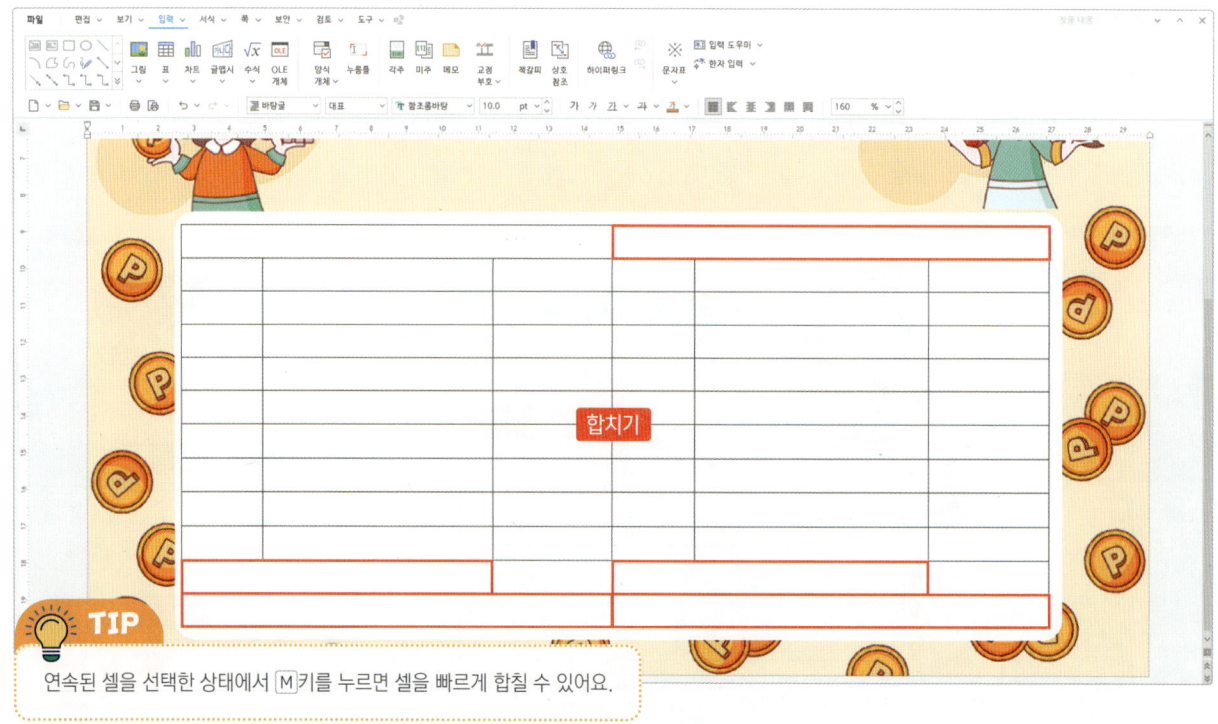

TIP 연속된 셀을 선택한 상태에서 M키를 누르면 셀을 빠르게 합칠 수 있어요.

③ 아래와 같이 텍스트를 입력하고 표 전체를 드래그한 후 '글자 크기'를 '12pt', '글꼴'을 '함초롬돋움', '가운데 정렬'을 지정합니다.

④ 원하는 셀을 선택한 후 C키를 눌러 [셀 테두리/배경]을 실행합니다. [배경] 탭에서 '면 색'을 임의의 색으로 지정하여 셀 배경색을 채웁니다.

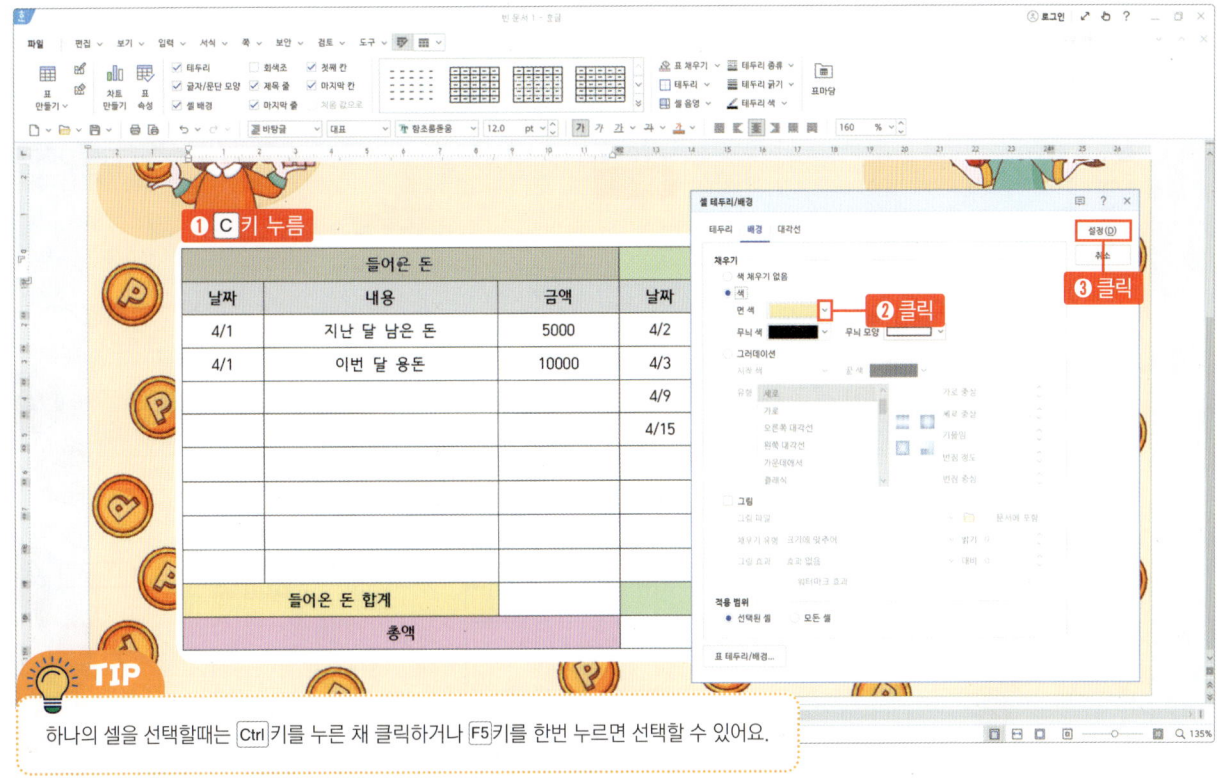

TIP 하나의 셀을 선택할때는 Ctrl 키를 누른 채 클릭하거나 F5키를 한번 누르면 선택할 수 있어요.

CHAPTER 18 · 알뜰살뜰 용돈기입장

03 계산식을 이용해 계산하기

표의 계산식 기능을 이용하여 계산합니다.

① 아래와 같이 셀을 드래그 한 후 마우스 오른쪽 버튼을 클릭하여 바로가기 메뉴의 [블록 계산식]-[블록 합계]를 클릭하여 들어온 돈의 합계를 구합니다. 같은 방법으로 나간 돈의 합계도 구합니다.

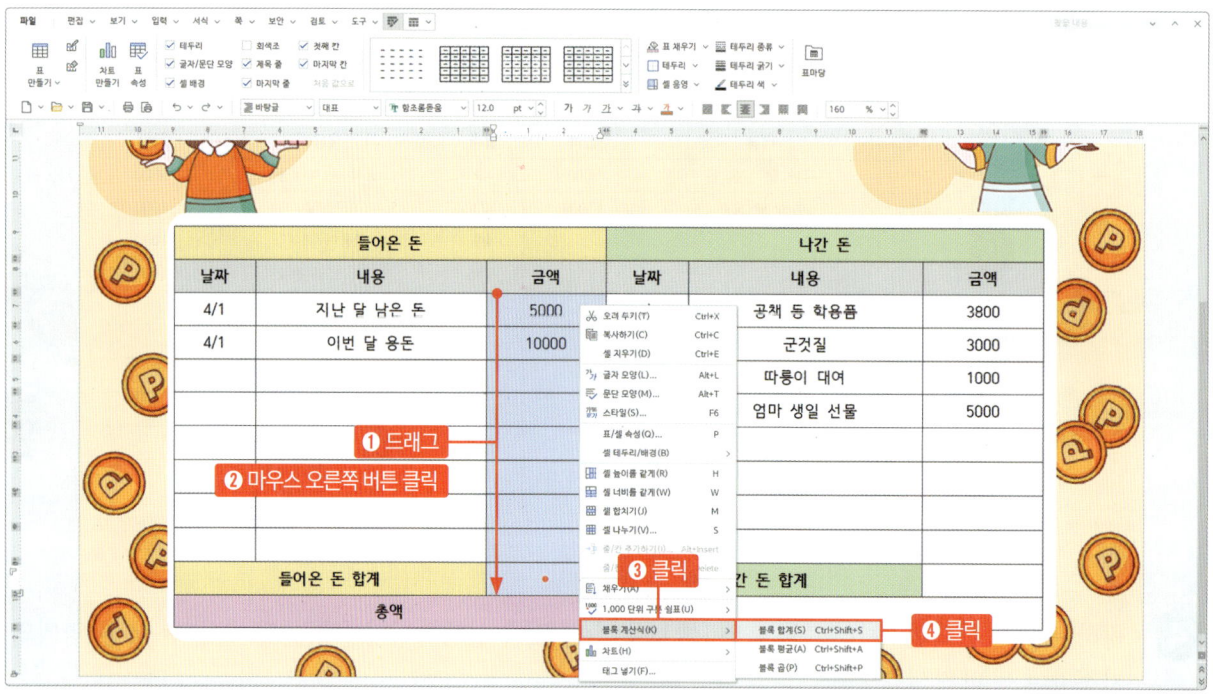

② 총액의 입력칸에 커서를 위치시킨 후 [표]의 [계산식]을 클릭하여 계산식에 '=C11-F11'을 입력하고 [확인]을 클릭합니다.

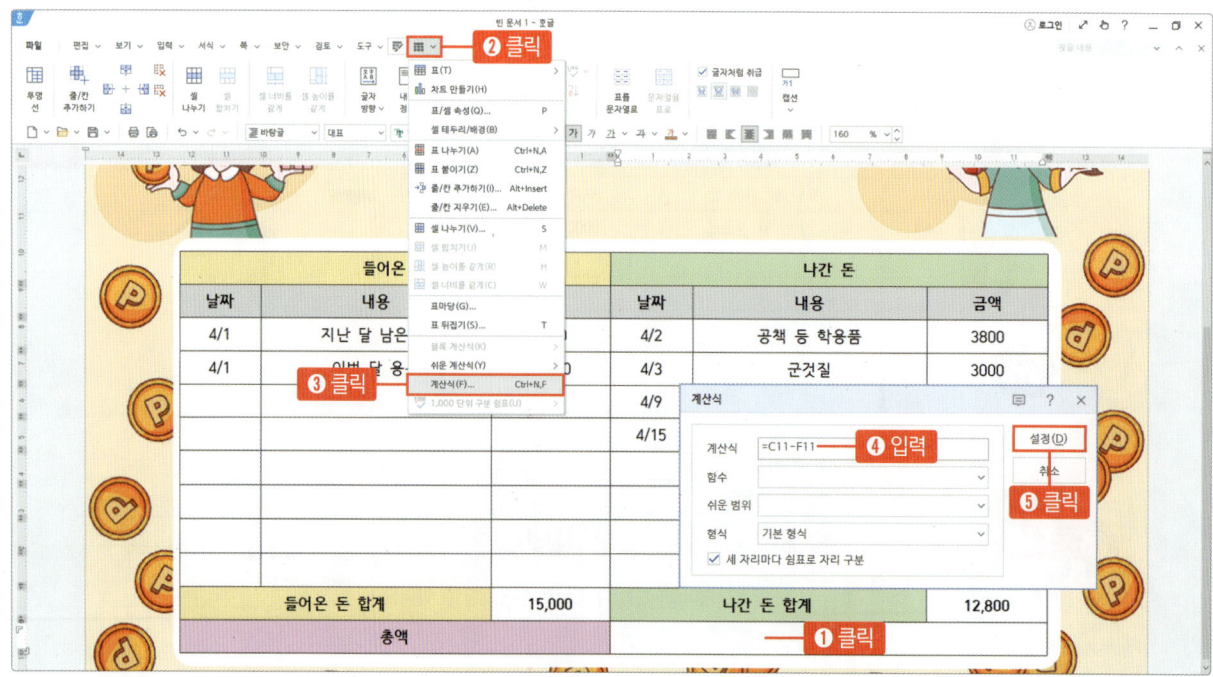

실력 쑥쑥! 창의력 쑥쑥!

1 다음과 같이 독서 목표량을 완성해 보세요.

예제파일: 독서목표.hwpx   완성파일: 독서목표(완성).hwpx

❶ 블록 계산식 – '블록 합계'
❷ 계산식 – '=B8-C8'
❸ 계산식 – '=F8-G8'

정독이의 올해 독서 목표

1학기		
월	목표	실제로 읽은 권수
3월	5	5
4월	4	2
5월	2	0
6월	4	5
7월	2	1
계	17	13
목표 달성		-4

2학기		
월	목표	실제로 읽은 권수
9월	5	2
10월	4	3
11월	2	5
12월	4	1
1월	2	7
계	17	18
목표 달성		+1

꼭 읽을 책

	제목	저자
1	어린 왕자	생떽쥐베리
2	강아지똥	권정생
3	브레멘 음악대	그림 형제

2 다음과 같이 저금 금액을 완성해 보세요.

예제파일: 저금.hwpx   완성파일: 저금(완성).hwpx

❶ 블록 계산식 – '블록 합계'
❷ 계산식 – '=B2-C2'

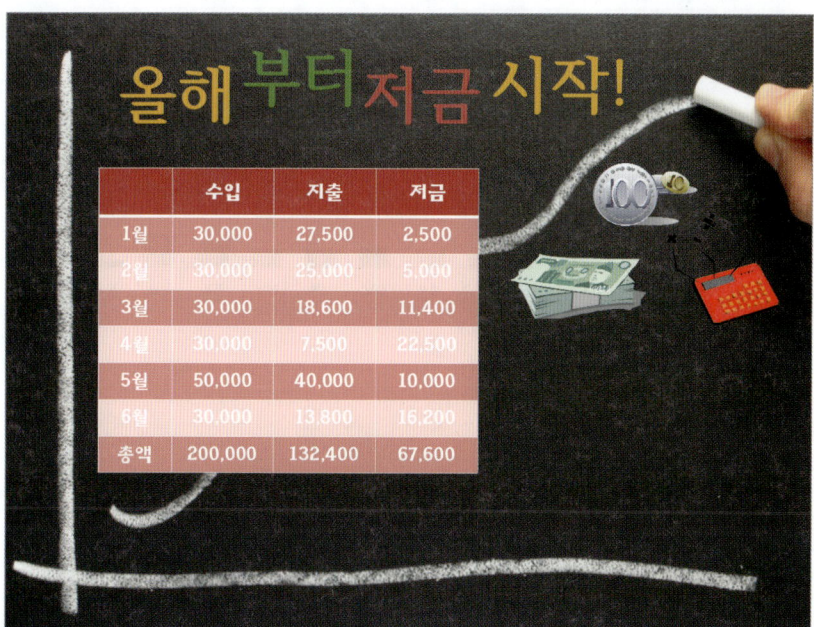

	수입	지출	저금
1월	30,000	27,500	2,500
2월	30,000	25,000	5,000
3월	30,000	18,600	11,400
4월	30,000	7,500	22,500
5월	50,000	40,000	10,000
6월	30,000	13,800	16,200
총액	200,000	132,400	67,600

CHAPTER 18 · 알뜰살뜰 용돈기입장

우리나라 시도별 인구 차트

오늘의 미션
- 입력된 데이터로 차트 삽입하기
- 차트 마법사로 차트 꾸미기
- 원형 차트 삽입하기

통계청 조사자료를 보면 2024년 7월 기준 우리나라 총 인구는 5,125만 명이며, 2028년에는 5,194만 명으로 정점을 찍은 후 점점 감소할 것으로 전망하고 있습니다. **2024년의 시도별 인구 차트로 인구 집중 현상**을 알아봅시다.

예제파일 인구차트.hwpx **완성파일** 인구차트(완성).hwpx

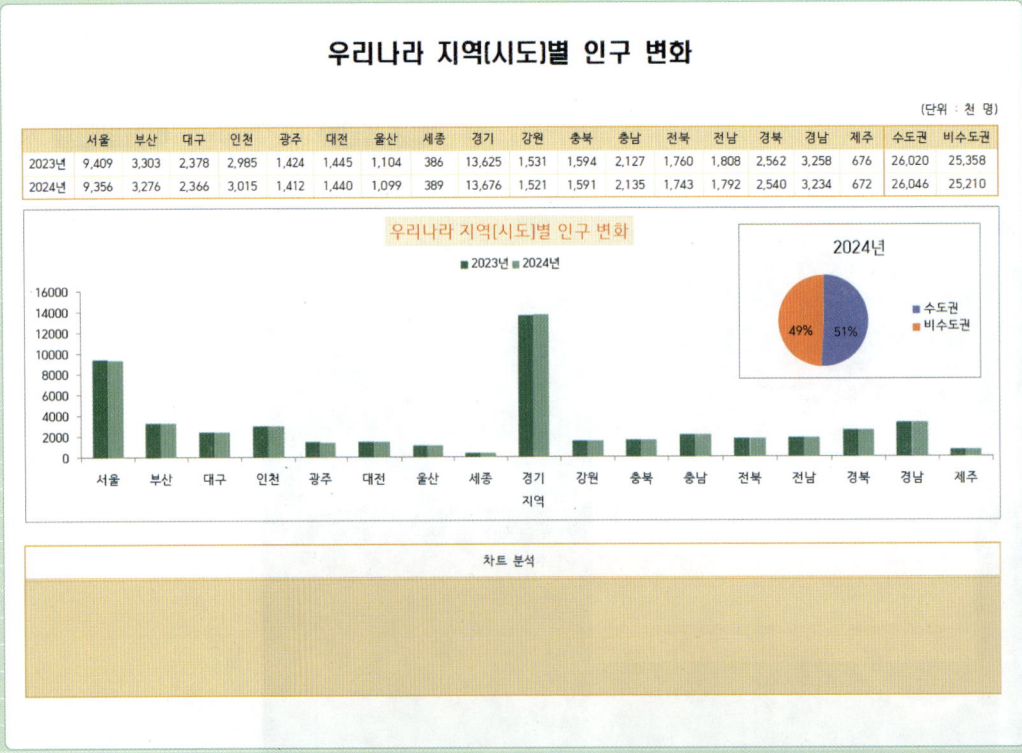

입력된 데이터로 차트 삽입하기

입력되어 있는 데이터를 이용하여 차트를 삽입합니다.

① 한글 2022를 실행한 다음 [내 컴퓨터에서 불러오기]를 클릭하여 '인구차트.hwpx' 파일을 불러옵니다.

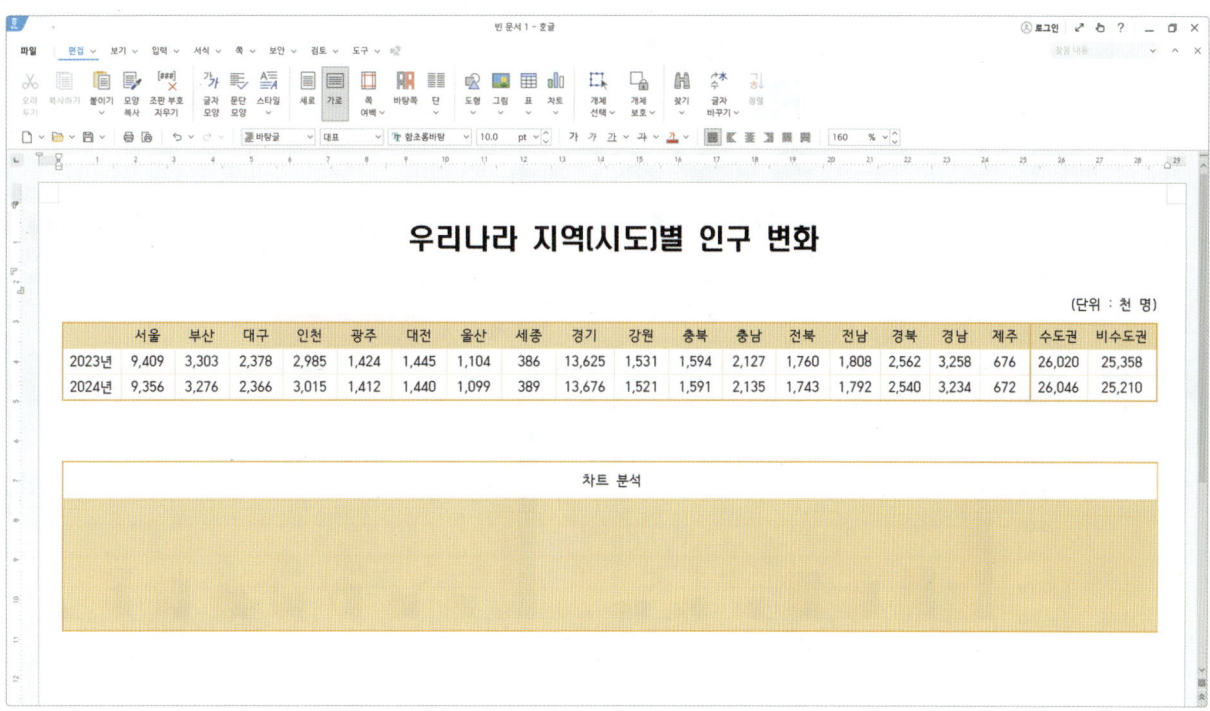

② 아래와 같이 데이터를 드래그한 후 [입력] 탭의 [차트]에서 '묶은 세로 막대형' 차트를 클릭합니다.

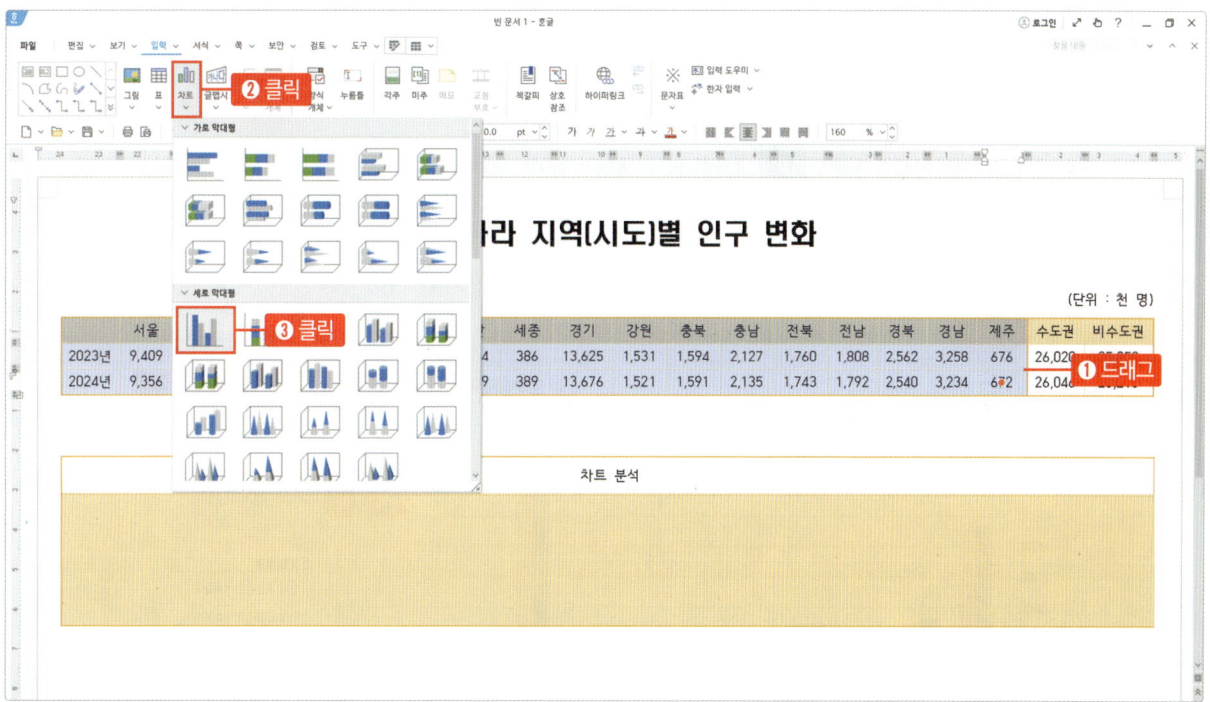

CHAPTER 19 · 우리나라 시도별 인구 차트 **123**

02 차트 디자인에서 차트 꾸미기

차트 디자인 메뉴를 이용하여 삽입된 차트를 꾸밉니다.

① 차트를 표 아래로 이동시키고 너비와 높이를 드래그하여 조정한 후 [📊] 탭에서 [줄/칸 전환]을 클릭합니다.

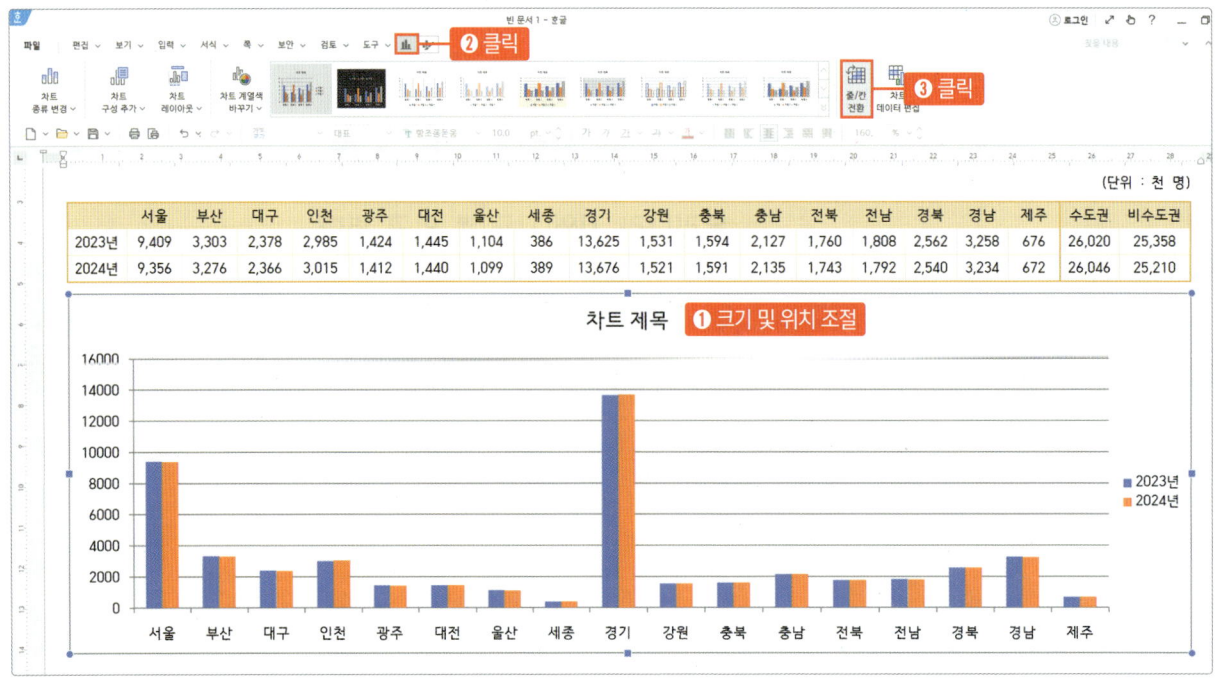

② 삽입된 차트의 '차트 제목'을 클릭한 후 마우스 오른쪽 버튼을 클릭하고 [제목 편집]을 선택하여 '우리나라 지역[시도]별 인구 변화'를 입력하고 [설정]을 클릭합니다. 그다음 [📊] 탭의 [차트 구성 추가]를 클릭하고 '눈금선'에서 '기본 주 가로'를 클릭해 눈금선을 해제합니다.

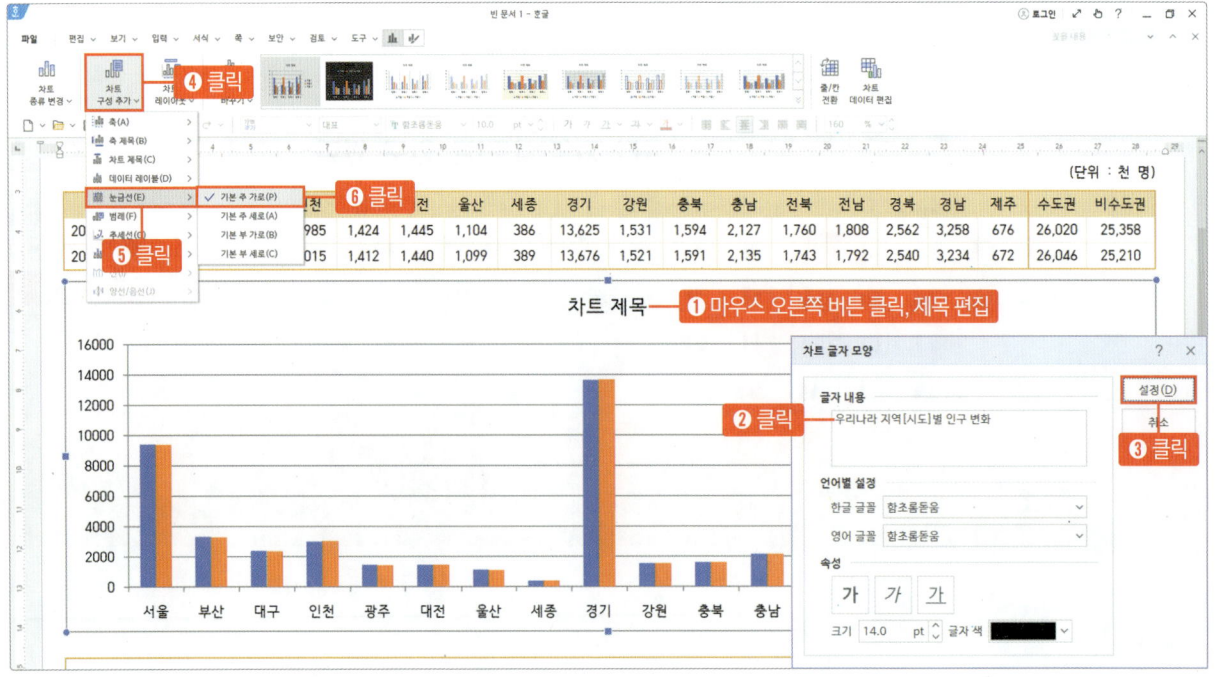

124 한글 2022 작품만들기

③ 차트를 클릭하고 [📊] 탭의 [차트 구성 추가]에서 [축 제목]-[기본 가로]를 선택하여 '축 제목'을 삽입합니다. '축 제목'을 클릭 후 마우스 오른쪽 버튼을 클릭하고 [제목 편집]을 선택하여 '지역'을 입력하고 [설정]을 클릭합니다.

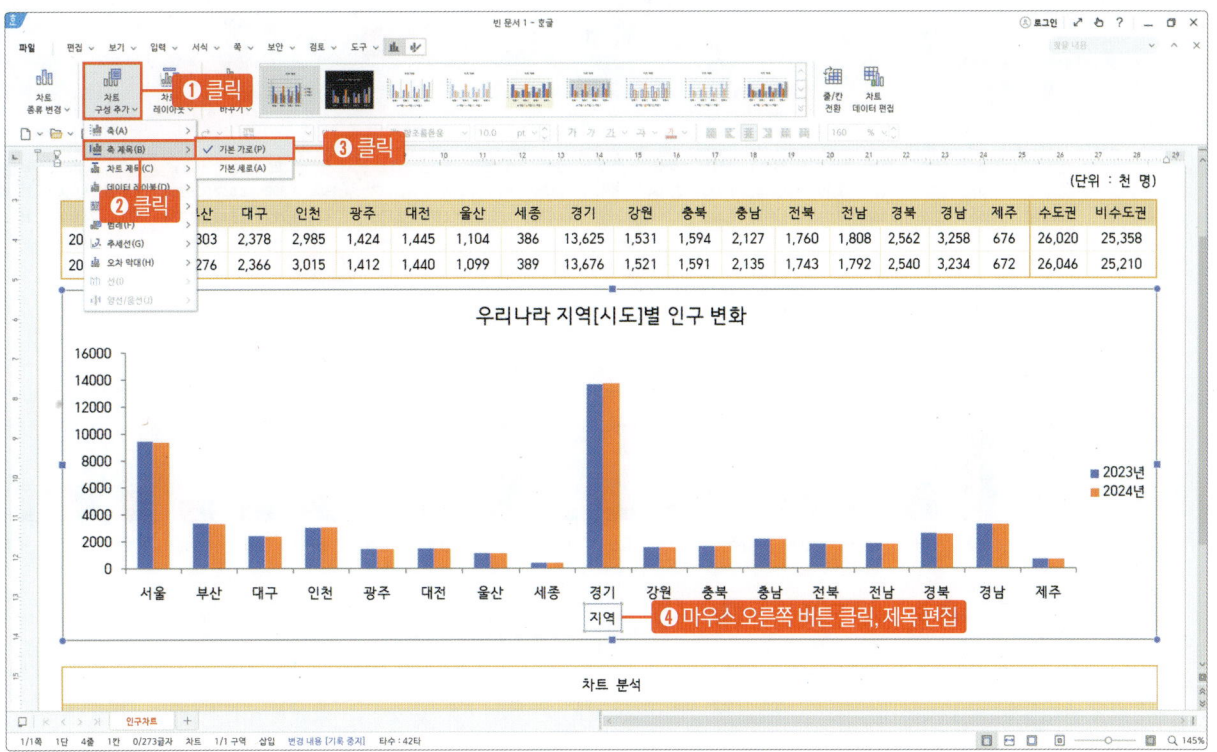

④ 이어서 [📊] 탭의 [차트 구성 추가]에서 [범례]-[위쪽]을 클릭하여 범례를 위쪽으로 이동합니다.

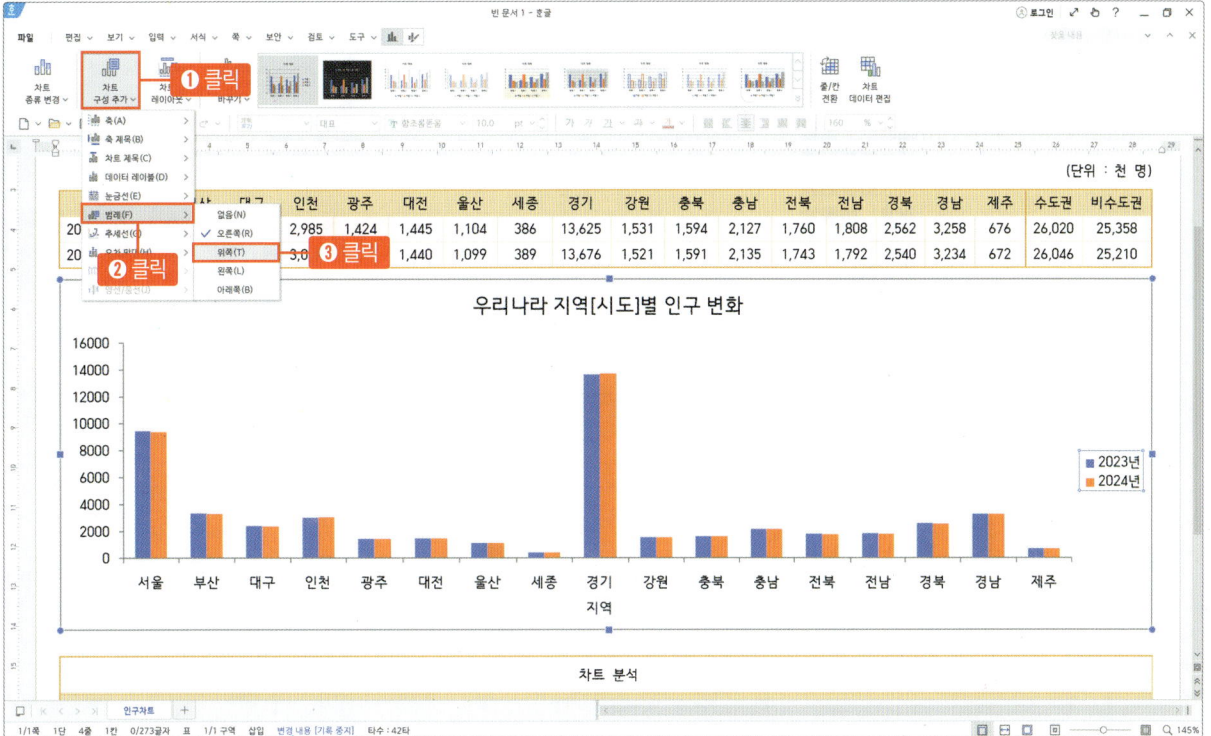

⑤ 차트의 제목을 클릭하고 [ ] 탭의 [도형 채우기]에서 배경색을 임의의 색으로 선택하고 [글자 채우기]에서 글자색을 임의의 색으로 지정합니다.

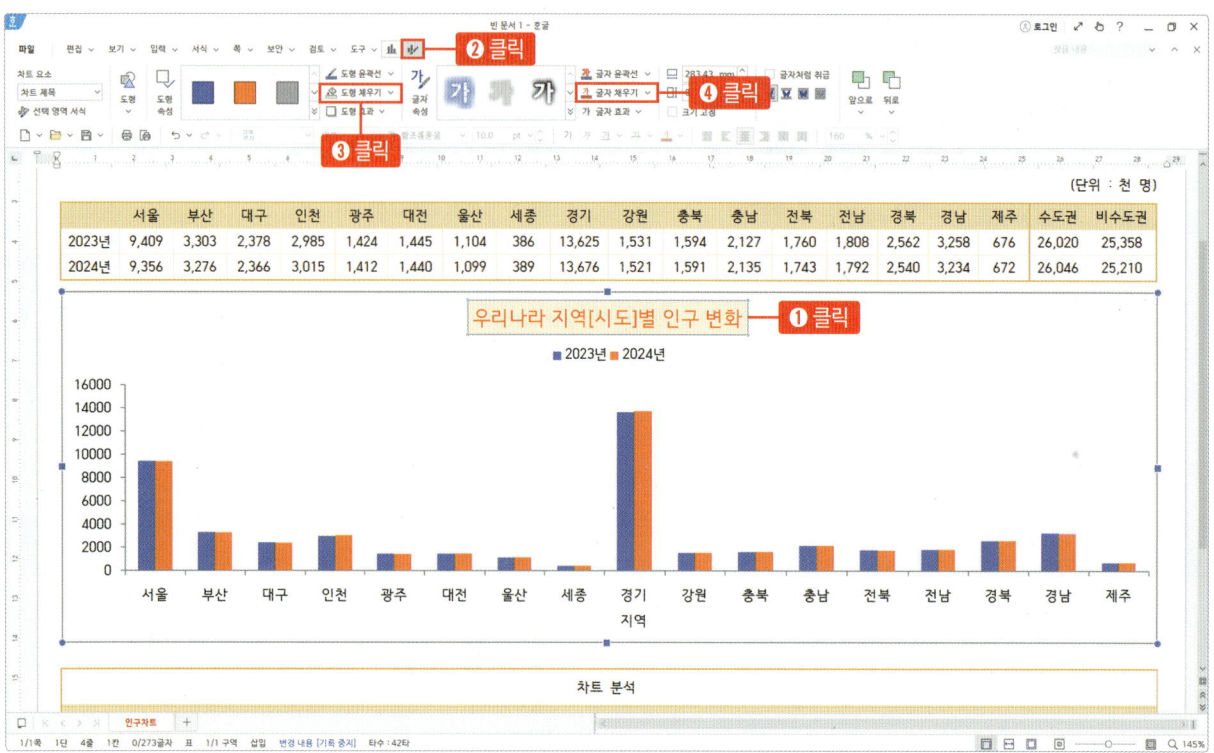

⑥ 차트를 클릭하고 [ ] 탭의 [차트 계열색 바꾸기]를 클릭하여 임의의 색조합을 선택하여 차트 색을 변경합니다.

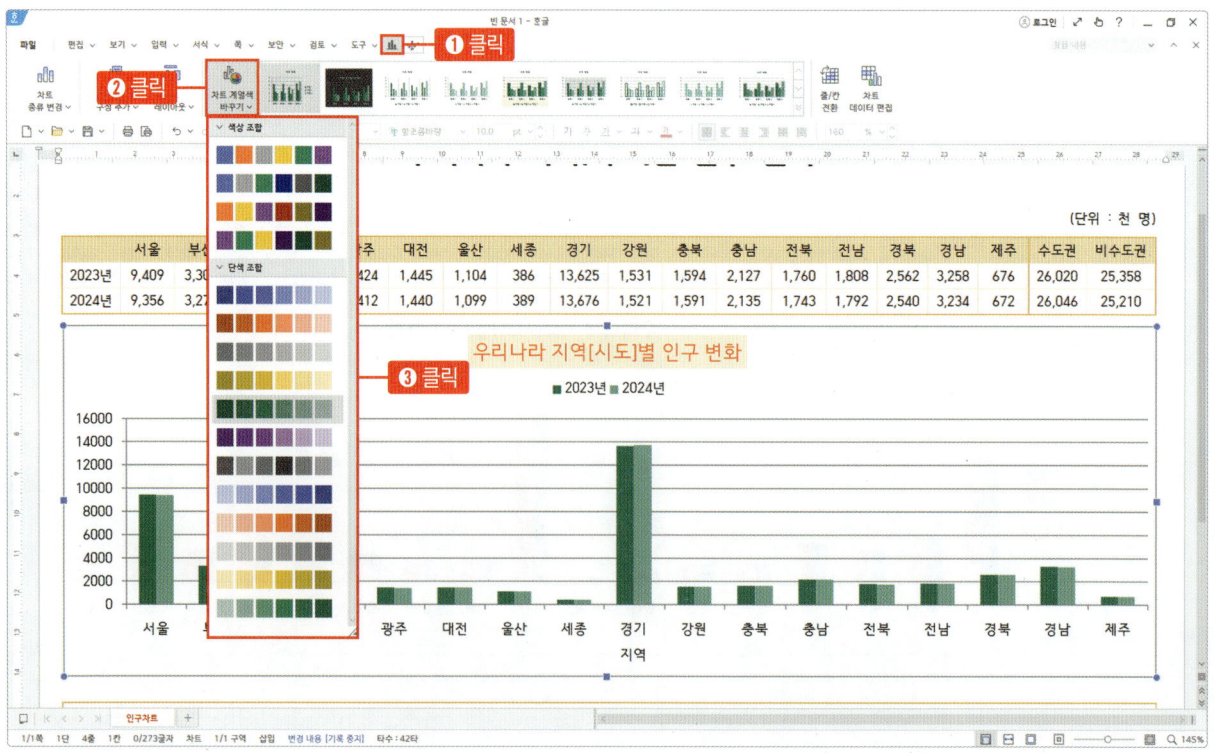

03 원형 차트 삽입하기

데이터를 편집하여 원형 차트를 삽입합니다.

① Ctrl 키를 이용하여 아래와 같이 셀을 선택한 후 [차트]-[원형]-'2차원 원형'차트를 삽입합니다. 이어서 [차트 데이터 편집]창에서 '2023년' 셀을 클릭하고 마우스 오른쪽 버튼을 클릭하여 [지우기]에서 [행 지우기]를 선택하고 [닫기]를 클릭합니다.

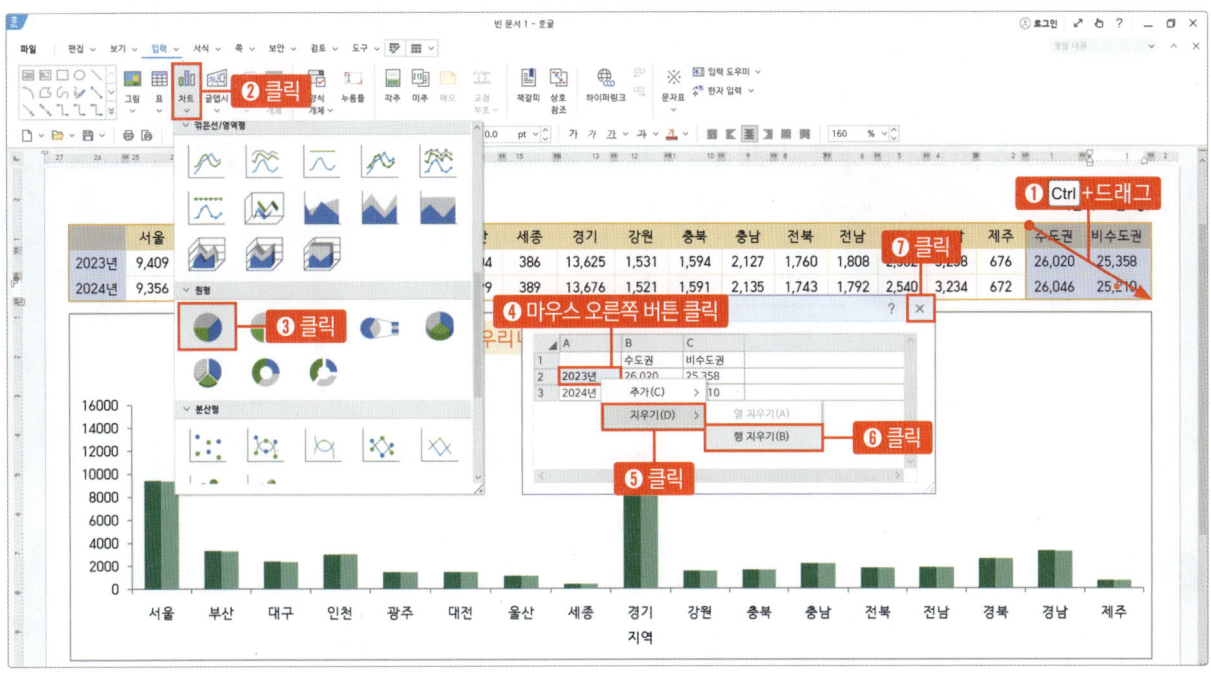

② 삽입된 원형 차트를 클릭한 후 [📊] 탭의 [줄/칸 전환]을 클릭하고 [차트 구성 추가]에서 [데이터 레이블]을 [표시]로 지정합니다.

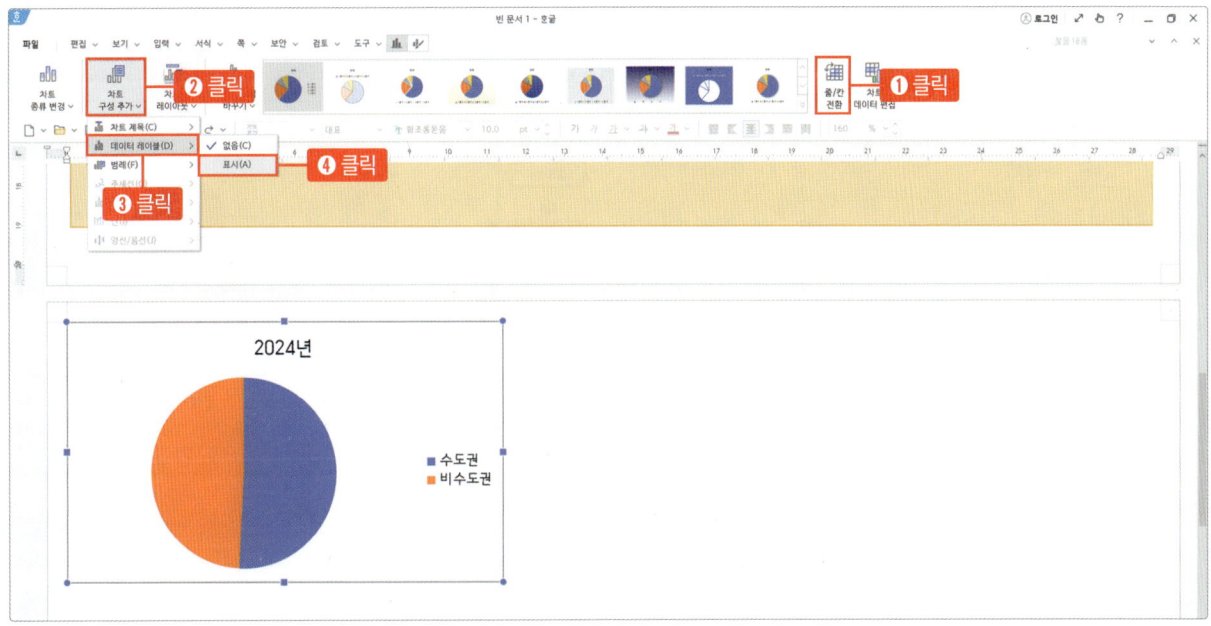

③ 표시된 데이터 레이블 숫자를 클릭하고 마우스 오른쪽 버튼을 클릭하여 [데이터 레이블 속성] 실행합니다. '레이블 내용'을 '백분율'로 체크하여 선택하고 '값'은 체크를 해제하고 '레이블 위치'를 '가운데'로 선택합니다.

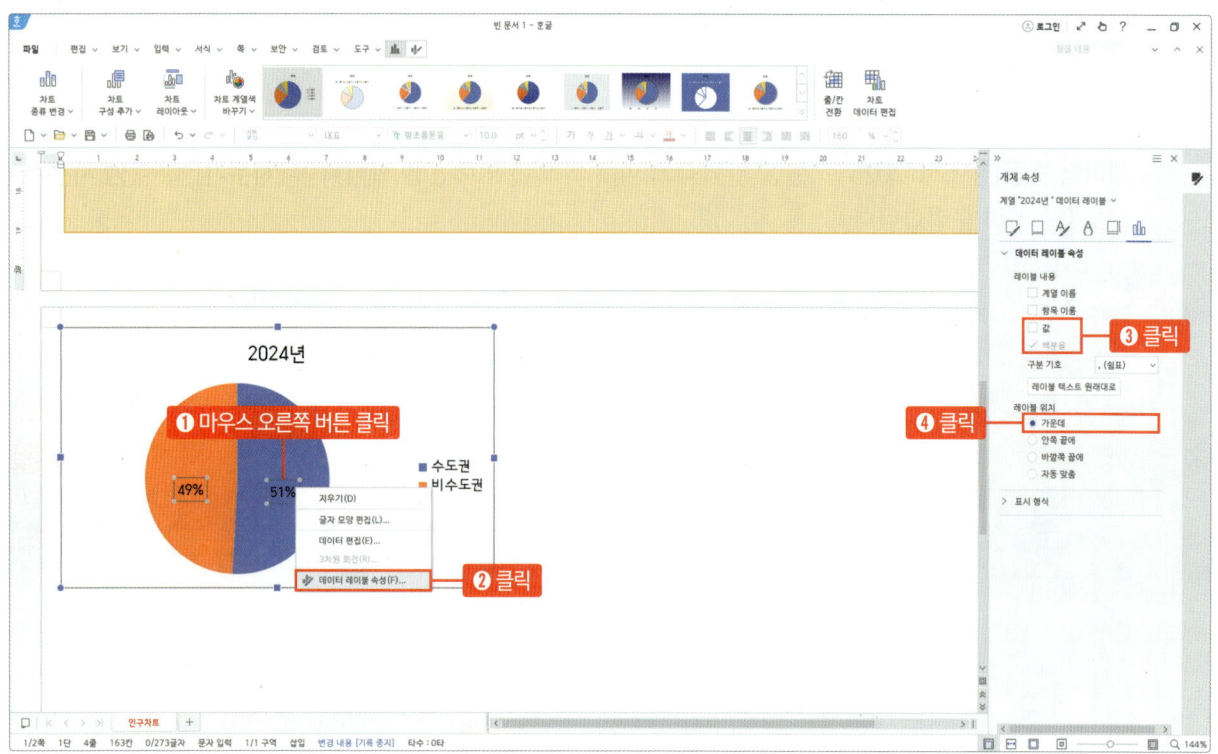

④ 원형 차트를 클릭하고 마우스 오른쪽 버튼을 클릭하여 [개체 속성]을 실행합니다. 본문과의 배치를 '글 앞으로'로 지정한 후 [설정]을 클릭합니다. 그 다음 차트를 드래그하여 너비와 높이를 조절하고 적절한 위치에 배치합니다.

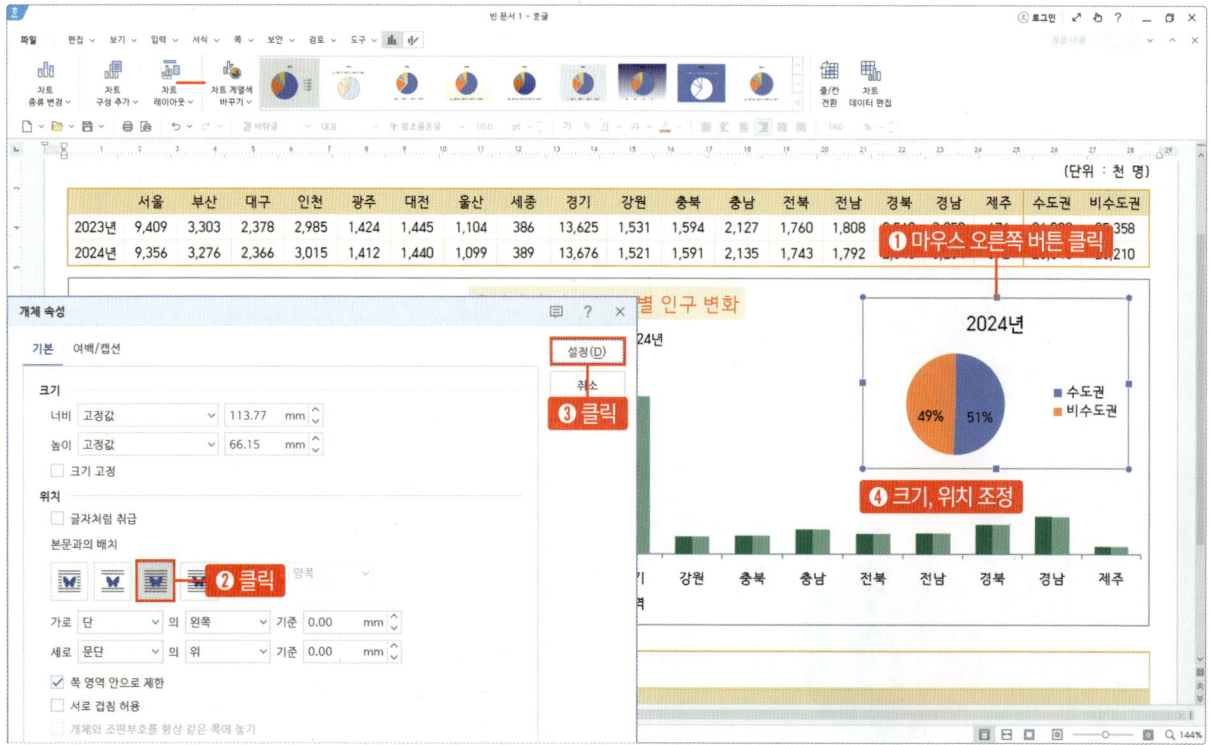

실력 쑥쑥! 창의력 쑥쑥!

① 다음과 같이 차트를 분석해 보세요.

예제파일: 차트분석.hwpx   완성파일: 차트분석(완성).hwpx

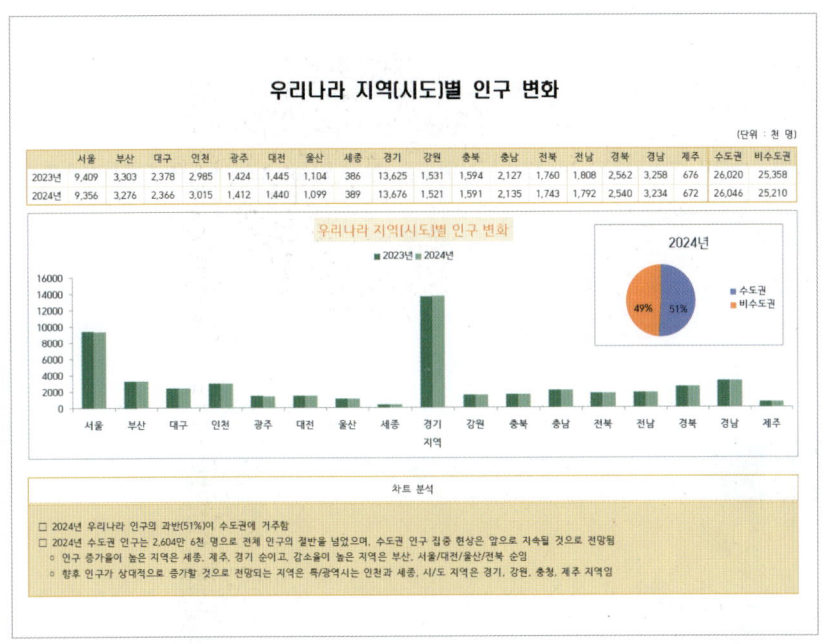

② 다음과 같이 저금 금액 차트를 완성해 보세요.

예제파일: 저금차트.hwpx   완성파일: 저금차트(완성).hwpx

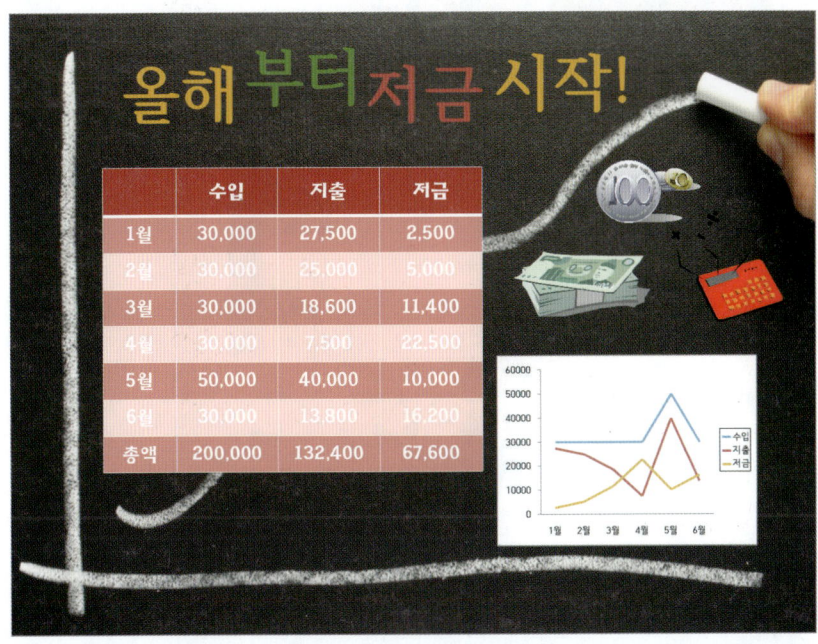

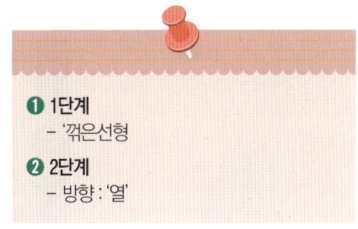

❶ 1단계
- '꺾은선형'

❷ 2단계
- 방향 : '열'

CHAPTER 20 추억을 담는 종이 액자

오늘의 미션
- 편집 용지의 여백 설정하기
- 종이 액자 전개도 만들기
- 셀에 패턴 및 색 채우기

액자는 사진·그림·글씨 등을 끼우거나 걸어두는 틀을 말합니다. 액자의 디자인에 따라 내용물을 꾸며주는 역할을 하기도 합니다.

작품 미리보기

예제파일 패턴.jpg **완성파일** 종이액자(완성).hwpx

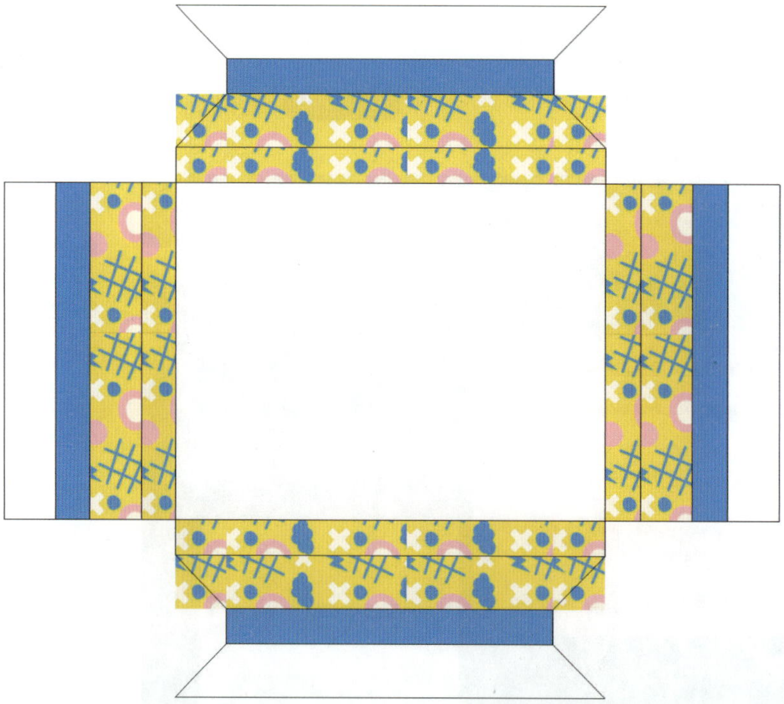

01 편집 용지의 여백 설정하기

종이 액자의 전개도를 삽입하기 위해 편집 용지의 여백을 좁게 설정합니다.

1 한글 2022를 실행한 [새 문서]를 실행하고 F7 키를 눌러 [편집 용지] 대화상자를 실행합니다. '용지 방향'을 '가로'로 설정하고, '용지 여백'을 '위쪽', '아래쪽', '왼쪽', '오른쪽'은 '5mm', '머리말', '꼬리말', '제본'은 '0mm'로 지정한 후 [설정]을 클릭합니다.

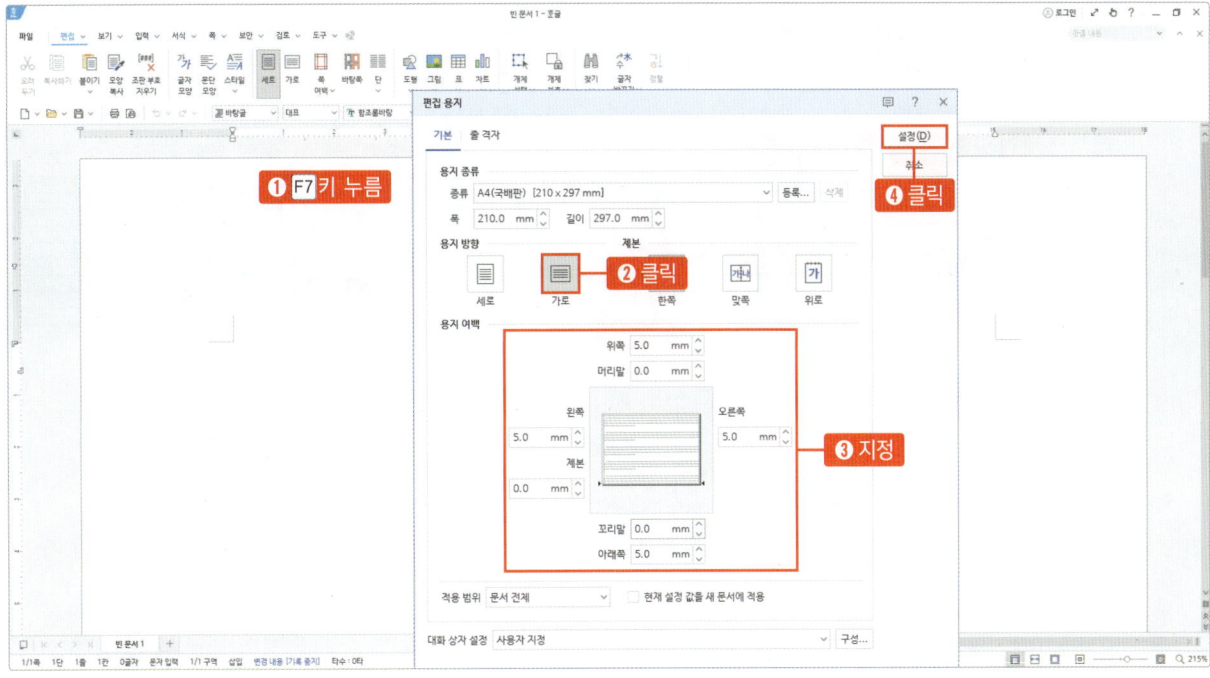

2 [입력] 탭의 [표]를 클릭하여 [표 만들기]를 실행한 후 '줄 개수'의 입력칸에 '11', '칸 개수'의 입력칸에 '9'를 입력하고 [만들기]를 클릭합니다.

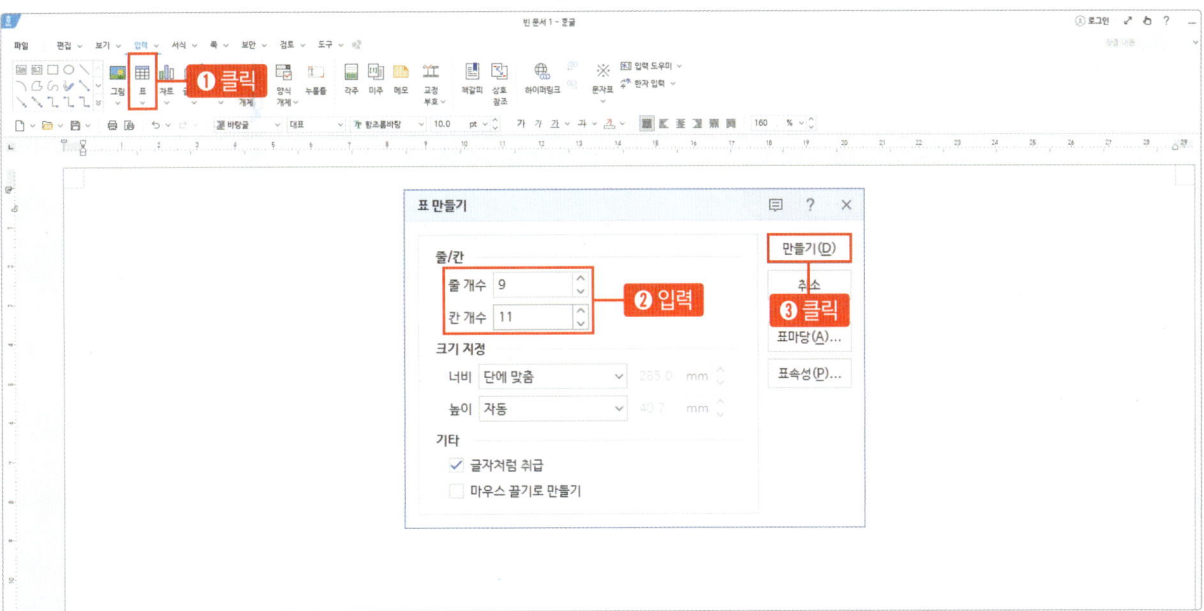

종이 액자 전개도 만들기

셀의 너비와 높이를 조절하고 선 모양을 지정하여 종이액자 전개도를 만듭니다.

① Ctrl키를 누른 채 1, 3, 5, 7, 9, 11번째 칸을 드래그하여 선택한 후 P키를 눌러 [표/셀 속성] 대화상자를 실행합니다. [셀] 탭의 '셀 크기 적용'을 체크하여 활성화하고 '너비'의 입력칸에 '15mm'를 입력한 후 [설정]을 클릭합니다.

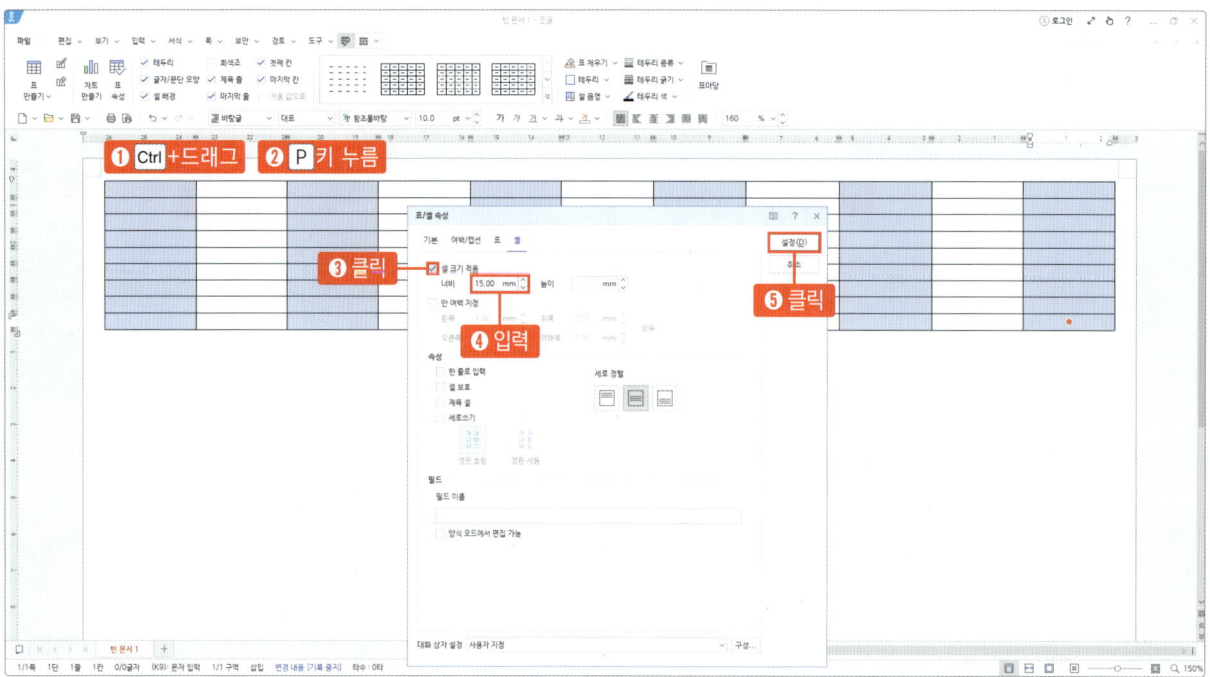

② Ctrl키를 누른 채 2, 4, 8, 10번째 칸을 드래그하여 선택한 후 P키를 눌러 [표/셀 속성] 대화상자를 실행합니다. [셀] 탭의 '셀 크기 적용'을 체크하여 활성화하고 '너비'의 입력칸에 '10mm'를 입력한 후 [설정]을 클릭합니다.

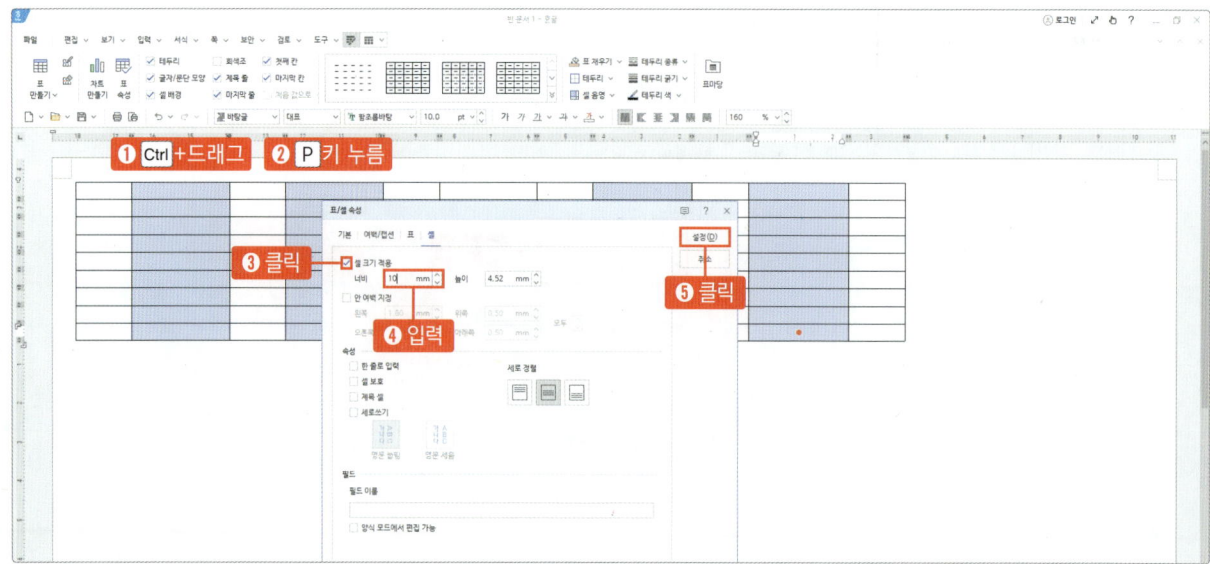

③ Ctrl 키를 누른 채 1, 3, 7, 9번째 줄을 드래그하여 선택한 후 P 키를 눌러 [표/셀 속성] 대화상자를 실행합니다. [셀] 탭의 '셀 크기 적용'을 체크하여 활성화하고 '높이'의 입력칸에 '15mm'를 입력한 후 [설정]을 클릭합니다.

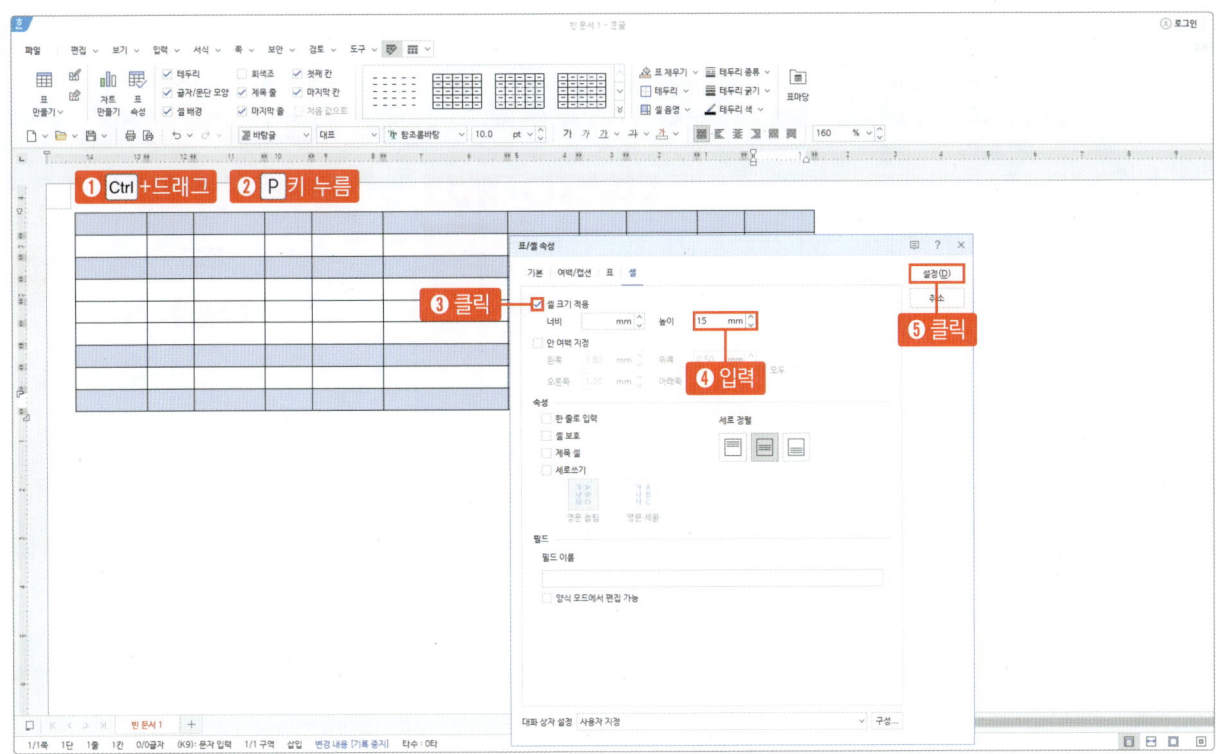

④ Ctrl 키를 누른 채 2, 4, 6, 8번째 줄을 드래그하여 선택한 후 P 키를 눌러 [표/셀 속성] 대화상자를 실행합니다. [셀] 탭의 '셀 크기 적용'을 체크하여 활성화하고 '높이'의 입력칸에 '10mm'를 입력한 후 [설정]을 클릭합니다.

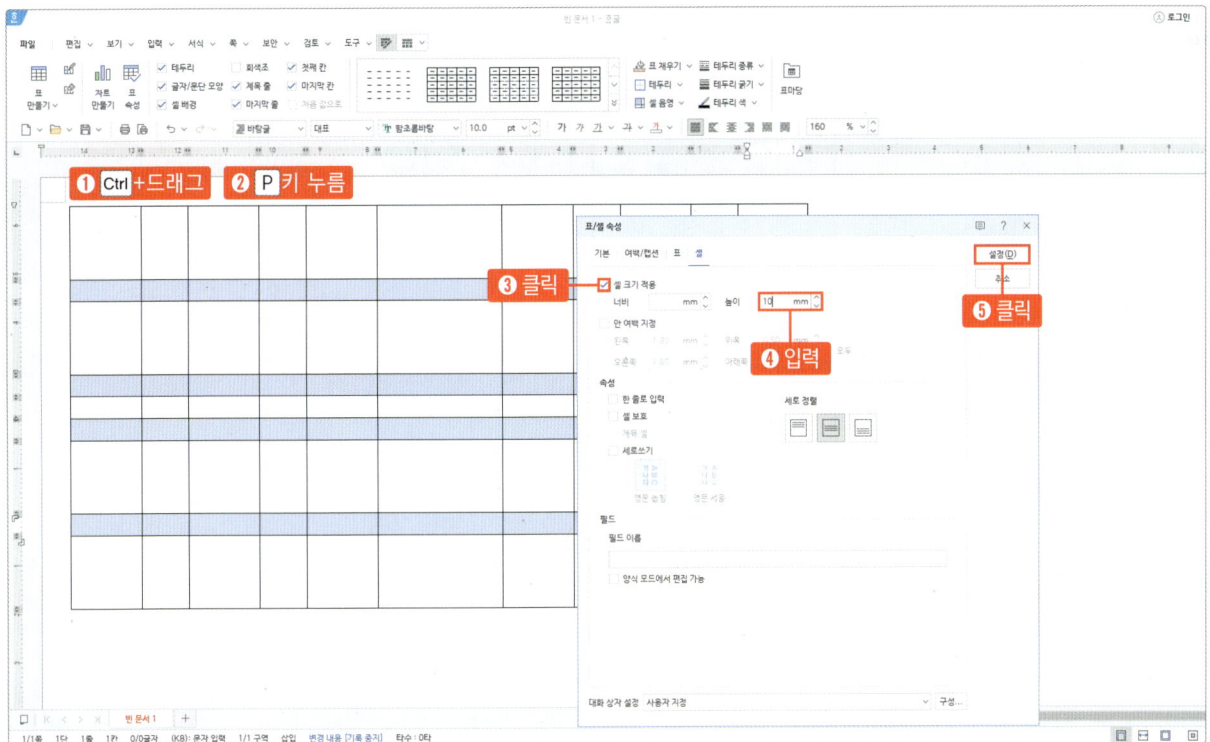

5 5번째 줄을 드래그하여 선택한 후 P키를 눌러 [표/셀 속성] 대화상자를 실행합니다. [셀] 탭의 '셀 크기 적용'을 체크하여 활성화하고 '높이'의 입력칸에 '95mm'를 입력한 후 [설정]을 클릭합니다.

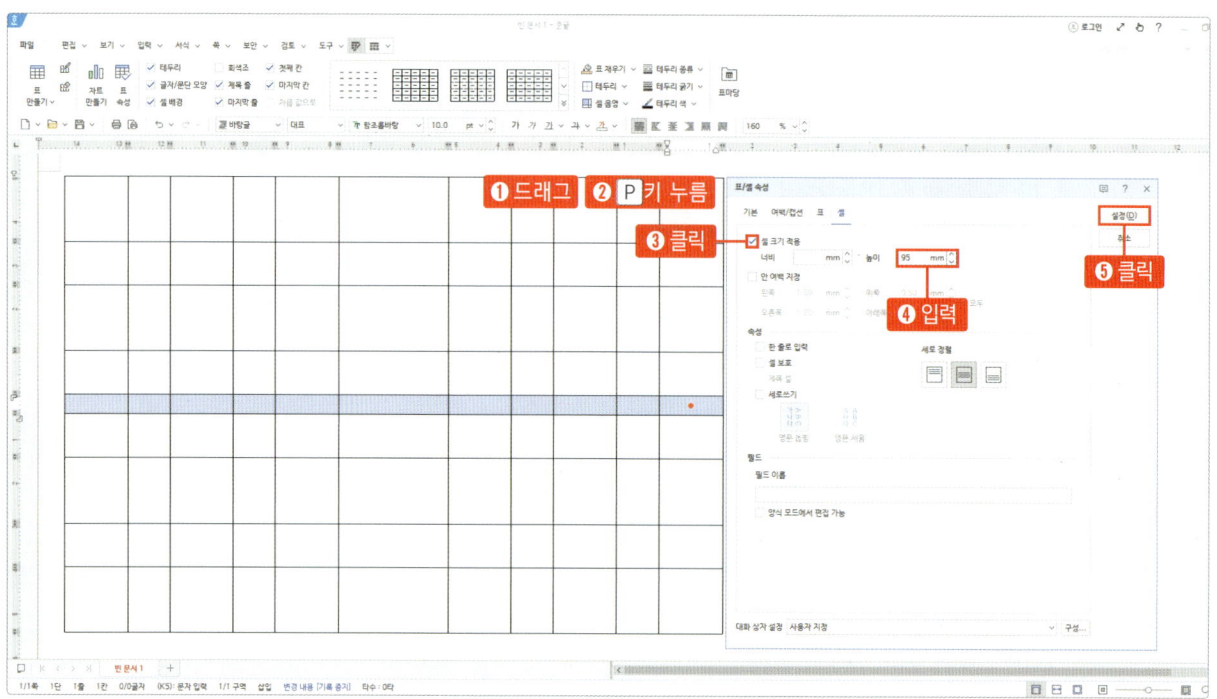

6 6번째 칸을 드래그하여 선택한 후 P키를 눌러 [표/셀 속성] 대화상자를 실행합니다. [셀] 탭의 '셀 크기 적용'을 체크하여 활성화하고 '너비'의 입력칸에 '95mm'를 입력한 후 [설정]을 클릭합니다.

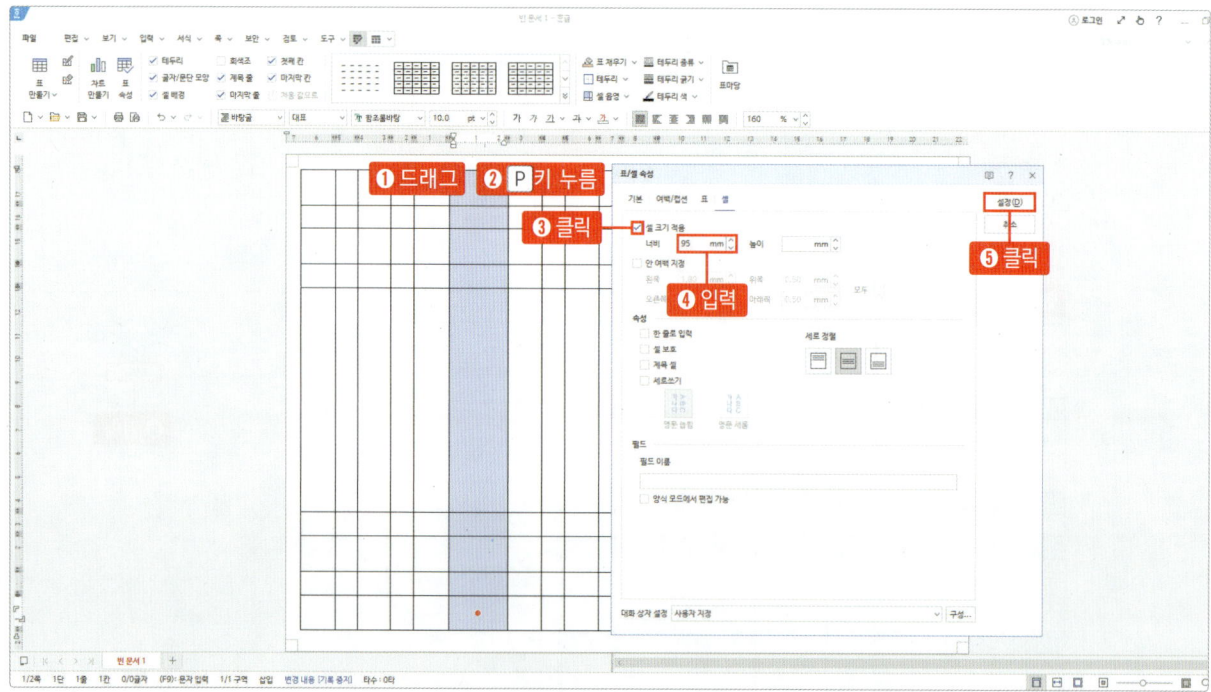

7 Ctrl 키를 누른 채 그림과 같이 4개의 셀을 클릭하여 선택한 후 L 키를 눌러 [셀 테두리/배경]을 실행합니다. [대각선] 탭에서 '종류'를 '실선'으로 선택하고 '상향 대각선'을 클릭하여 지정한 후 [설정]을 클릭합니다.

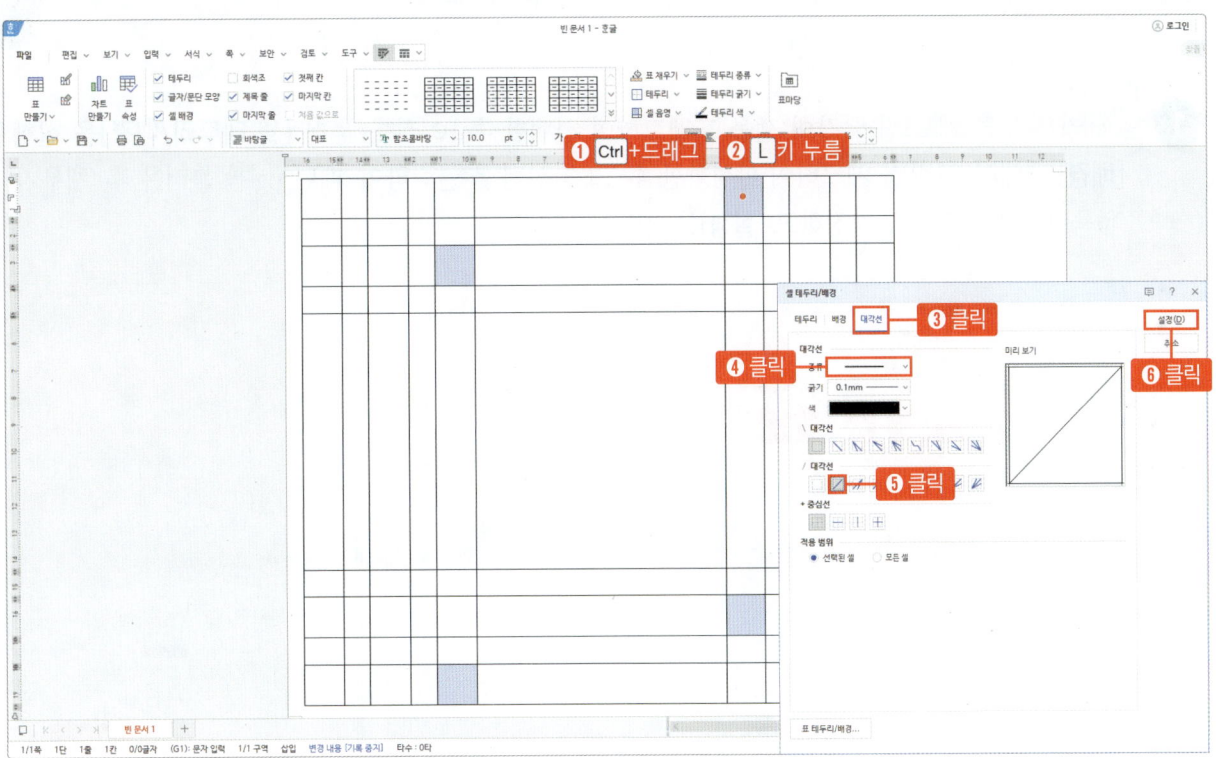

8 **7**과 같은 방법으로 방향에 맞는 대각선을 추가하고 그림과 같이 셀의 테두리를 지정합니다.

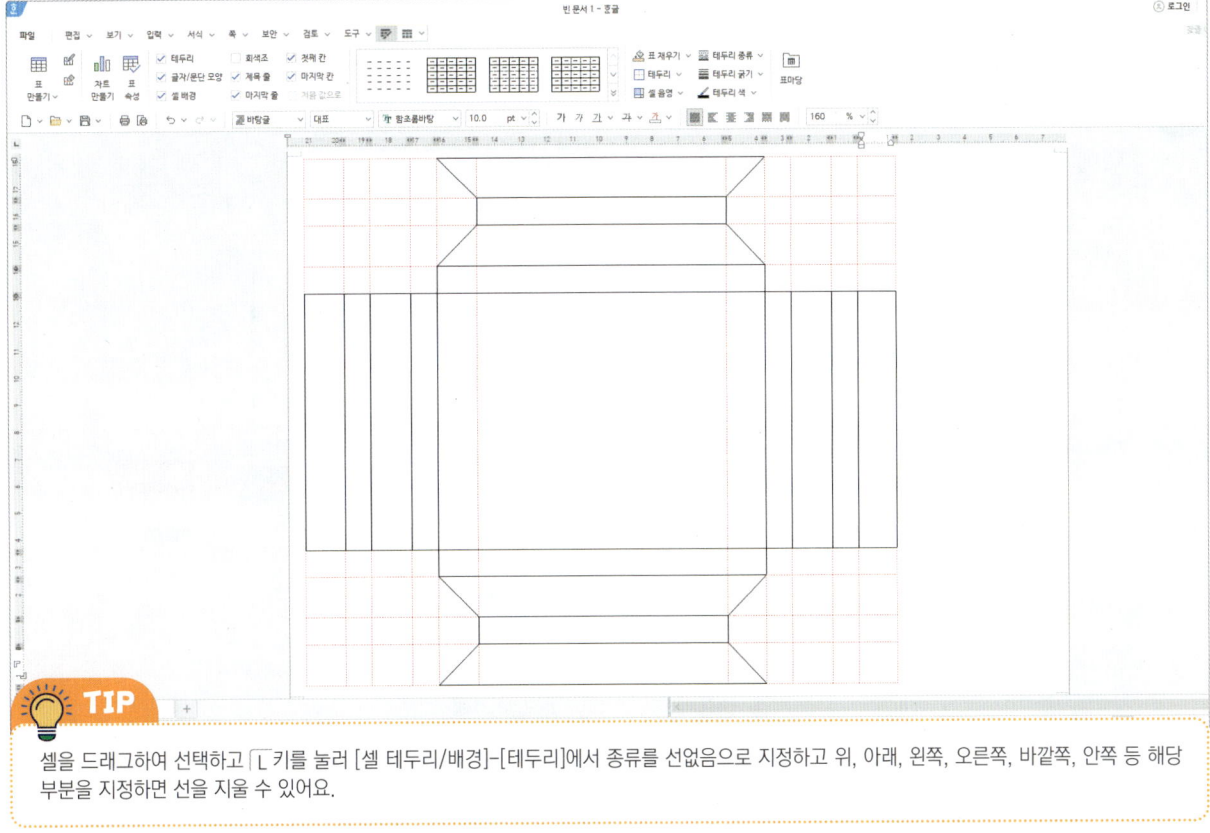

> **TIP**
> 셀을 드래그하여 선택하고 L 키를 눌러 [셀 테두리/배경]-[테두리]에서 종류를 선없음으로 지정하고 위, 아래, 왼쪽, 오른쪽, 바깥쪽, 안쪽 등 해당 부분을 지정하면 선을 지울 수 있어요.

셀에 패턴 및 색 채우기

프레임이 되는 셀에 패턴 및 색을 채워 종이 액자의 전개도를 완성합니다.

1. Ctrl 키를 누른 채 그림과 같이 셀을 드래그하여 선택한 후 C 키를 눌러 [셀 테두리/배경]을 실행합니다. [배경] 탭에서 '그림'을 체크하여 활성화한 후 '그림 선택'을 클릭하여 '패턴.jpg'를 불러온 후 '채우기 유형'을 '바둑판식으로-모두'로 지정하고 [설정]을 클릭합니다.

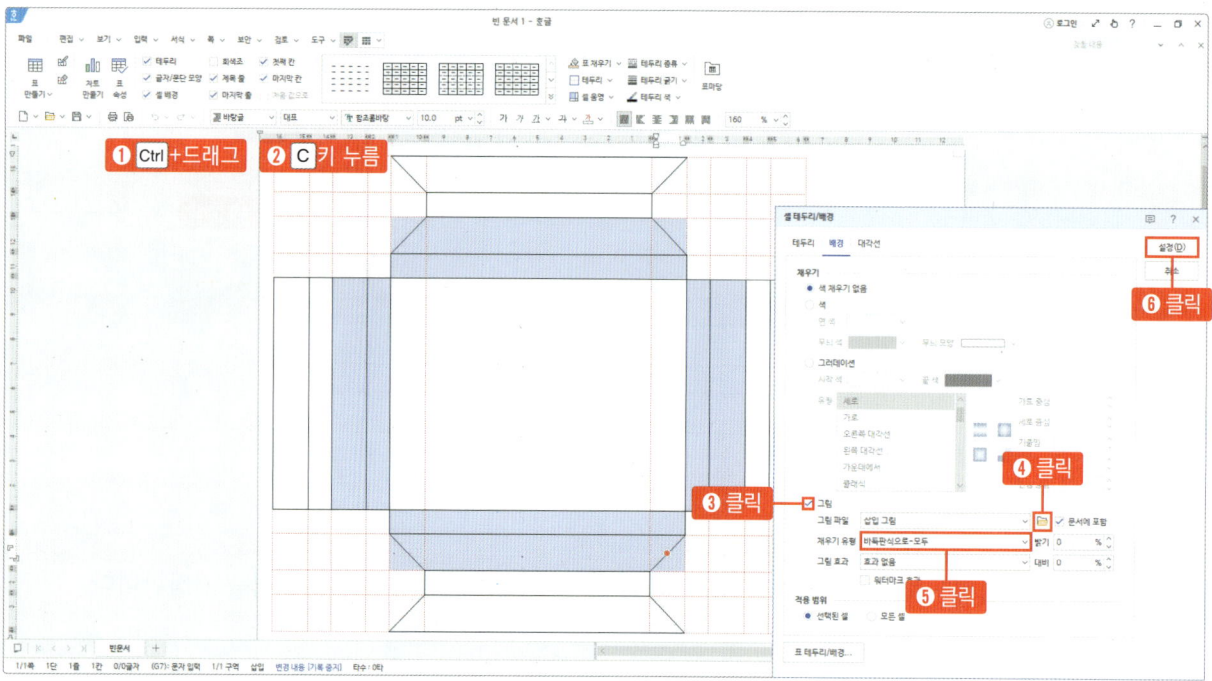

2. Ctrl 키를 누른 채 그림과 같이 셀을 클릭하여 선택한 후 C 키를 눌러 [셀 테두리/배경]을 실행합니다. [배경] 탭에서 '면 색'을 임의의 색으로 지정한 후 [설정]을 클릭합니다.

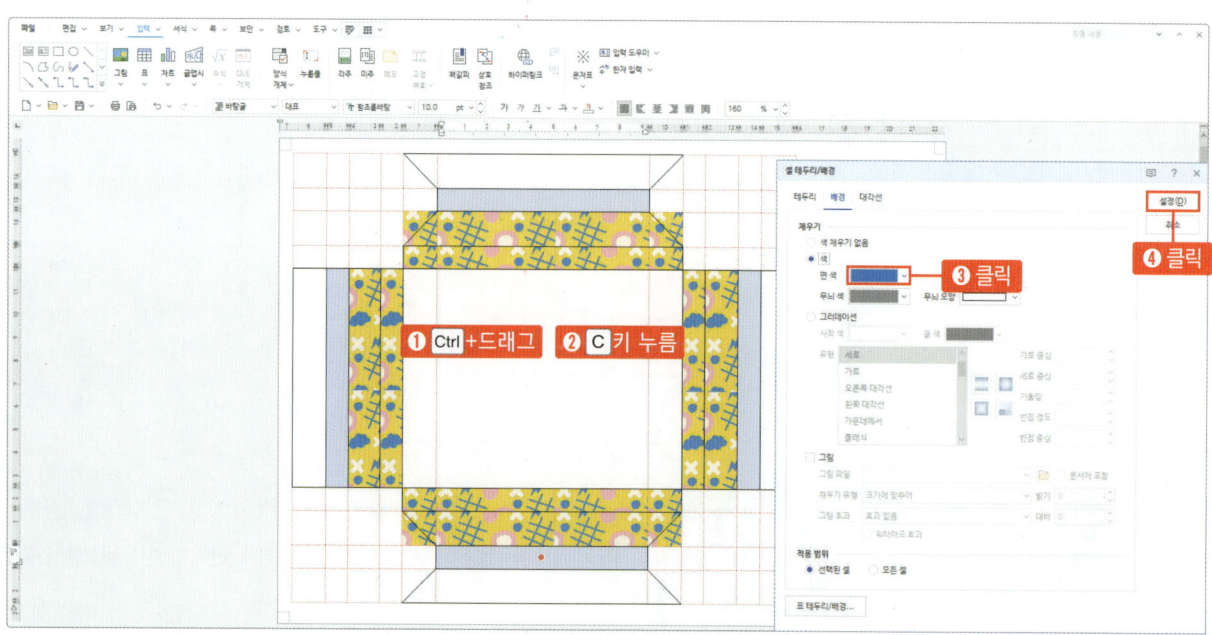

실력 쑥쑥! 창의력 쑥쑥!

1 다음과 같이 종이액자 도안을 완성해 보세요.

예제파일 패턴1.jpg **완성파일** 종이액자1(완성).hwpx

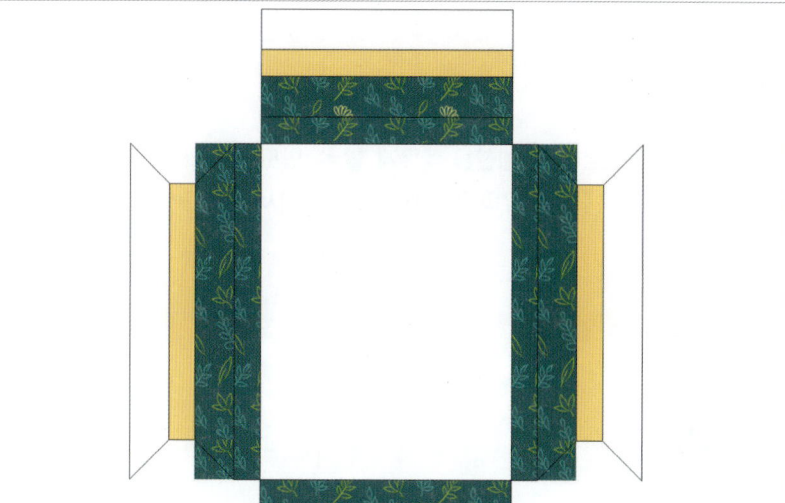

❶ 표 삽입
 - 줄 개수 : '11', 칸 개수 : '9'
 - '패턴1' 그림 채우기

2 문서를 출력해 종이액자를 완성해 보세요.

TIP 액자에 넣을 그림이나 사진의 크기는 9.5*6.5cm로 준비해주세요.

CHAPTER 21
구구단을 외자!

오늘의 미션
- 쪽 테두리 및 배경 지정하기
- 자동 채우기로 데이터 입력하기
- 표에 그림 삽입하기

구구단은 기초적인 곱셈표로 곱셈 계산을 빠르게 할 수 있도록 도와줍니다. 한국에서는 초등학교 2학년에서 곱셈구구로 특유의 리듬에 맞춰 외우면서 배우고 있습니다.

예제파일 구구단.hwpx, 2.png ~ 9.png   **완성파일** 구구단(완성).hwpx

01 쪽 테두리 및 배경 지정하기

종이의 테두리 및 배경색을 변경합니다.

① 한글 2022를 실행한 다음 [내 컴퓨터에서 불러오기]를 클릭하여 '구구단.hwpx' 파일을 불러온 후 [쪽] 탭의 [쪽 테두리/배경]을 클릭합니다.

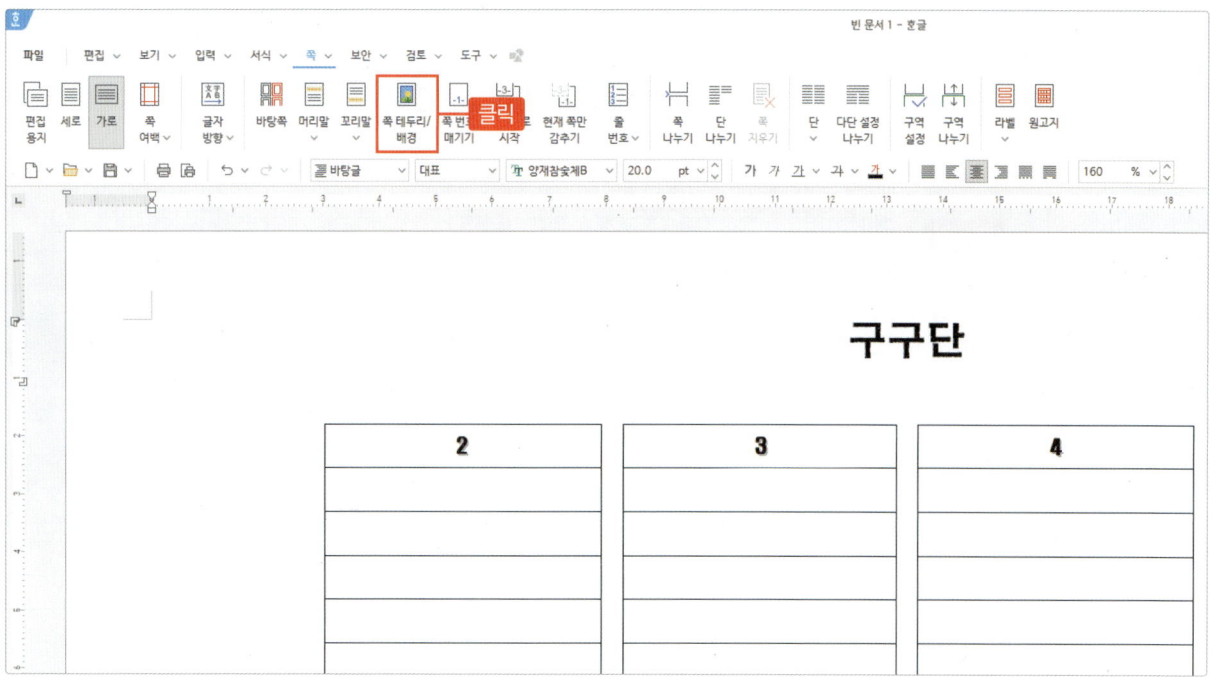

② [쪽 테두리/배경] 대화상자의 [테두리] 탭에서 테두리의 '종류'를 '실선', '굵기'를 '1mm', '색'을 임의의 색으로 지정하고 '모두'를 지정한 후 [배경] 탭에서 '면 색'을 임의의 색으로 정하고 [설정]을 클릭합니다.

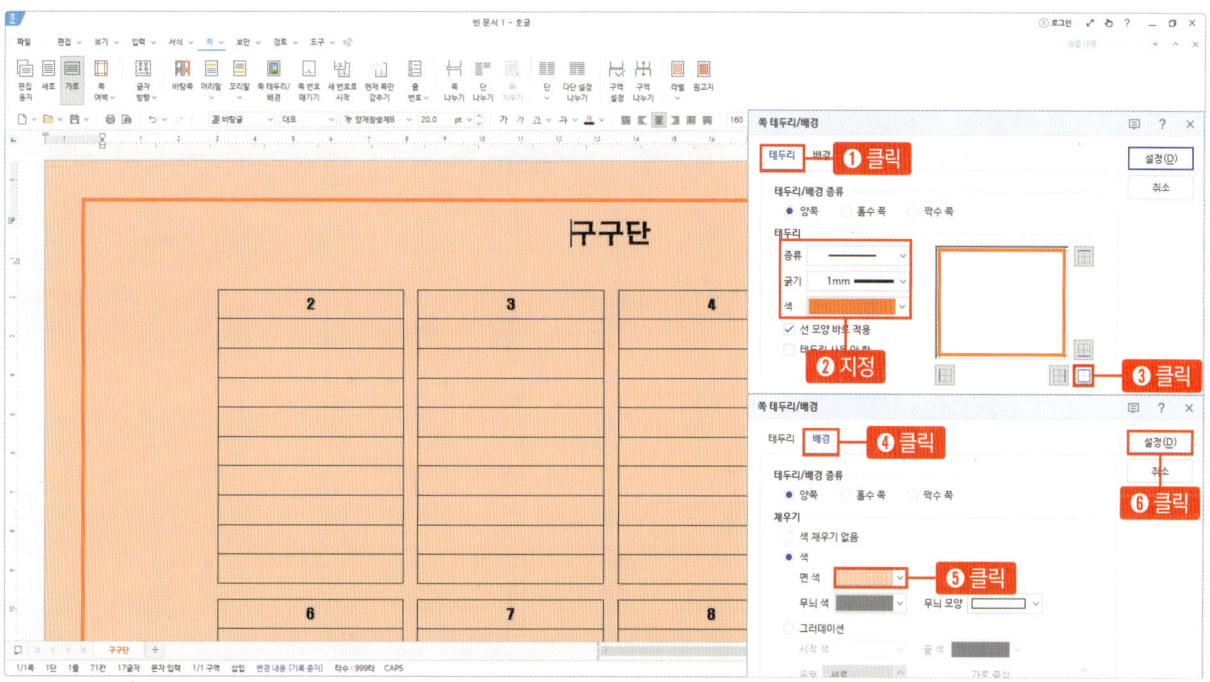

CHAPTER 21 - 구구단을 외자! 139

02 자동 채우기로 데이터 입력하기

자동 채우기 기능을 이용하여 구구단 표에 데이터를 입력합니다.

① 첫 번째 셀에 '2'를 입력한 후 첫 번째 칸을 전부 드래그하고 마우스 오른쪽 버튼을 클릭하여 [채우기]의 [표 자동 채우기]를 클릭합니다.

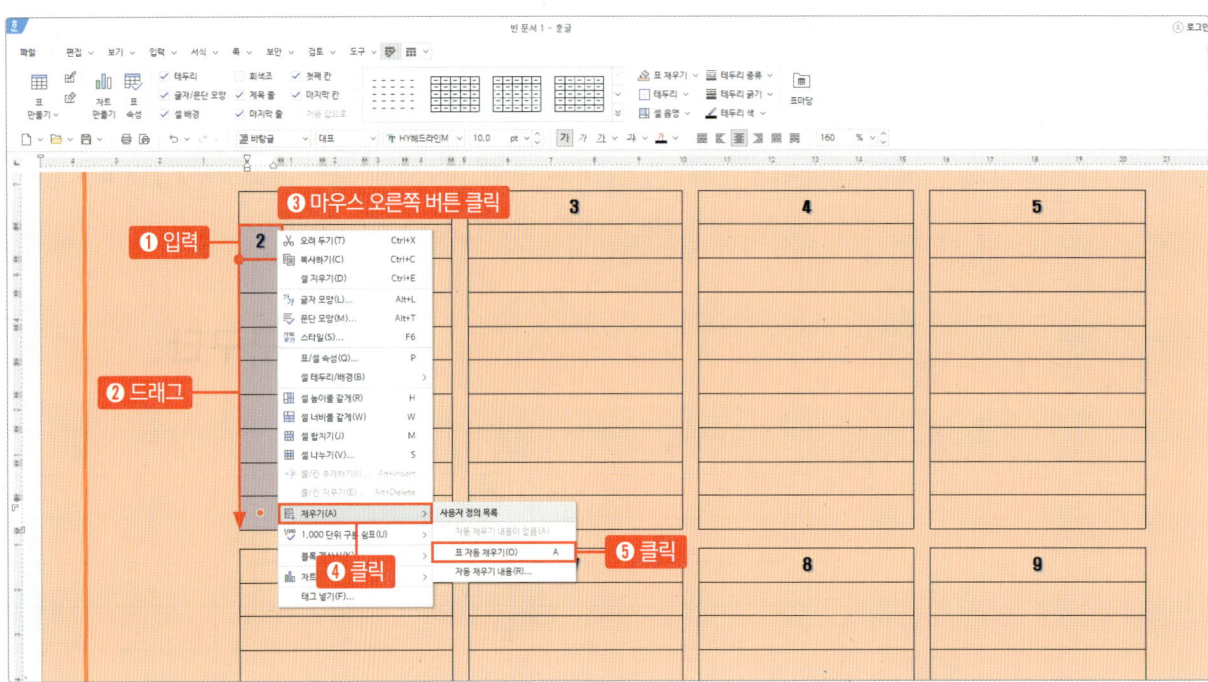

② 두 번째 셀에 커서를 위치시킨 후 Ctrl + F10 키를 눌러 [문자표]를 실행하고 [사용자 문자표] 탭에서 'x'를 찾아 입력합니다. 그 다음 두 번째 칸을 전부 드래그하여 선택한 후 A 키를 눌러 자동 채우기를 합니다.

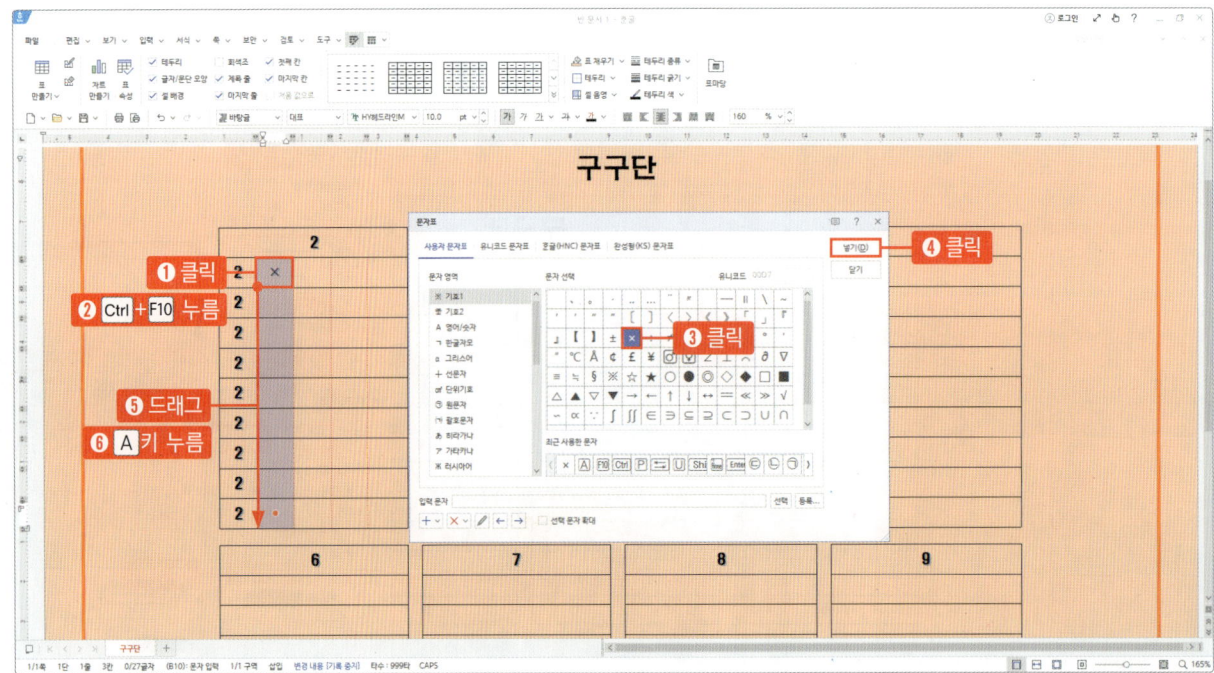

③ 세 번째 칸의 첫 번째와 두 번째 셀에 '1'과 '2'를 차례로 입력하고 네 번째 칸의 첫 번째 셀에 '='을 입력한 후 세 번째와 네 번째 칸을 전부 드래그하고 A 키를 누릅니다.

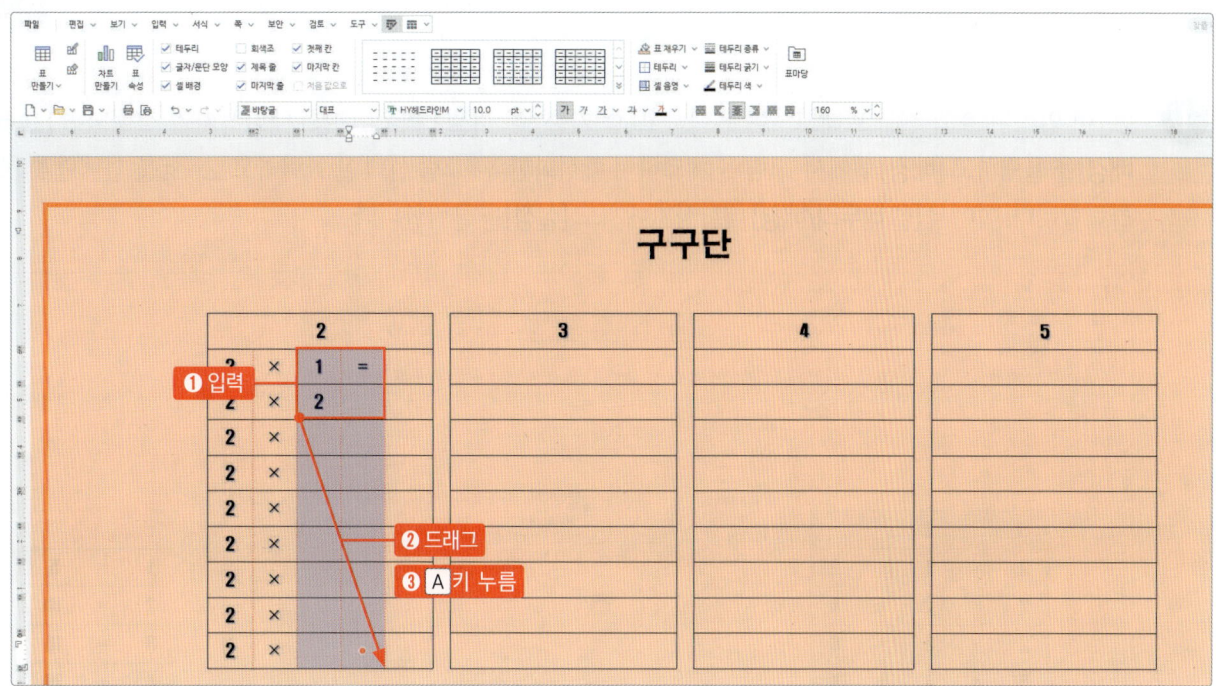

④ 다섯 번째 칸의 첫 번째 셀에 커서를 위치시킨 후 마우스 오른쪽 버튼을 클릭하여 [쉬운 계산식]의 [가로 곱]을 클릭하고 계산식이 입력되면 다섯 번째 칸을 전부 드래그한 후 A 키를 눌러 자동 채우기를 완성합니다.

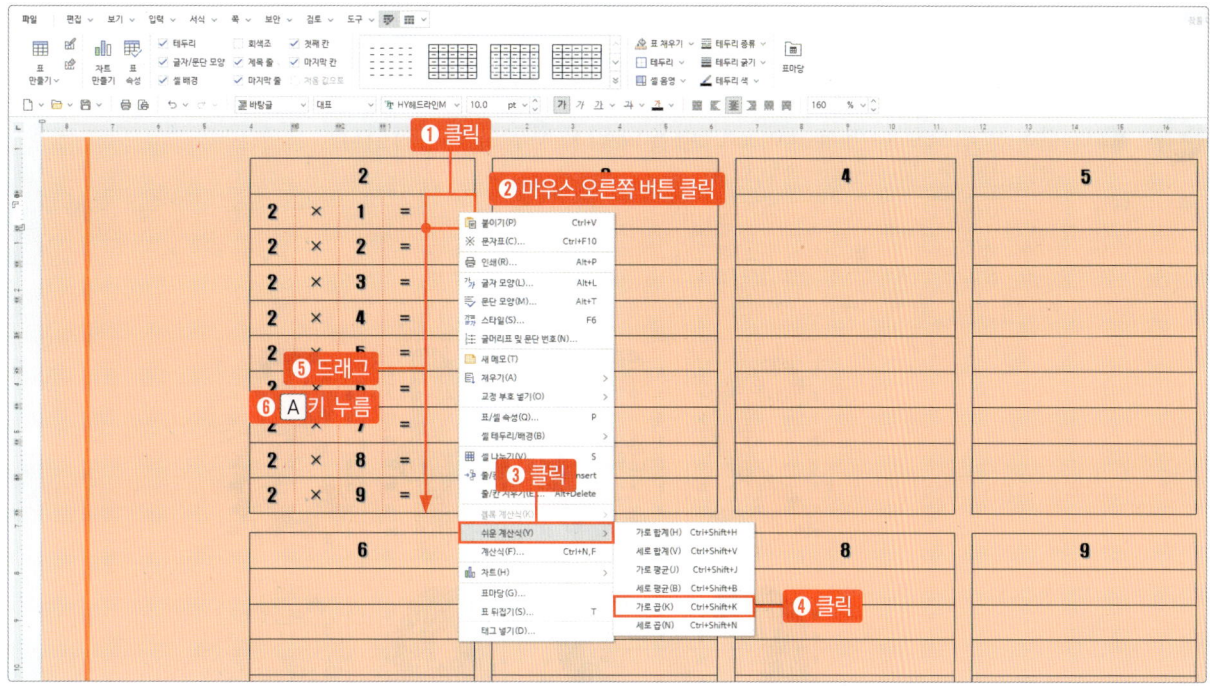

⑤ ❶~❹와 같은 방법으로 9단까지 구구단을 입력합니다.

03 표에 그림 삽입하기

표 전체에 하나의 그림이 배경이 되도록 삽입합니다.

1 2단이 입력된 표의 셀을 드래그하여 선택하고 C 키를 눌러 [셀 테두리/배경] 대화상자가 실행되면 [표 테두리/배경]을 클릭하고 [배경] 탭에서 '그림'을 체크하여 활성화한 후 '그림 선택'을 클릭하고 '2.png'를 선택한 후 [설정]을 클릭합니다. 이어서 [셀 테두리/배경] 대화상자에서도 [설정]을 클릭합니다.

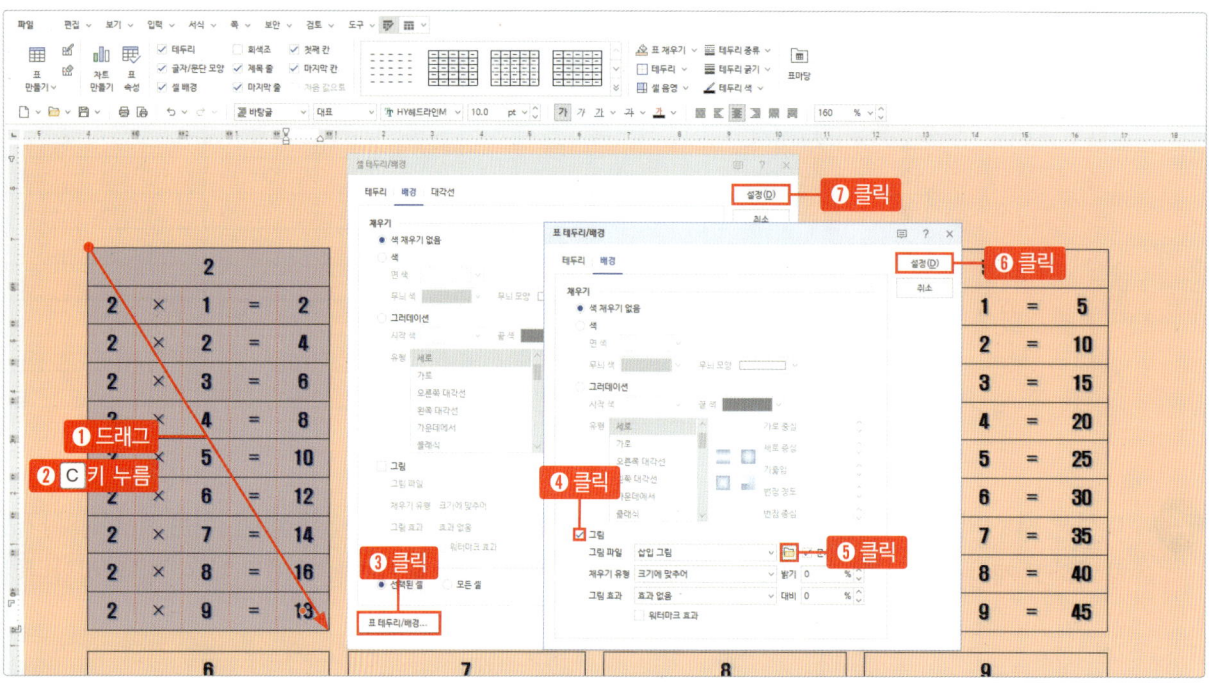

2 ①과 같은 방법으로 나머지 표에도 그림을 채워 구구단을 완성합니다.

실력 쑥쑥! 창의력 쑥쑥!

1 다음과 같이 시간표를 완성해 보세요.

예제파일: 시간표.png 완성파일: 시간표(완성).hwpx

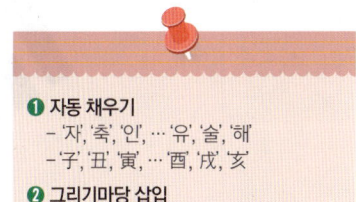

❶ 자동 채우기
- '월요일' … '금요일'
- '1교시' … '6교시'

2 다음과 같이 십이간지 표를 완성해 보세요.

예제파일: 십이간지.hwpx 완성파일: 십이간지(완성).hwpx

❶ 자동 채우기
- '자', '축', '인', … '유', '술', '해'
- '子', '丑', '寅', … '酉', '戌', '亥'

❷ 그리기마당 삽입
- 전통 꾸러미

CHAPTER 21 · 구구단을 외자!

나라사랑 태극기

오늘의 미션
- 도형 편집하기
- 그림을 삽입하고 회전시키기
- 배경 삭제하기

 우리나라 국기인 **태극기**는 흰색 바탕에 가운데 태극 문양과 네 모서리의 건곤감리 4괘로 구성되어 있습니다. 4괘의 건곤감리는 하늘, 땅, 물, 불을 의미합니다.

예제파일 태극기.hwpx, 감.png, 건.png, 곤.png, 이.png   **완성파일** 태극기(완성).hwpx

01 도형 편집하기

도형을 삽입하고 다각형 편집을 이용하여 새로운 도형을 만듭니다.

① 한글 2022를 실행한 다음 [내 컴퓨터에서 불러오기]를 클릭하여 '태극기.hwpx' 파일을 불러옵니다. [입력] 탭의 '타원'을 추가하고 더블클릭하여 [개체 속성] 대화 상자를 실행합니다. '너비'의 입력칸에 '90mm', '높이'의 입력칸에 '90mm'를 입력하여 크기를 지정하고, [선] 탭에서 '종류'를 '선 없음', [채우기] 탭에서 '면 색'을 '빨강'으로 지정합니다.

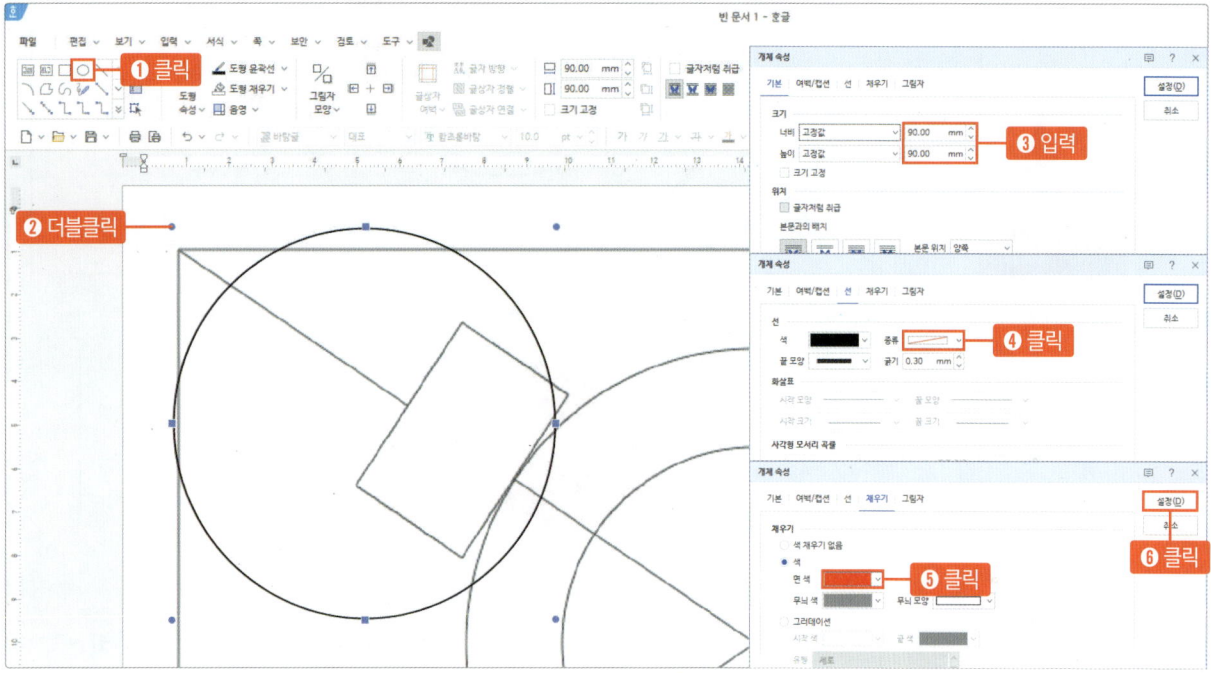

② 삽입된 타원을 가운데 위치시킨 후 마우스 오른쪽 버튼을 클릭하여 [다각형 편집]을 클릭합니다.

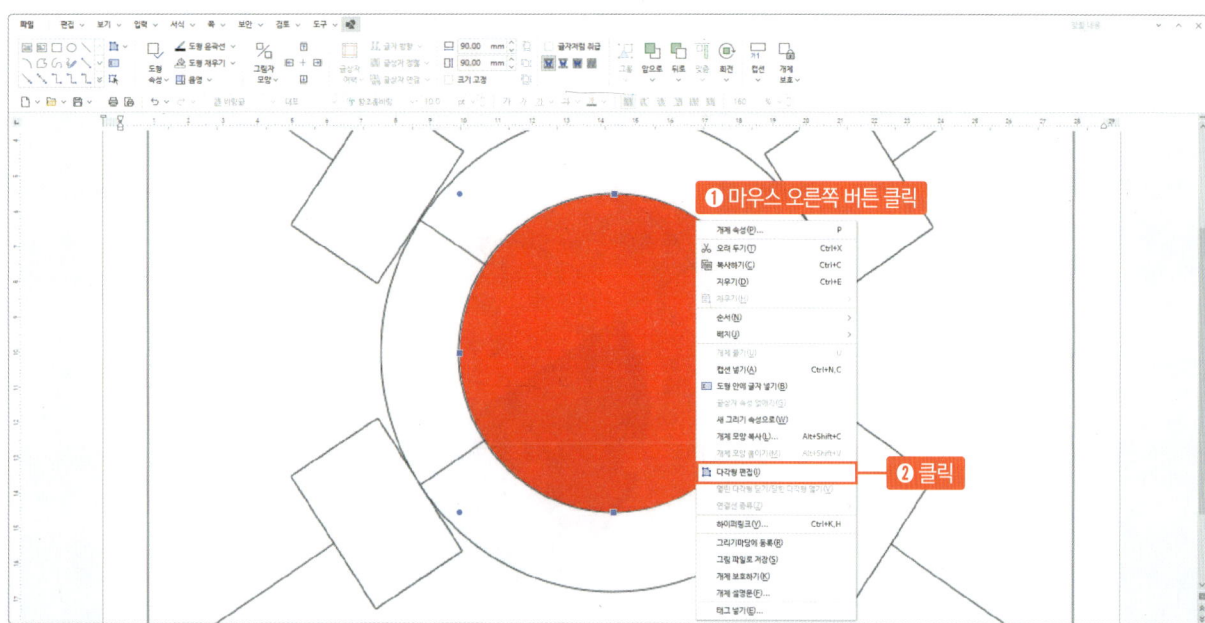

❸ 다각형 편집점을 드래그하여 반원 모양으로 편집합니다.

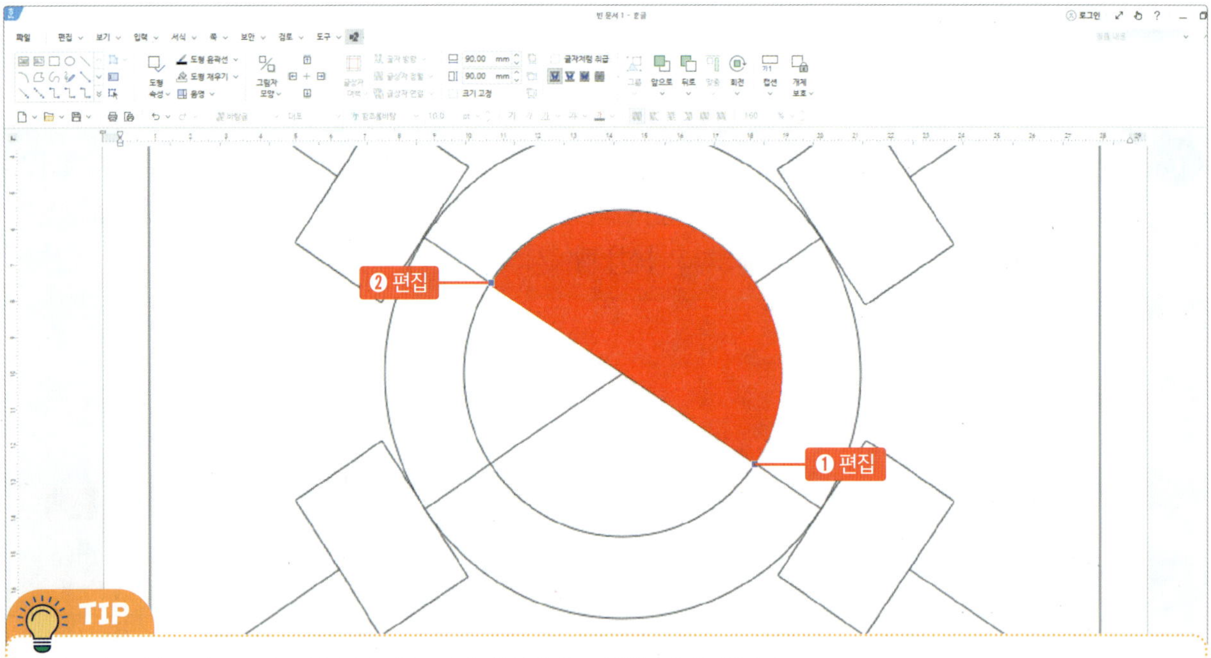

> **TIP**
> 아래와 같은 마우스 커서 모양으로 변경되면 좌우로 드래그하여 원하는 위치에 점을 추가합니다.

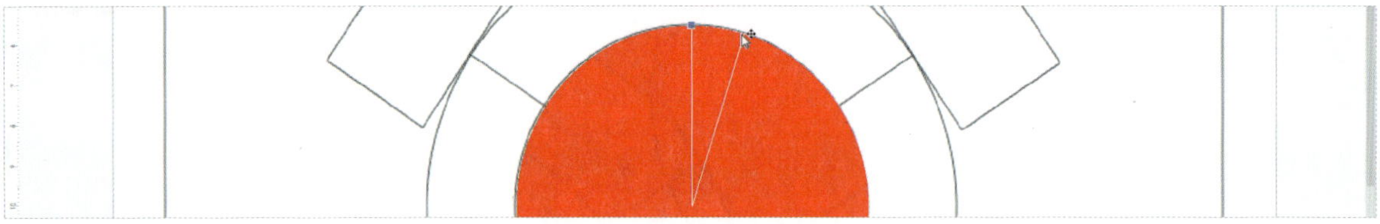

❹ 편집된 도형을 Ctrl 키를 이용하여 복사한 후 [🖼️] 탭의 [회전]-[좌우 대칭], [상하 대칭]을 차례로 클릭하고 밑그림에 맞춰 배치합니다. 그 다음 더블클릭하여 [개체 속성]을 실행하여 [채우기] 탭의 '면 색'을 '파랑'으로 지정합니다.

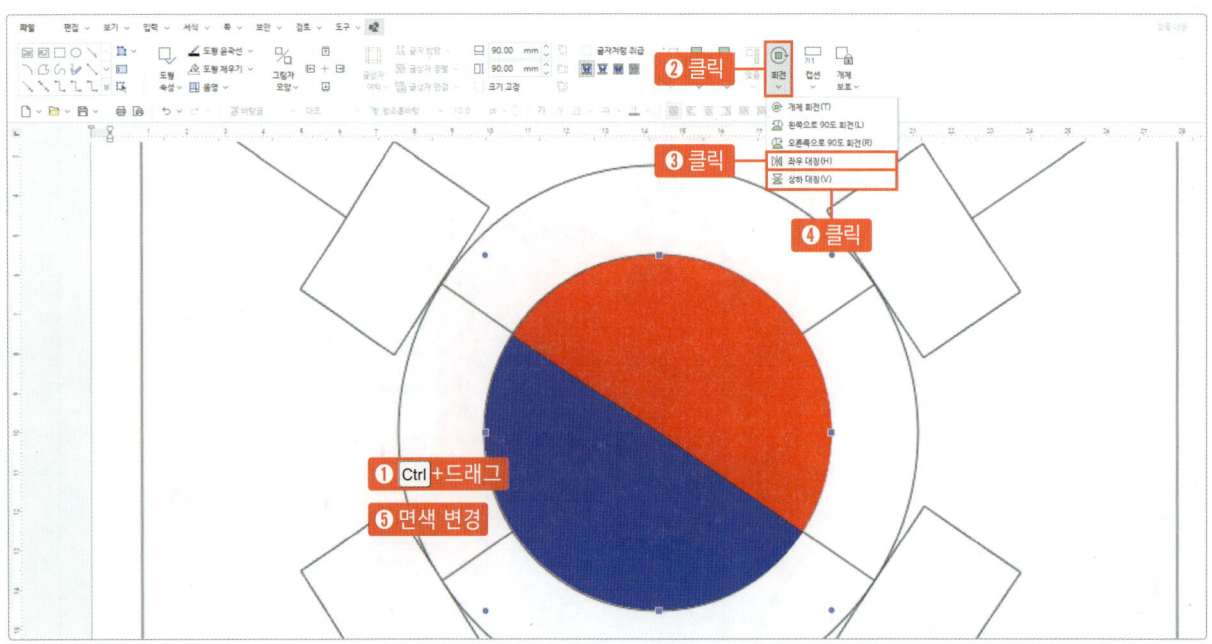

146 한글 2022 작품만들기

⑤ [입력] 탭의 타원을 클릭하여 추가한 후 [ ] 탭에서 '너비'를 '45mm', '높이'를 '45mm'로 입력하여 크기를 지정합니다. 더블클릭하여 [개체 속성] 대화 상자를 실행하고 [선] 탭에서 '종류'를 '선 없음', [채우기] 탭에서 '면 색'을 '빨강'으로 지정합니다.

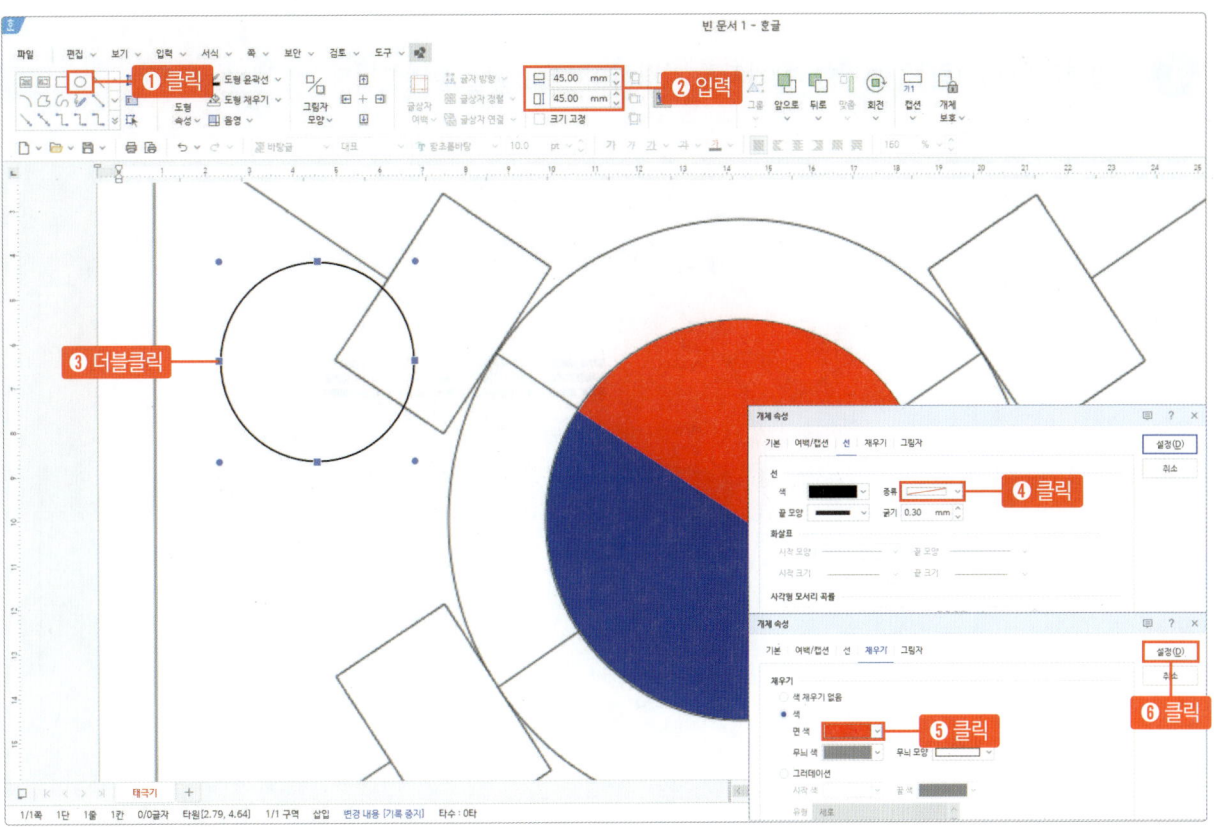

⑥ 삽입한 타원을 두 개의 반원 위쪽으로 배치한 후 더블클릭하여 [개체 속성]을 실행합니다. [채우기] 탭에서 '면 색'을 '파랑'으로 변경한 후 반대되는 위치에 배치하여 태극 문양을 만듭니다.

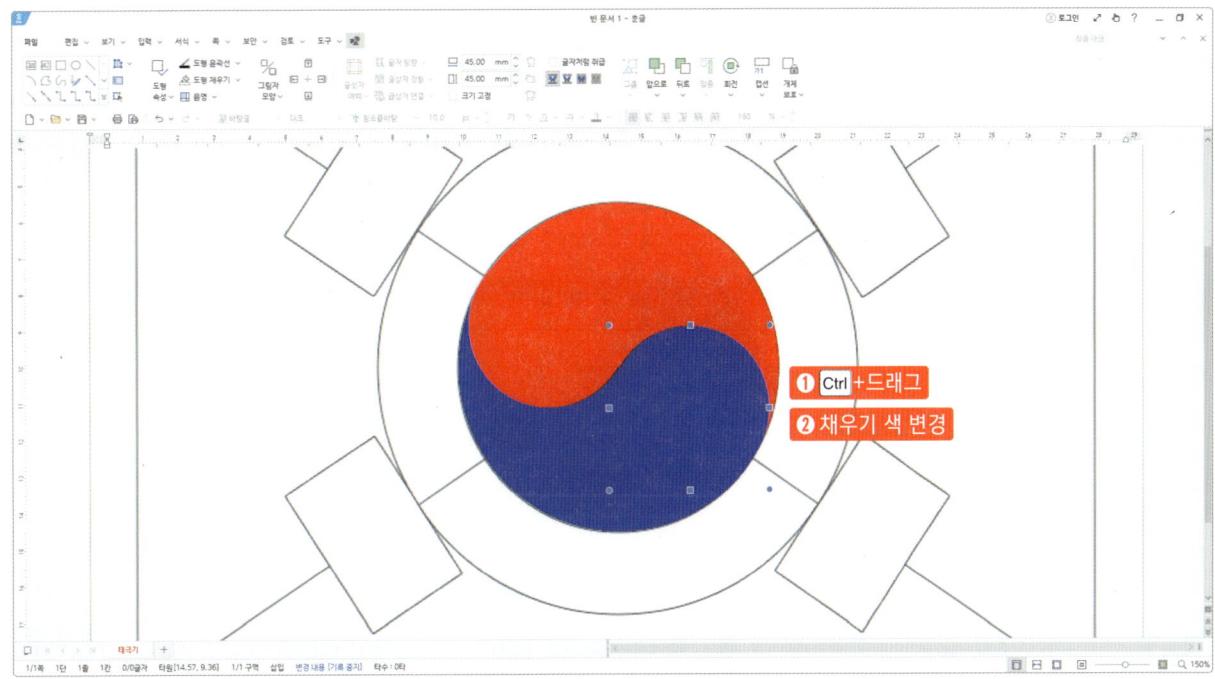

CHAPTER 22 - 나라사랑 태극기   147

그림을 삽입하고 회전시키기

그림을 삽입하고 회전각을 입력하여 그림을 회전시킵니다.

1 [입력] 탭의 [그림]을 클릭한 후 위치를 지정하여 '건.png'를 삽입합니다.

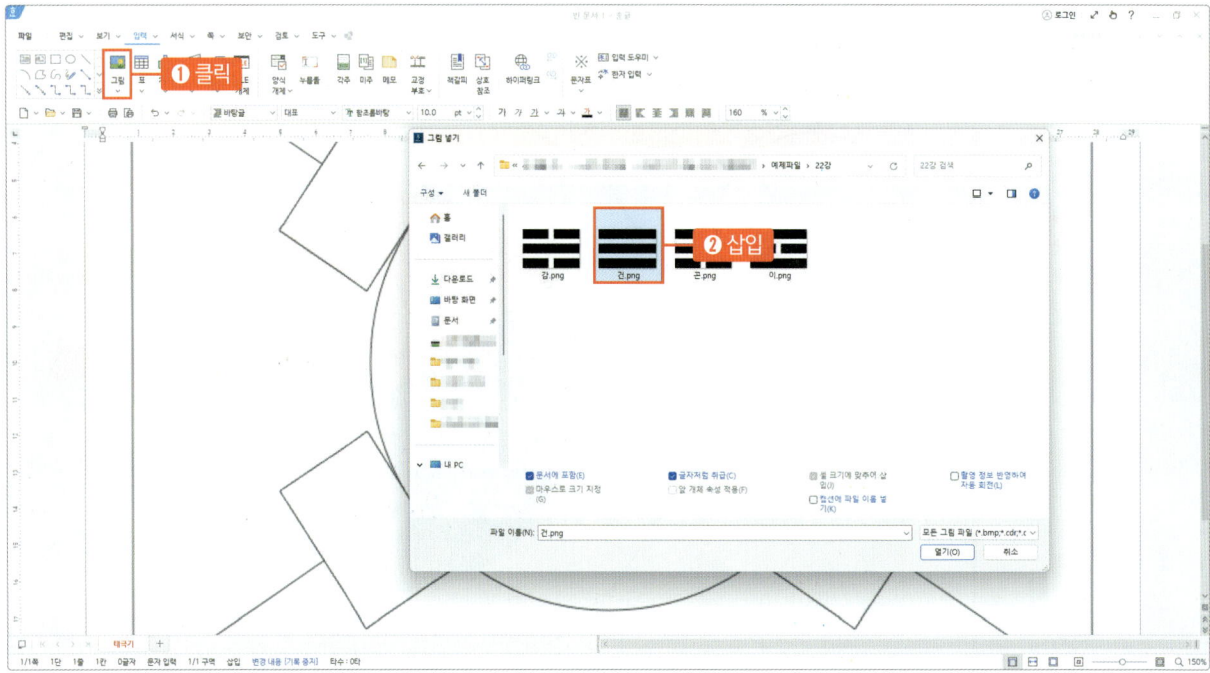

2 삽입된 '건' 그림을 더블클릭하여 [개체 속성]을 실행하고 [기본] 탭에서 '회전각'의 입력칸에 '124°'를 입력하고 [설정]을 클릭한 후 밑그림에 맞춰 배치합니다.

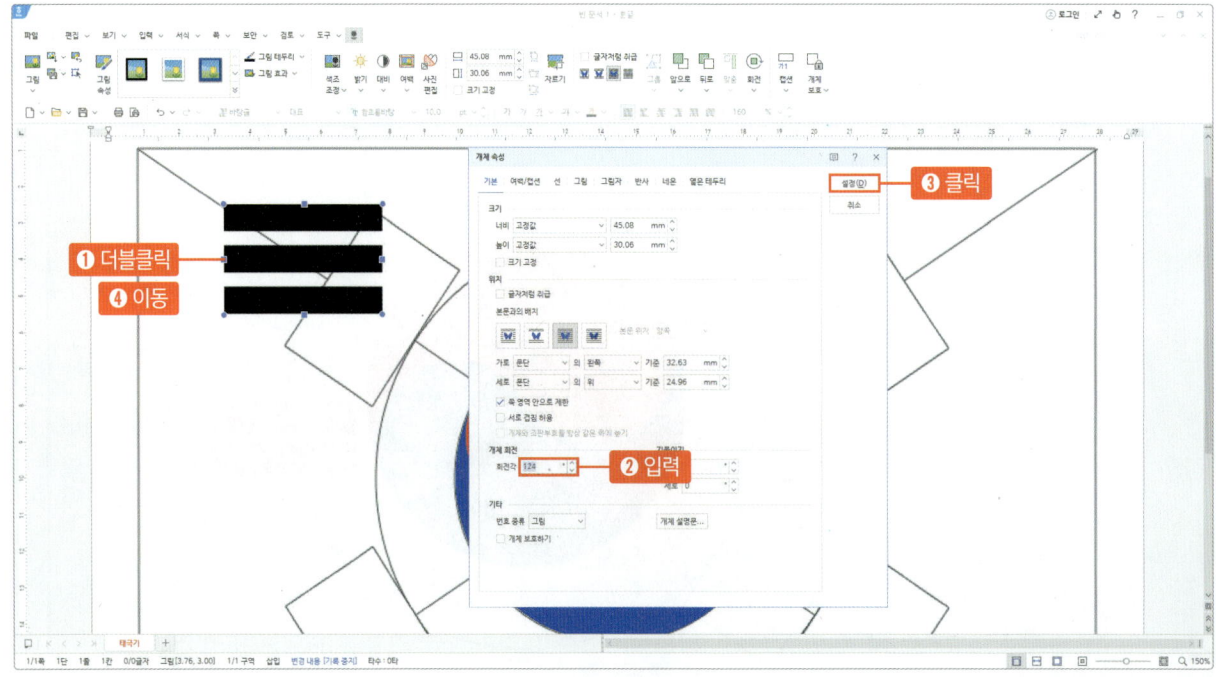

③ ①~②와 같은 방법으로 '곤.png', '감.png', '이.png'를 삽입하고 회전각을 각각 124°, 236°, 236°로 변경하여 아래와 같이 완성합니다.

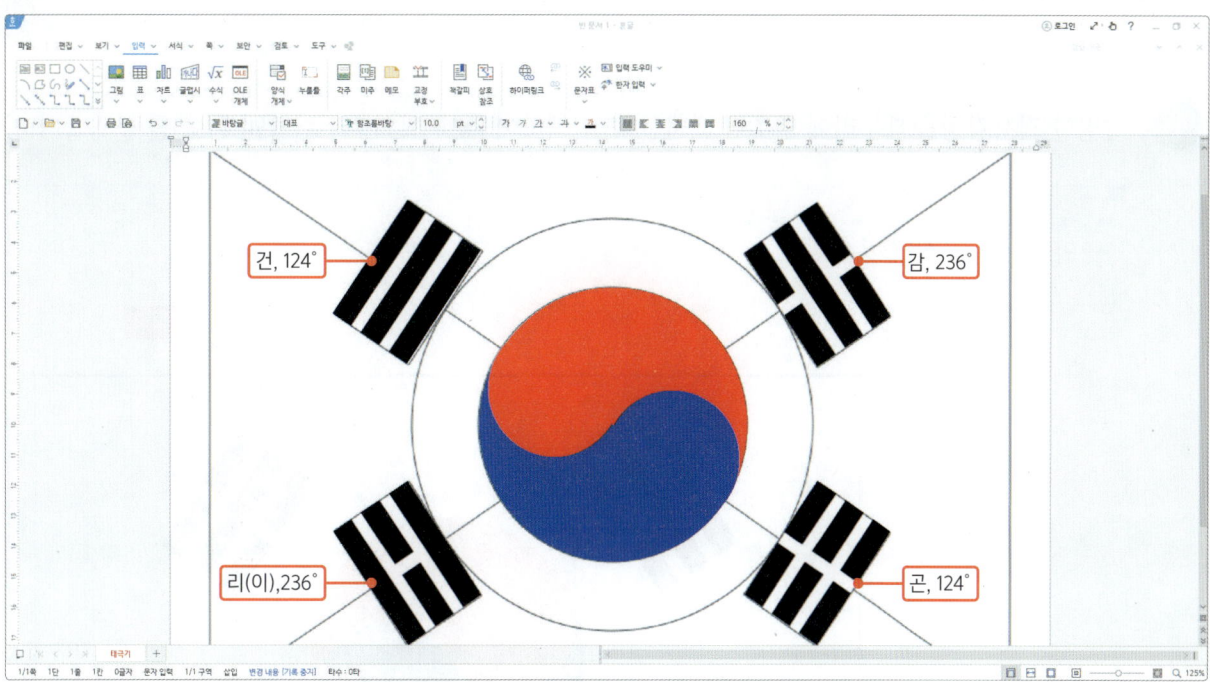

④ [입력] 탭의 '직사각형'을 클릭하여 삽입하고 더블클릭하여 [개체 속성]을 실행합니다. [기본] 탭에서 '너비'의 입력칸에 '270mm', '높이'의 입력칸에 '180mm'를 입력하여 크기를 지정하고, [채우기] 탭에서 '면 색'을 '하양'으로 지정합니다.

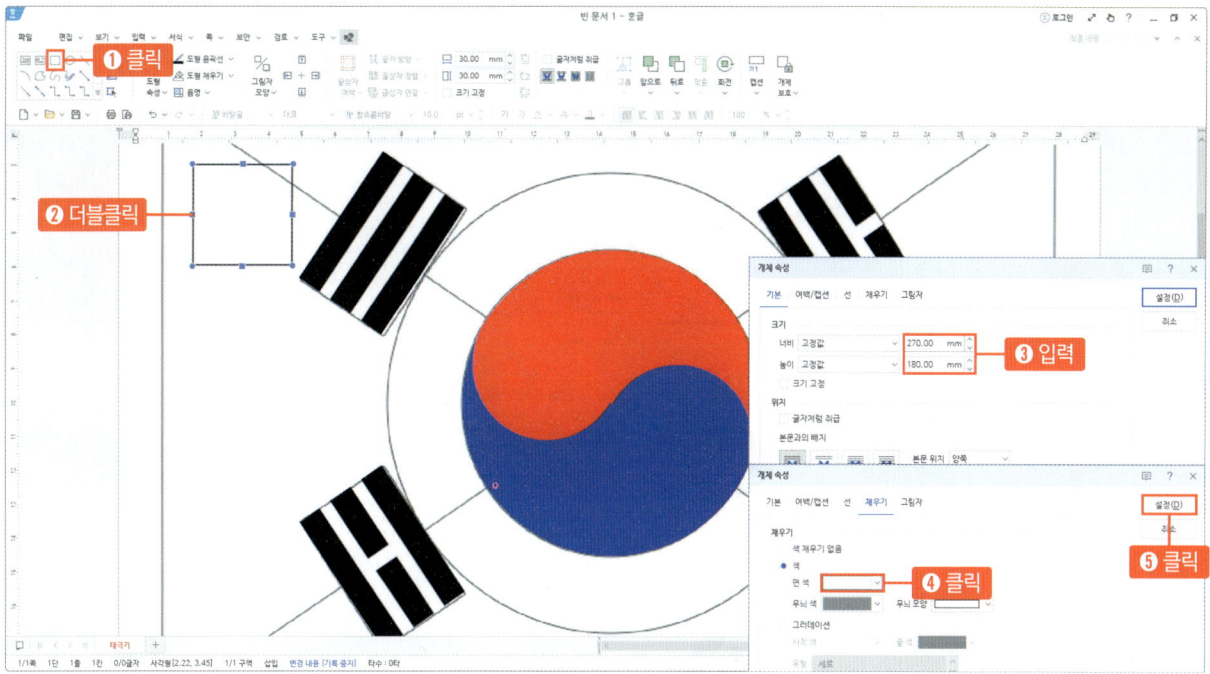

CHAPTER 22 · 나라사랑 태극기 149

03 배경 삭제하기

배경으로 삽입되어 있는 밑그림을 제거합니다.

① 삽입한 직사각형을 테두리에 맞추어 배치한 후 선택하여 [🖼] 탭의 [뒤로]-[맨 뒤로]를 클릭합니다.

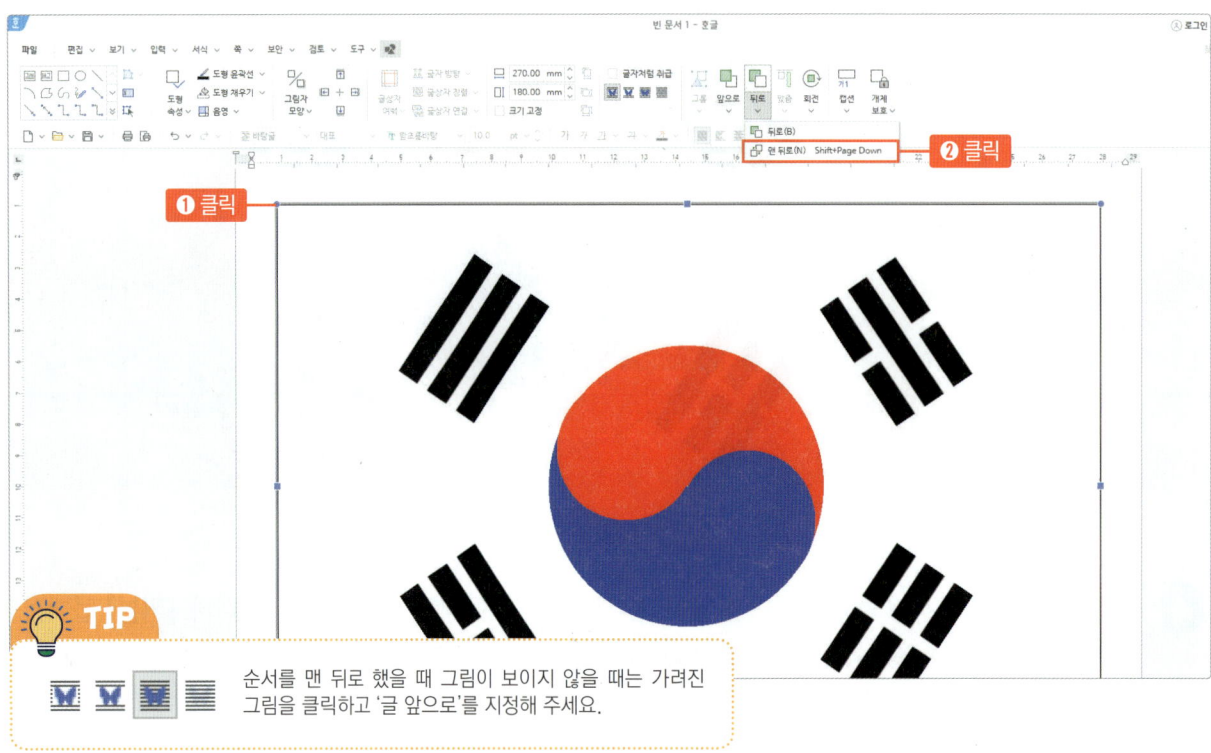

TIP 순서를 맨 뒤로 했을 때 그림이 보이지 않을 때는 가려진 그림을 클릭하고 '글 앞으로'를 지정해 주세요.

② [쪽] 탭의 [쪽 테두리/배경]을 클릭하고 [배경] 탭의 '그림'을 클릭하여 비활성화한 후 [설정]을 클릭합니다.

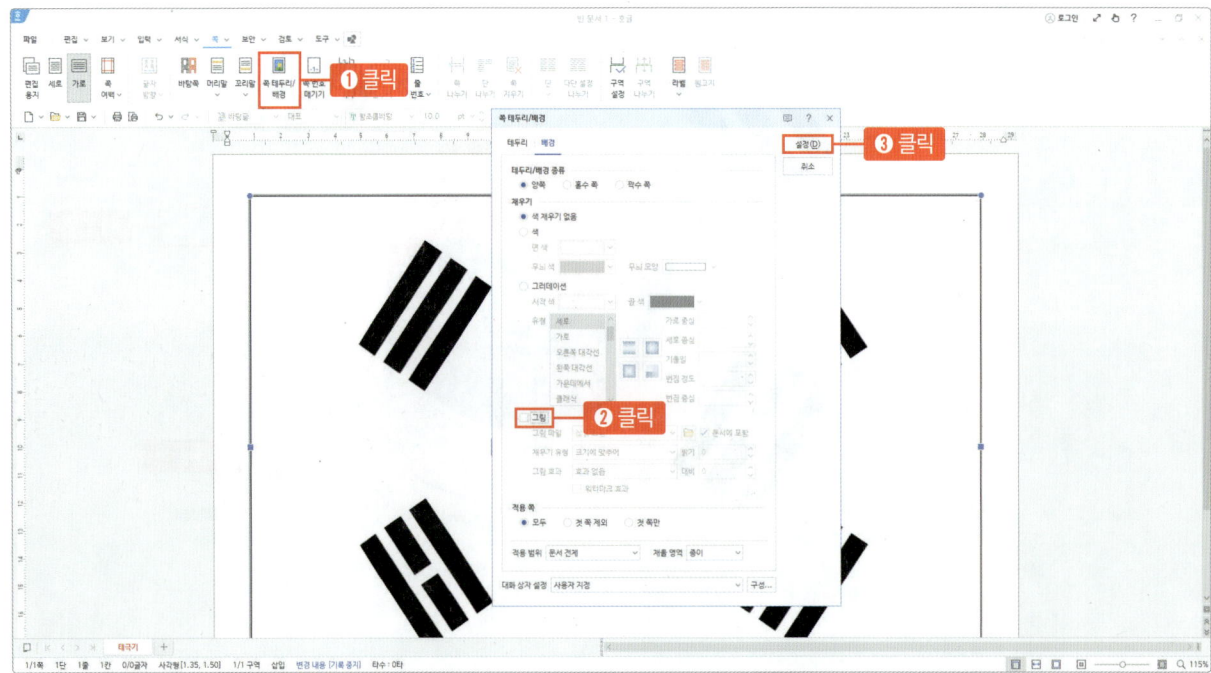

실력 쑥쑥! 창의력 쑥쑥!

1 다음과 같이 삼태극 문양을 완성해 보세요.

예제파일: 삼태극문양.hwpx 완성파일: 삼태극문양(완성).hwpx

삼태극 문양 만들기

❶ '타원' 도형 채우기
 - 면 색 : '빨강', '파랑', '노랑'
❷ '타원' 도형 삽입
 - 너비 : '75mm', 높이 : '75mm'
 - 점편집으로 반원 만들기
 - 면 색 : '빨강', '파랑', '노랑'

2 다음과 같이 기하학 문양을 완성해 보세요.

예제파일: 없음 완성파일: 기하학문양(완성).hwpx

기하학 문양 만들기

❶ '타원' 도형 채우기
 - 너비 : '60mm', 높이 : '60mm'
 - 선 굵기 : '3mm'
 - 선 색 : 임의의 색
❷ '직사각형' 도형 삽입
 - 너비 : '97.55mm', 높이 : '97.55mm'
 - 선 굵기 : '3mm'
 - 선 색 : 임의의 색
 - 사각형 모서리 곡률 : '둥근모양'

폴리곤 아트

오늘의 미션
- 색 골라내어 면 색 채우기
- 개체를 선택하여 개체 묶기
- 개체를 연결하여 서명 넣기

폴리곤이란 3D 그래픽에서 물체를 표현할 때 쓰이는 기본 단위인 다각형을 말하는데 이 **다각형을 이어 붙여 입체적으로 만드는 예술을 폴리곤 아트**라고 합니다.

작품 미리보기

예제파일 폴리곤아트.hwpx, 프레임.jpg   **완성파일** 폴리곤아트(완성).hwpx

색을 골라내어 면 색 채우기

색을 골라내어 다각형의 면 색을 채웁니다.

1 한글 2022를 실행한 다음 [내 컴퓨터에서 불러오기]를 클릭하여 '폴리곤아트.hwpx' 파일을 불러옵니다. 다각형을 더블클릭하여 [개체 속성]을 실행하고 [채우기] 탭에서 '면 색'의 [색 골라내기]를 클릭하고 추출할 색을 지정한 후 [설정]을 클릭합니다.

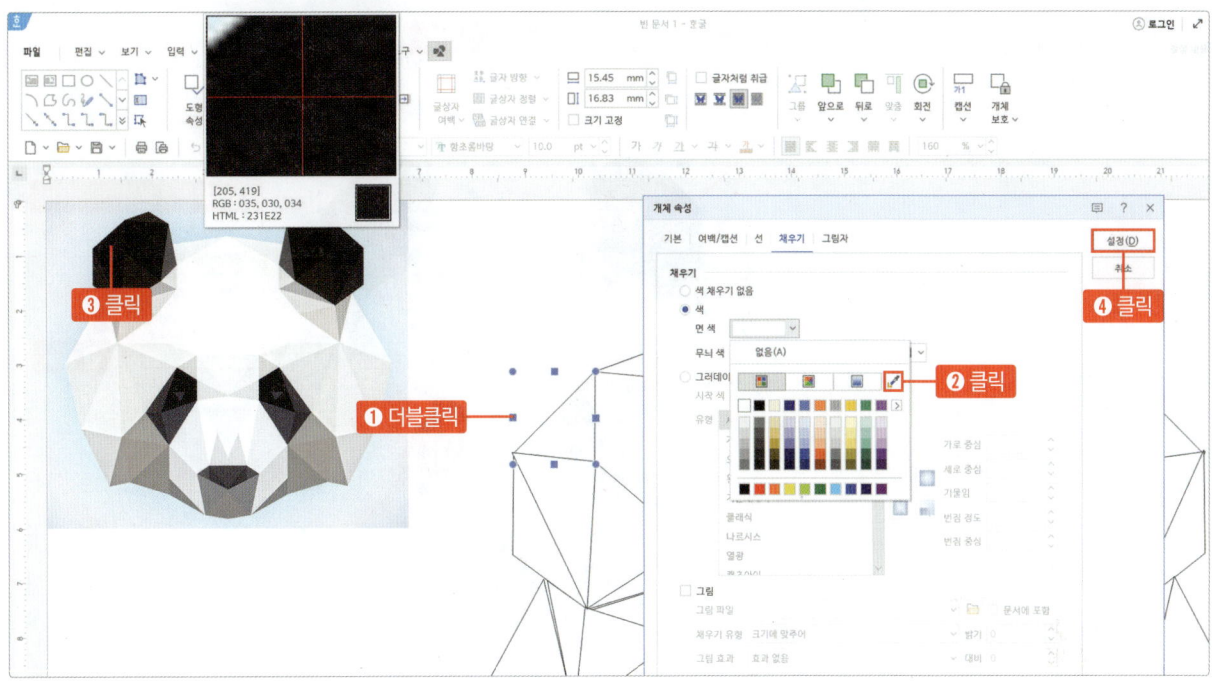

2 ①과 같은 방법으로 아래와 같이 다각형의 면 색을 채우고 삽입되어 있는 그림을 삭제합니다.

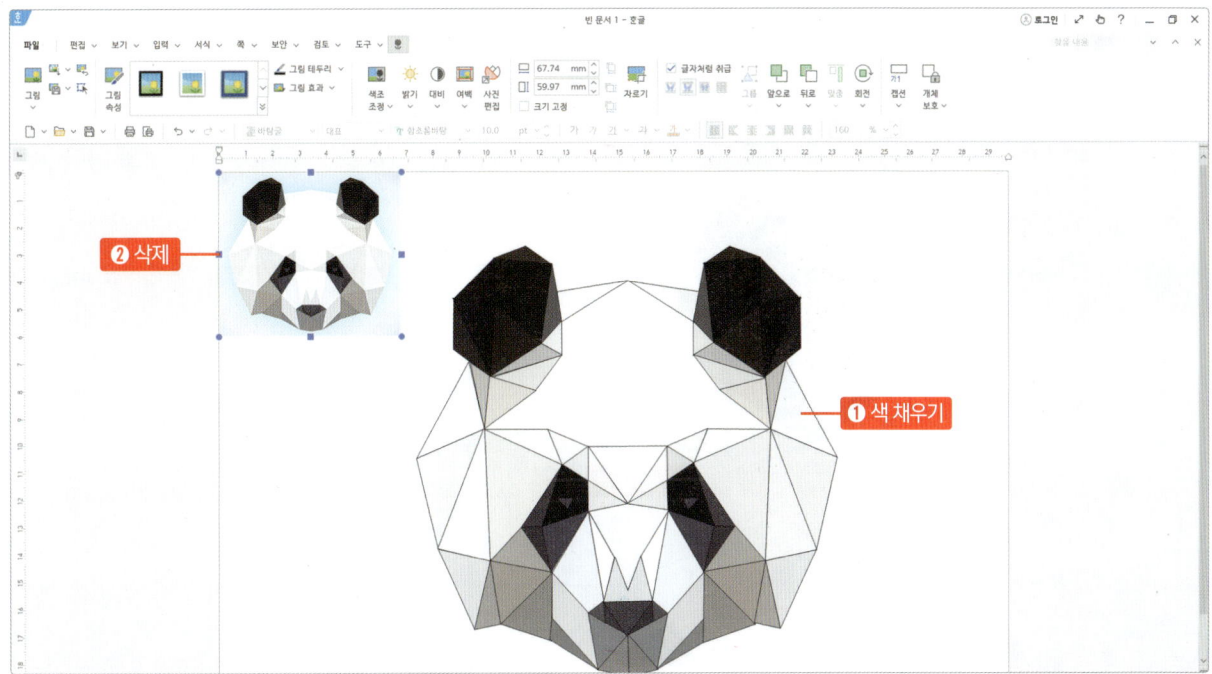

CHAPTER 23 - 폴리곤 아트

02 개체를 선택하여 개체 묶기

다각형을 모두 선택하여 개체를 묶고 선을 없앱니다.

① [편집] 탭의 [개체 선택]을 클릭한 후 다각형이 모두 선택되도록 드래그합니다. 그 다음 마우스 오른쪽 버튼을 클릭하여 [개체 묶기]를 클릭합니다.

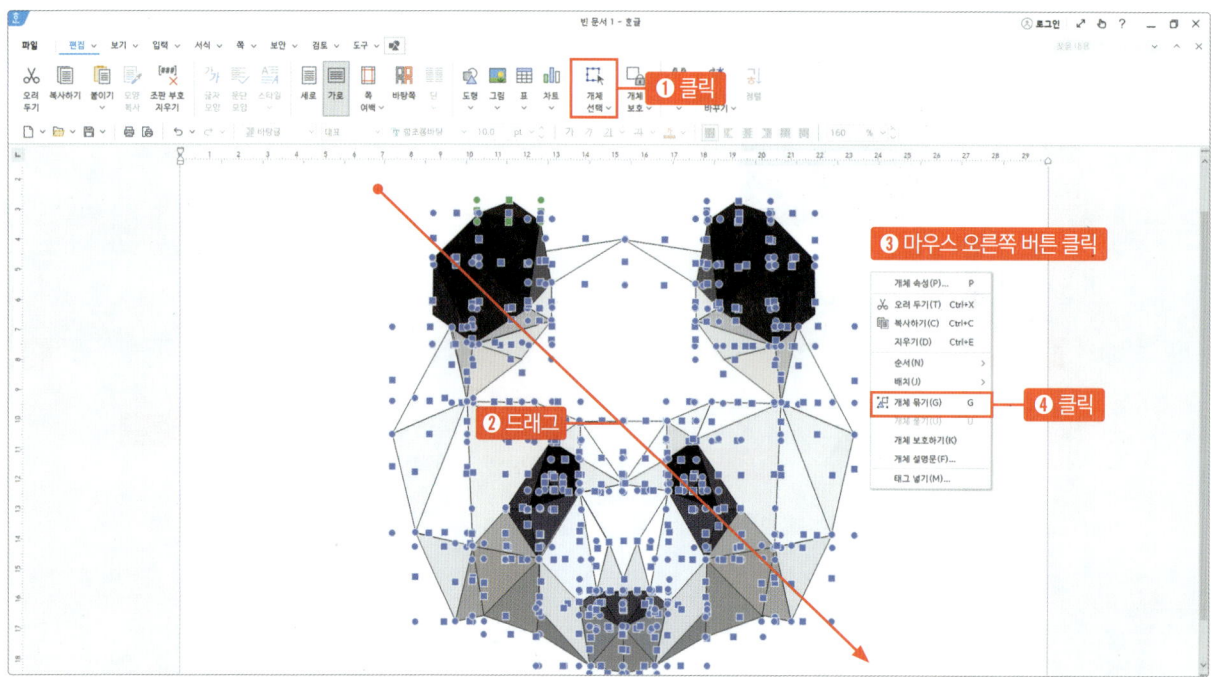

② 그룹화된 개체를 더블클릭하여 [개체 속성]을 실행하고 [선] 탭에서 '종류'를 '선 없음'으로 지정하고 [설정]을 클릭합니다.

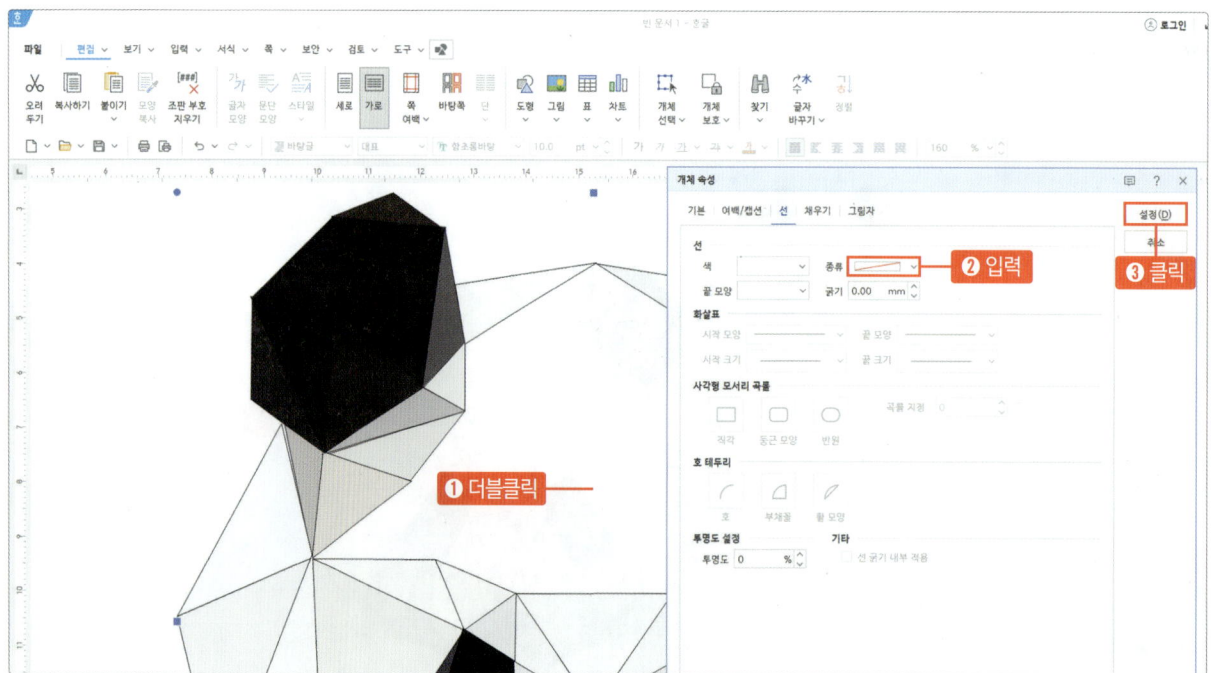

03 개체를 연결하여 서명 넣기

배경에 프레임 그림을 삽입하여 액자 속 그림으로 만들고, 개체를 연결하여 서명을 추가합니다.

① [쪽] 탭의 [쪽 테두리/배경]을 클릭하고 [배경] 탭에서 '그림'을 체크하여 활성화하고 '그림 선택'을 클릭하여 '프레임.jpg'를 삽입한 다음 '채우기 유형'을 '크기에 맞추어'로 지정한 후 [설정]을 클릭합니다.

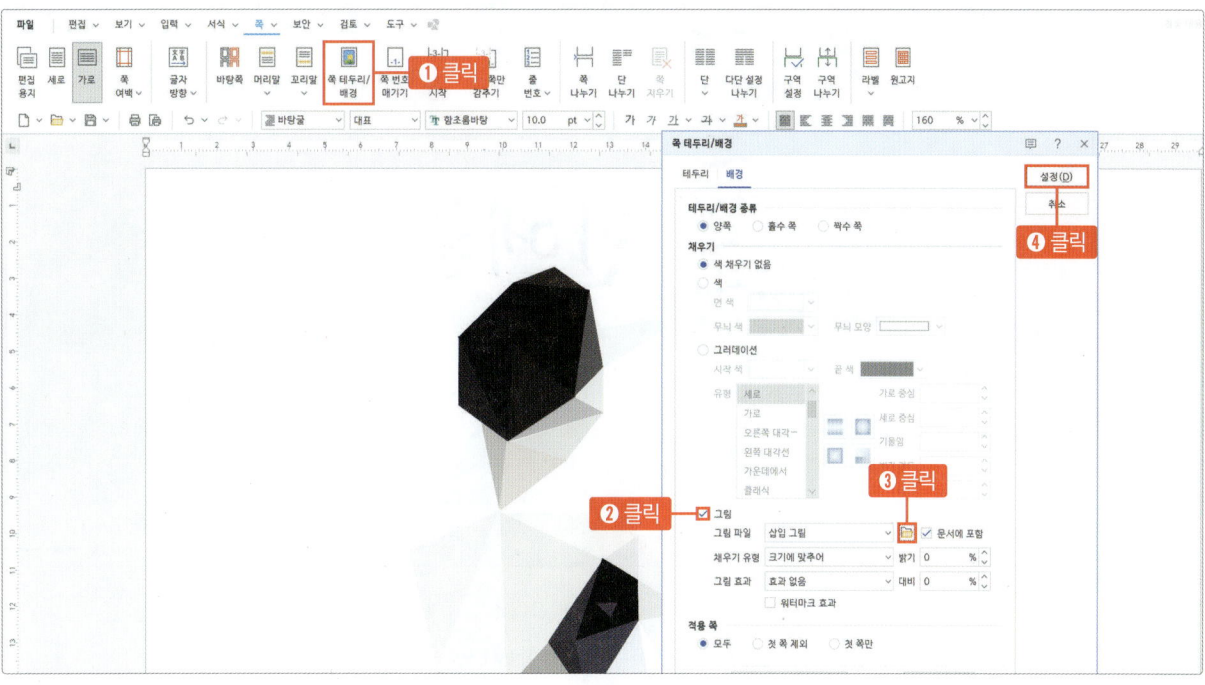

② [입력] 탭을 선택하고 [OLE 개체]를 클릭하여 '개체 유형'의 'Paintbrush Picture'를 클릭한 후 [확인]을 클릭합니다.

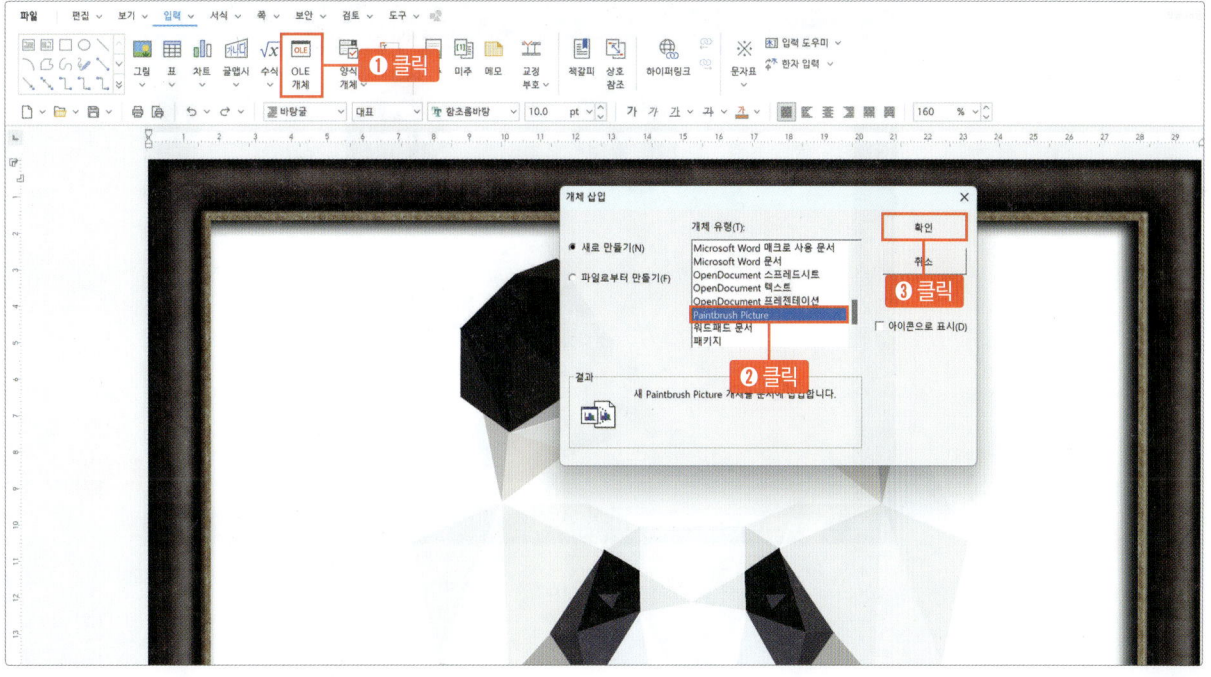

CHAPTER 23 - 폴리곤 아트

❸ 실행된 그림판 창에서 작업 영역의 크기를 조절한 후 '브러시', '크기'를 지정하여 서명을 그리고 [닫기]를 클릭합니다.

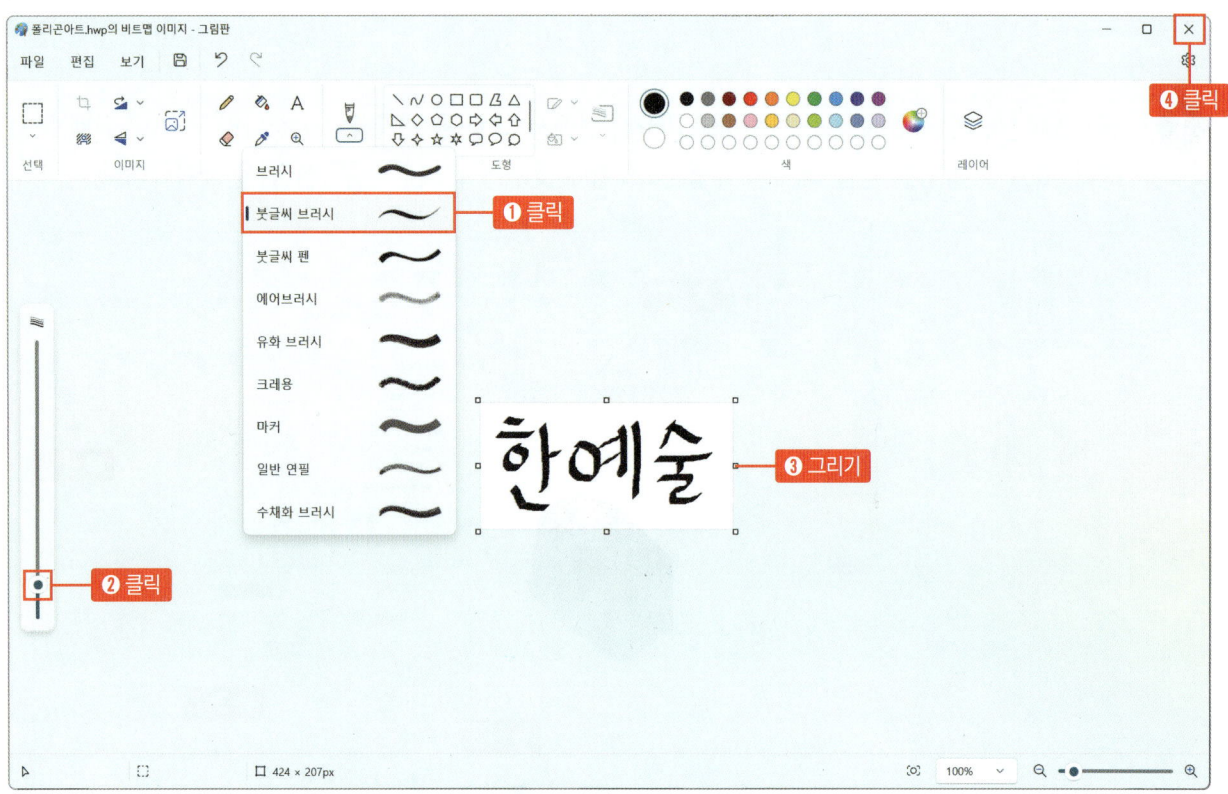

❹ 추가된 개체의 크기와 위치를 조절하여 작품을 완성합니다.

TIP 서명을 더블클릭하면 그림판이 다시 실행되고 서명을 수정할 수 있어요.

실력 쑥쑥! 창의력 쑥쑥!

1 다음과 같이 니모 폴리곤 아트를 완성해 보세요.

예제파일 니모.hwpx, 배경.jpg   완성파일 니모(완성).hwpx

① '다각형' 도형 채우기
  – 면 색 : 스포이드 지정 색
  – 선 종류 : '선 없음'
② '배경.jpg' 그림 채우기

2 다음과 같이 하트 폴리곤 아트를 완성해 보세요.

예제파일 하트.hwpx   완성파일 하트(완성).hwpx

① '다각형' 도형 채우기
  – 면 색 : 임의의 색
  – 선 종류 : '선 없음'

CHAPTER 23 · 폴리곤 아트 **157**

CHAPTER 24 작품 모음집

오늘의 미션
- 머리말 넣기
- 다단 설정하기
- 스크린 샷하기

한글2022 작품만들기 과정에서 배운 내용을 최종 점검합니다.

작품 미리보기

예제파일 작품모음집.hwpx　　**완성파일** 작품모음집(완성).hwpx

작품 모음집

과정 : OA마스터 한글2022 작품만들기　　이름 : 박해람

1. 노랫말 꾸미기
- 스타일을 설정하여 빠르게 가사를 입력했어요.
- [F6] 키를 누르면 스타일 설정을 빠르게 할 수 있었어요.

3. 복불복 돌림판
- 타원 도형과 선 도형을 삽입했어요.
- 맞춤 기능을 이용해서 원형 돌림판을 만들었어요.
- 글상자로 텍스트를 입력했어요.

5. 도깨비 가면
- 그리기 조각의 개체를 풀고 묶어 도깨비를 만들었어요.
- 도형을 편집하여 새로운 도형을 만들었어요.

7. 히어로 페이퍼 피규어
- 표를 이용하여 피규어의 전개도를 만들었어요.
- 셀에 그림을 채우고 도형으로 전개도의 이음부분을 만들었어요.

2. 나의 버킷 리스트
- 그림을 삽입하고 삽입한 그림을 잘라 사용했어요.
- 말풍선을 삽입하여 내 머릿속의 버킷 리스트를 작성했어요.

4. 단축키 암기장
- 한글 문서를 빠르게 작성할 수 있도록 단축키를 사용했어요.
- 캡션을 추가하여 단축키 모음집 암기장을 만들었어요.

6. 골고루 먹기 포스터
- 다각형 그리기를 이용하여 글자를 만들었어요.
- 배경으로 그림을 삽입하는 방법과 개체로 그림을 삽입하는 방법을 배웠어요.

8. 가로 세로 낱말 퍼즐
- 가로세로낱말퍼즐을 풀어봤어요.
- 표를 추가하고 텍스트가 셀의 위쪽에 입력되도록 속성을 변경했어요.
- 사전을 이용해 뜻을 검색했어요.

머리말 넣기

문서의 머리말에 텍스트를 입력하여 매 페이지마다 텍스트가 반복되도록 합니다.

① 한글 2022를 실행한 다음 [내 컴퓨터에서 불러오기]를 클릭하여 '작품모음집.hwpx' 파일을 불러온 후 [쪽] 탭의 [머리말]을 클릭하고 [머리말/꼬리말]을 클릭합니다.

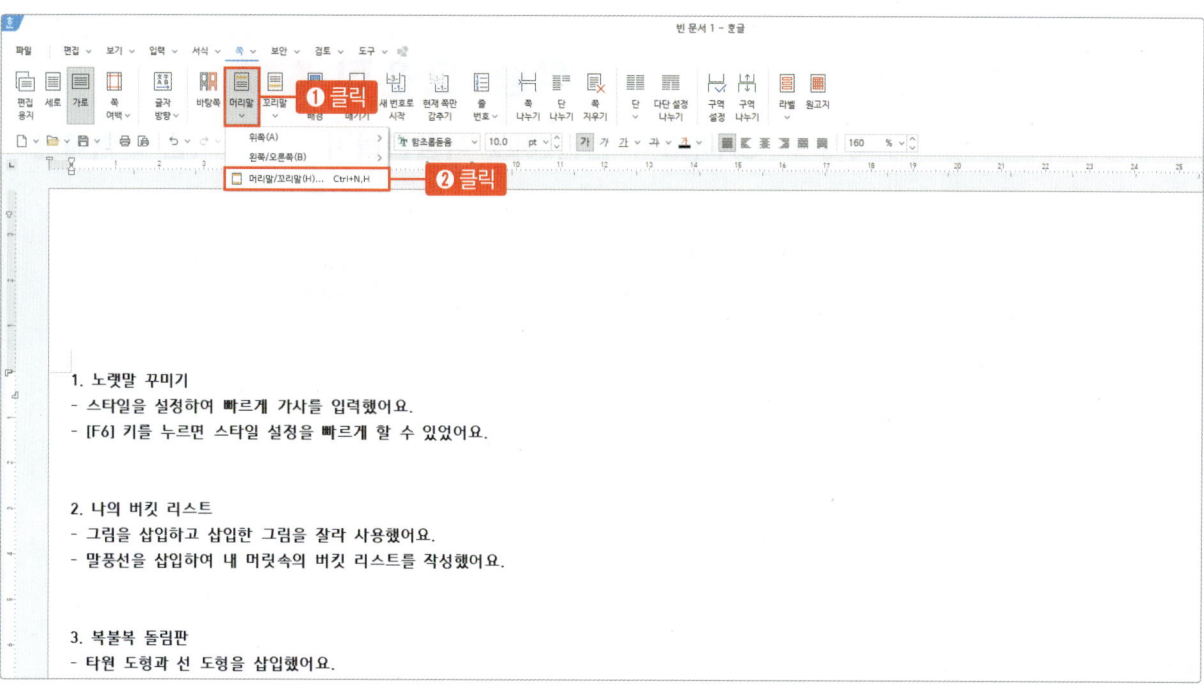

② [머리말/꼬리말] 대화상자가 실행되면 '종류'를 '머리말', '위치'를 '양 쪽', '머리말/꼬리말 마당'을 '모양 없음'으로 선택한 후 [만들기]를 클릭합니다.

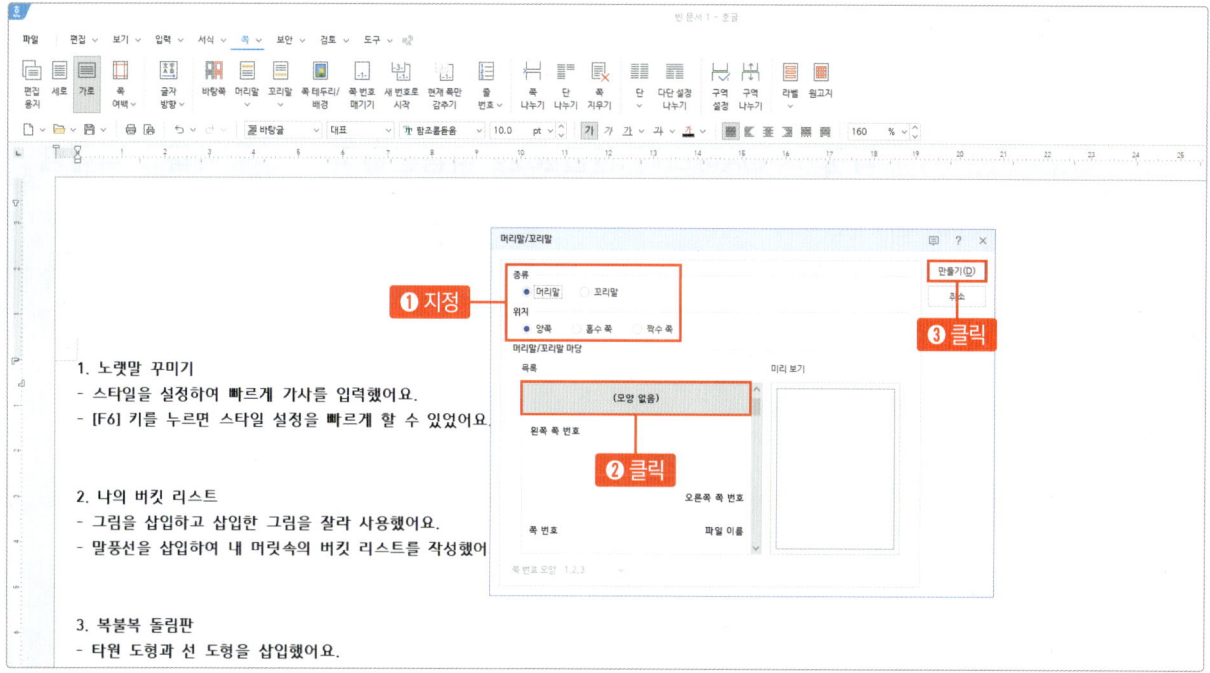

③ [입력] 탭의 [표]를 클릭하여 [표 만들기] 대화상자를 실행하고 '줄 개수'의 입력칸에 '2', '칸 개수'의 입력칸에 '1'을 입력하고 [만들기]를 클릭한 후 텍스트를 입력합니다. 입력한 텍스트의 '글자 크기'는 '30pt'와 '20pt', '글꼴'은 '양재참숯체B', '가운데 정렬'로 지정합니다.

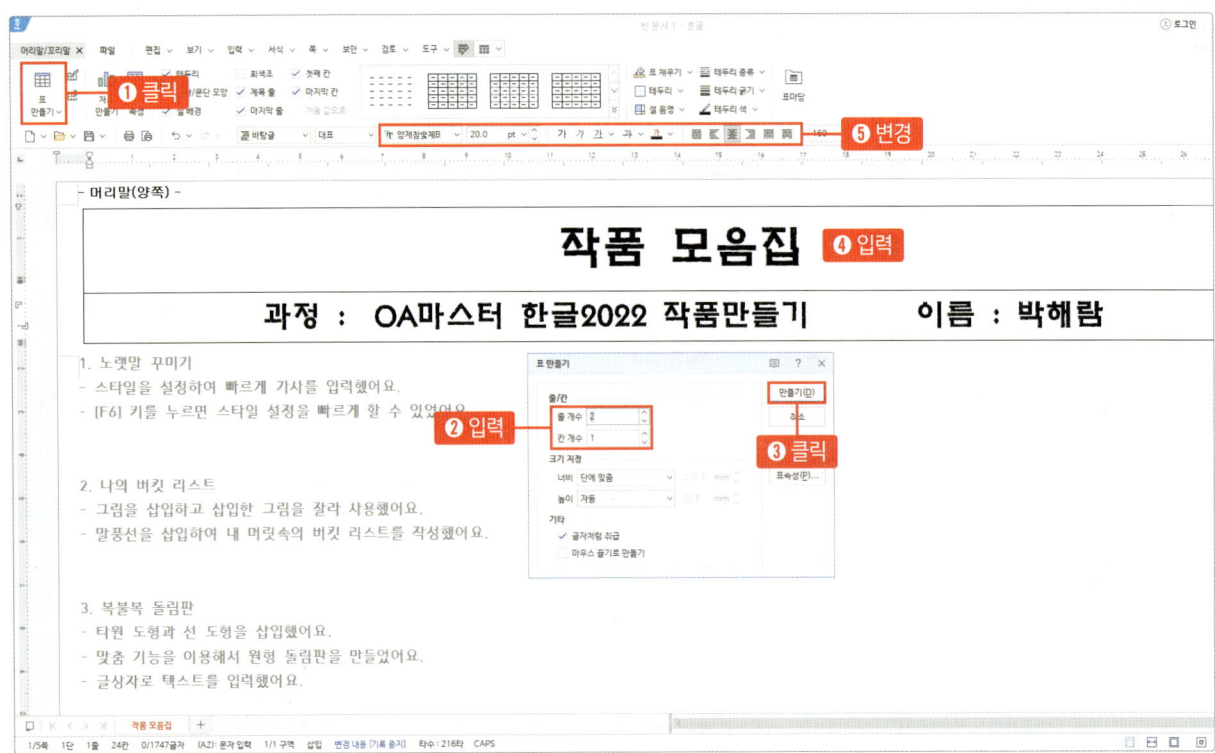

④ 입력이 완료되면 [머리말/꼬리말] 탭에서 [닫기]를 클릭합니다.

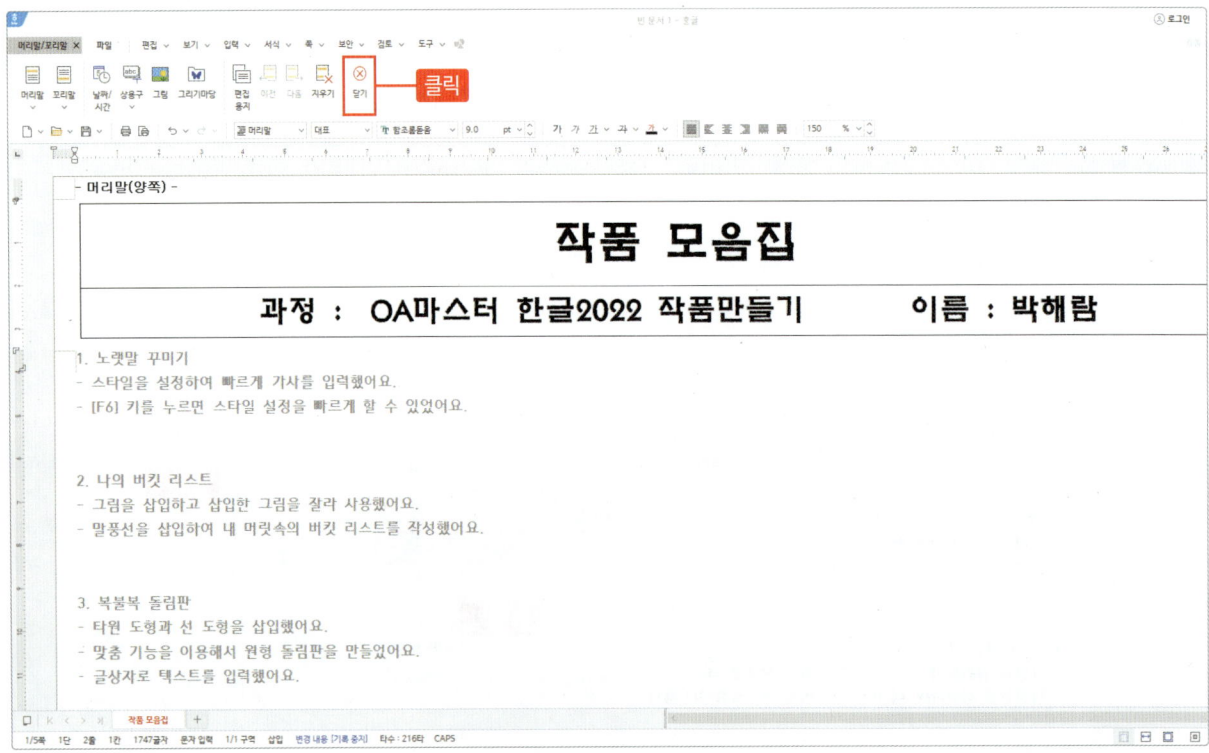

다단 설정하기

다단을 설정하여 문서를 4개의 단으로 변경합니다.

① 문서의 맨 앞에 커서를 위치시킨 후 [쪽] 탭의 [단]을 클릭합니다.

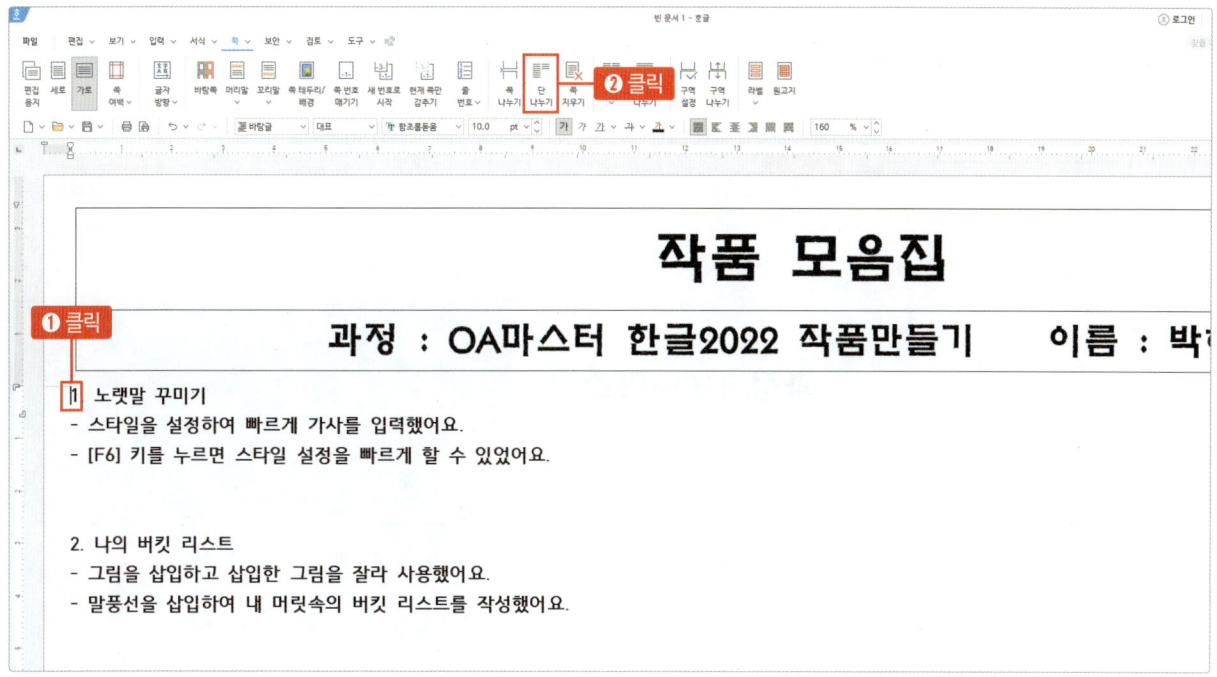

② [단 설정] 대화상자가 실행되면 '단 개수'의 입력칸에 '4', '구분선 넣기'를 체크하여 활성화 한 후 [설정]을 클릭합니다.

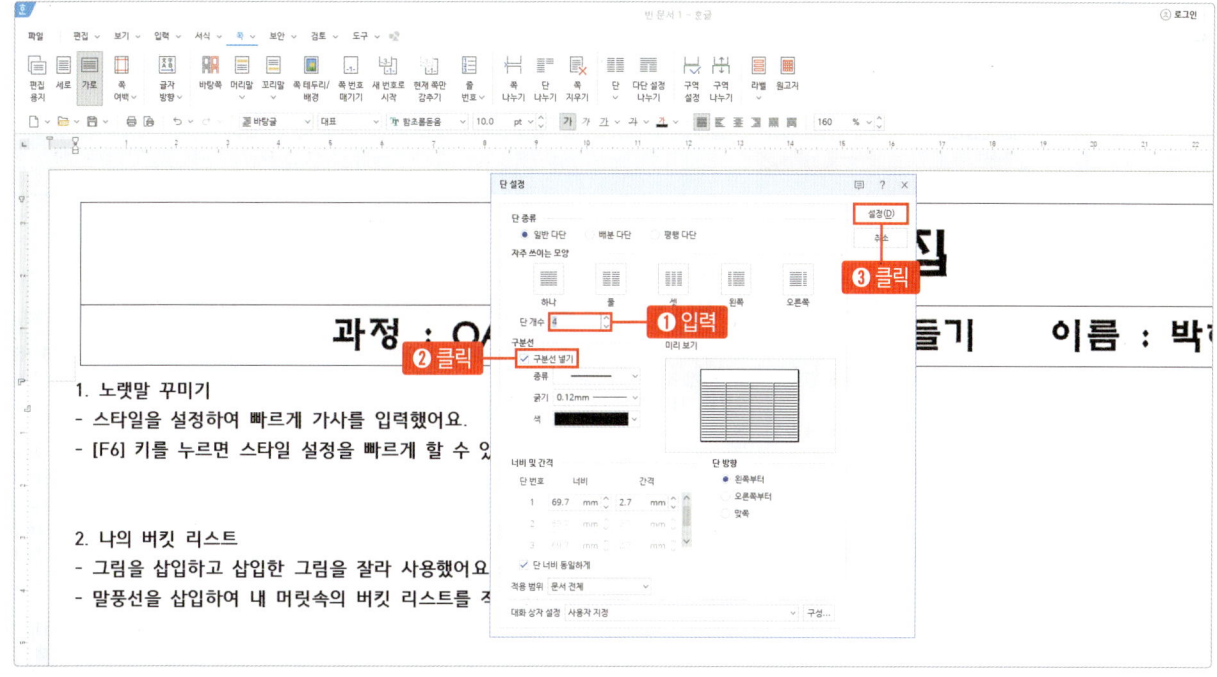

03 스크린 샷하기

스크린 샷으로 화면을 캡처하여 문서에 입력합니다.

1 [파일] 탭-[불러오기]를 사용하여 완성했던 문서를 불러온 후 쪽 맞춤을 변경하여 작품이 한 눈에 보이도록 설정합니다.

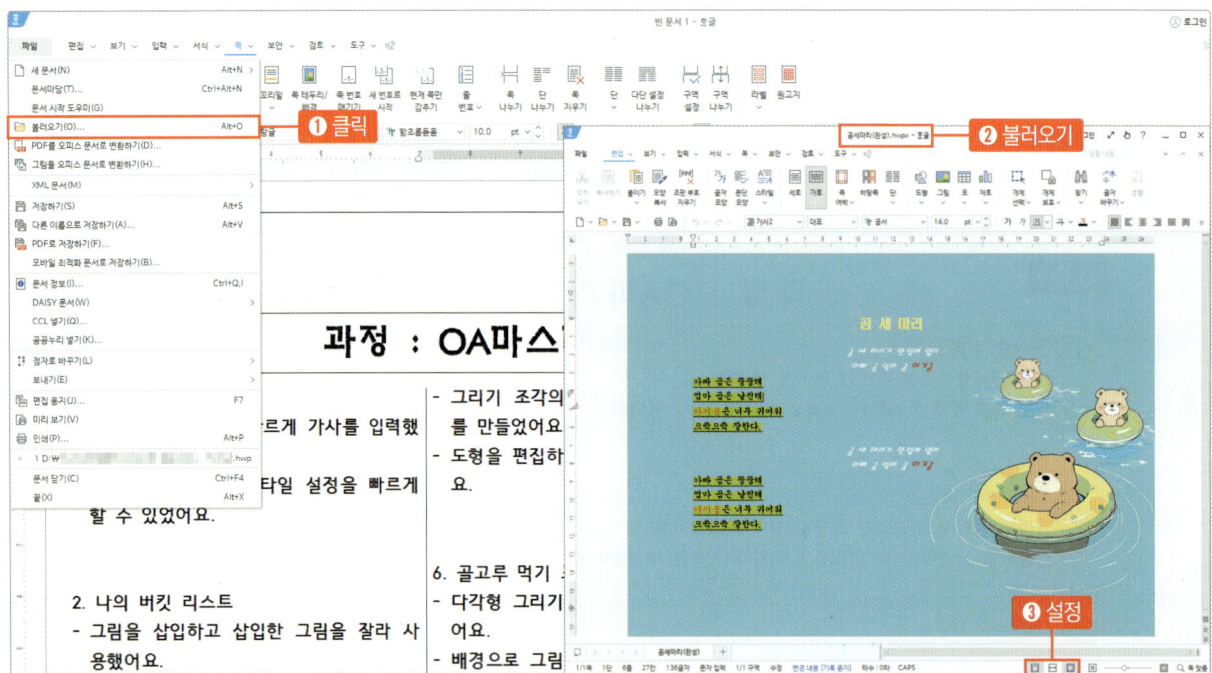

2 6번째 줄에 커서를 위치시킨 후 [입력] 탭의 [그림]-[스크린 샷]을 클릭합니다.

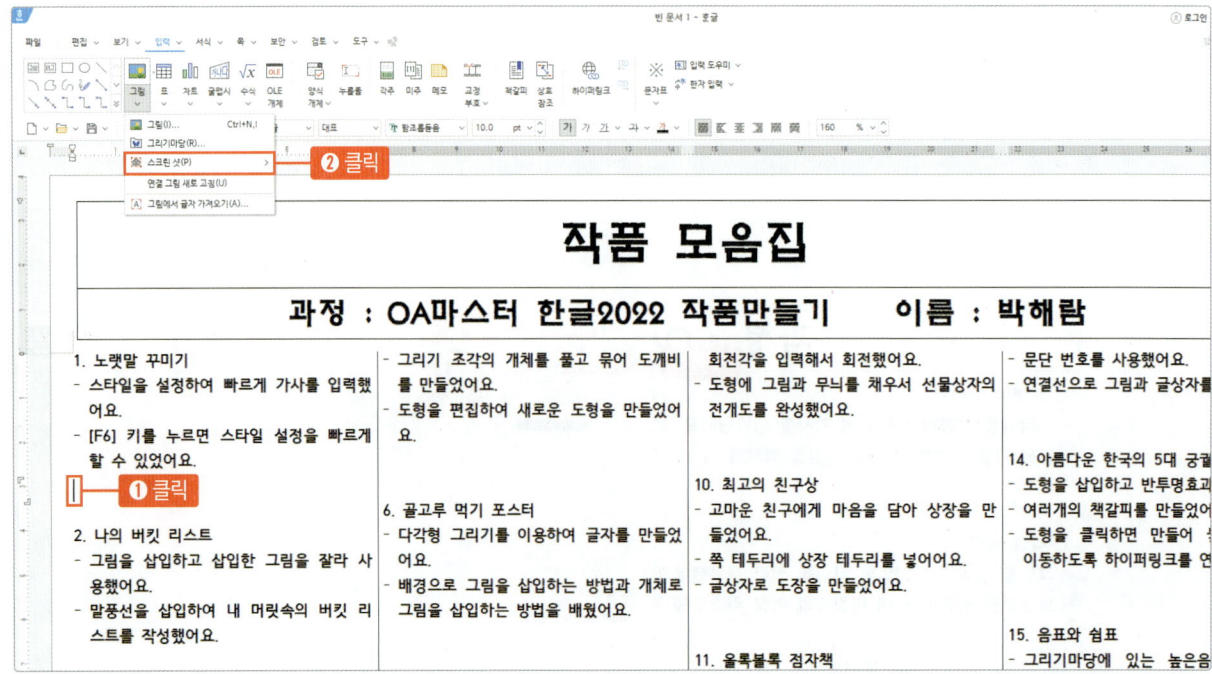

3 [스크린 샷] 목록이 보이면 '글자처럼 취급'을 클릭하여 체크하고 '곰세마리(완성).hwpx' 창을 클릭합니다.

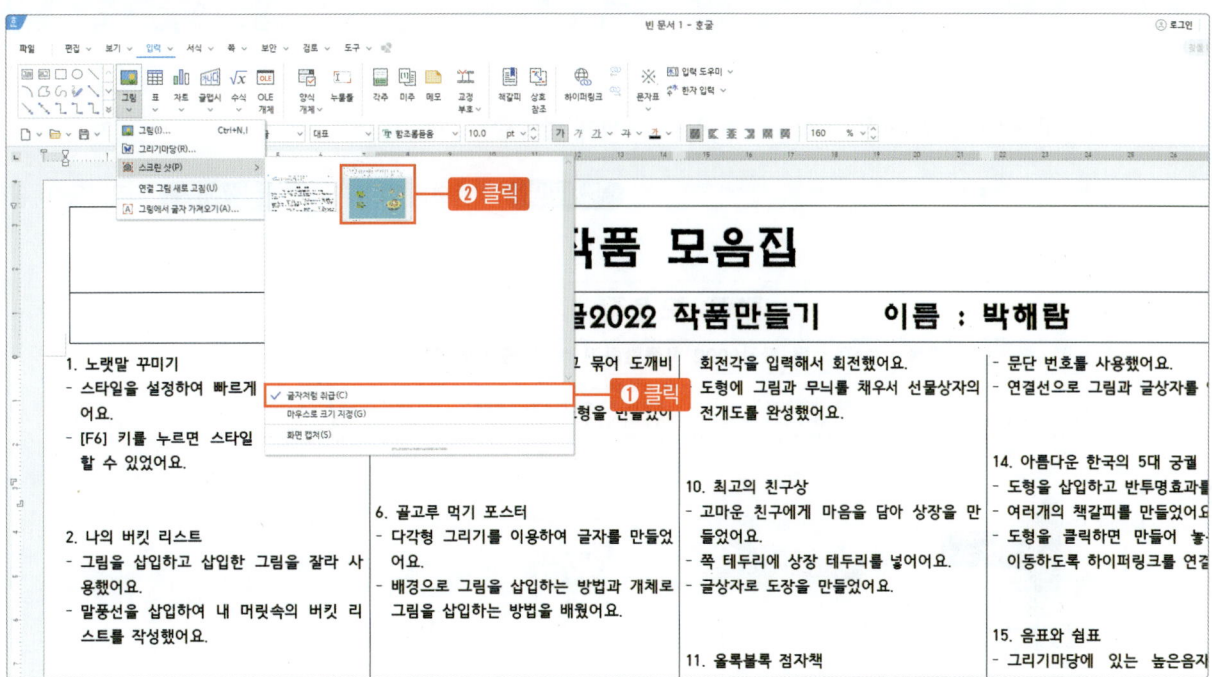

4 삽입된 스크린샷의 크기를 조절하며 ❶~❸과 같은 방법으로 아래와 같이 작품 모음집을 완성합니다.

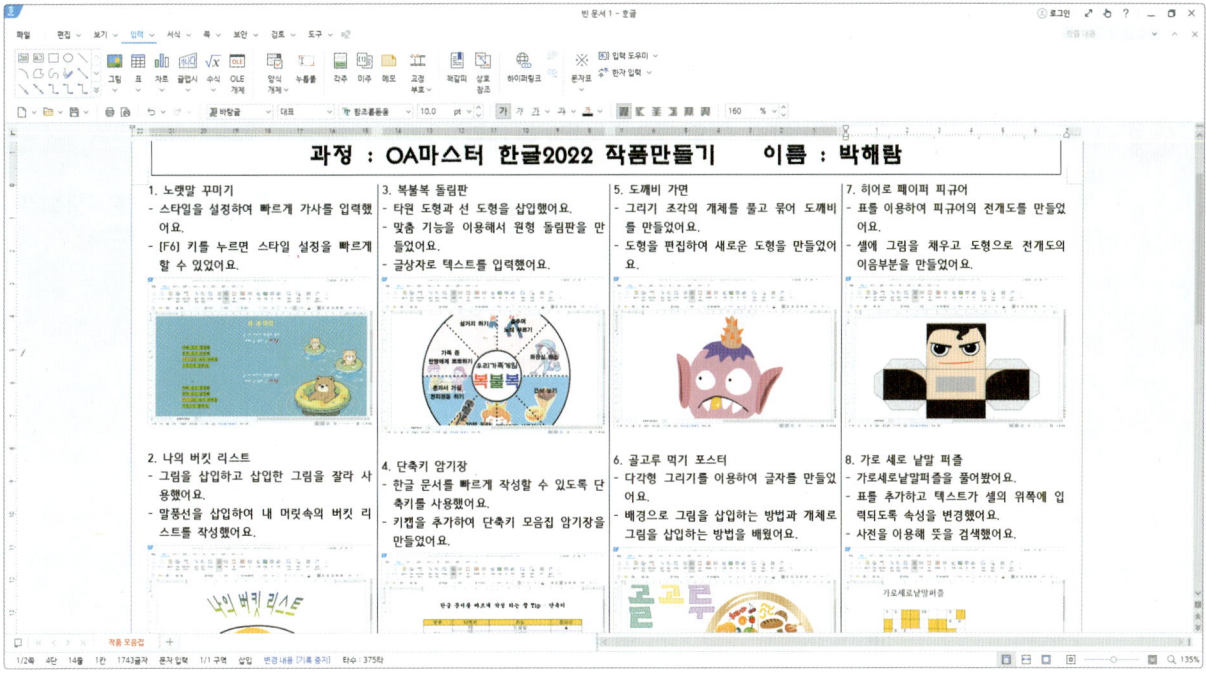

실력 쑥쑥! 창의력 쑥쑥!

1 다음과 같이 '9강~16강'의 작품 모음집을 완성해 보세요.

예제파일 작품모음집1.hwpx 완성파일 작품모음집1(완성).hwpx

2 다음과 같이 '17강~23강'의 작품 모음집을 완성해 보세요.

예제파일 작품모음집2.hwpx 완성파일 작품모음집2(완성).hwpx

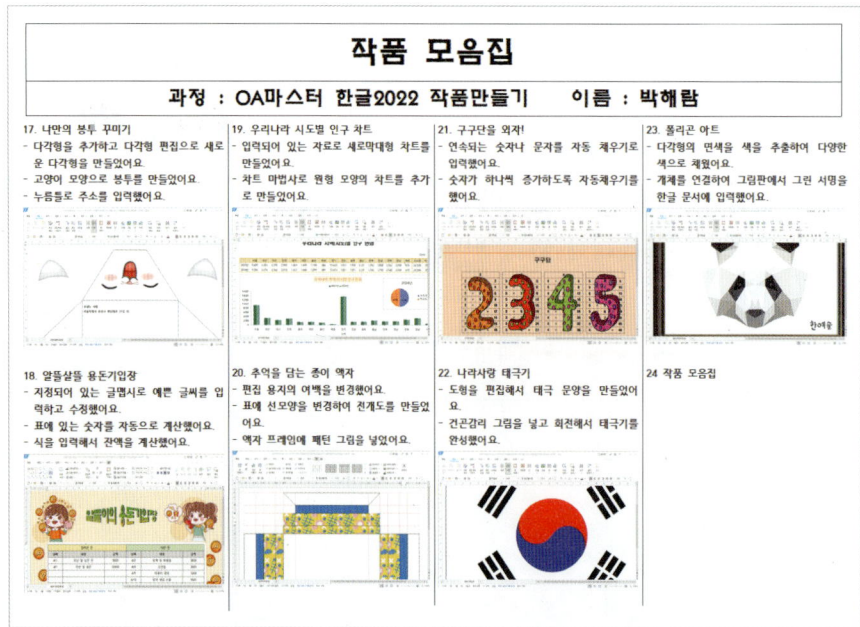

초등 전과목
디지털학습 플랫폼

디지털 초코

첫 달 100원
무제한 스터디밍

지금 신규 가입하면
첫 달 ~~9,500원~~ → 100원!

초등 전과목
교과 학습

AI 문해력
강화 솔루션

AI 수학 실력
향상 프로그램

웹툰으로 만나는
학습 만화

초중고 교과서 발행 부수 1위 기업 MiraeN

초등 전과목
디지털학습 플랫폼

디지털 초ㅋ

첫 달 100원
무제한 스터디밍

지금 신규 가입하면
첫 달 ~~9,500원~~ → 100원!

초등 전과목
교과 학습

AI 문해력
강화 솔루션

AI 수학 실력
향상 프로그램

웹툰으로 만나는
학습 만화

초중고 교과서 발행 부수 1위 기업 **MiraeN**